은잔의 테스트

창세기 강해설교 9

은잔의 테스트
The Test of the Silver Cup

2000. 9. 28. 초판 발행
2016. 5. 9. 9쇄 발행

지은이 김서택
펴낸이 정애주
국효숙 김기민 김의연 김준표 김진원 박세정 박혜민
송승호 오민택 오형탁 윤진숙 이한별 임승철 임진아
정성혜 조주영 차길환 한미영 허은
펴낸곳 주식회사 홍성사
등록번호 제1-499호 1977. 8. 1.
주소 (04084) 서울시 마포구 양화진4길 3
전화 02) 333-5161
팩스 02) 333-5165
홈페이지 www.hsbooks.com
이메일 hsbooks@hsbooks.com
페이스북 facebook.com/hongsungsa
양화진책방 02) 333-5163

ⓒ 김서택, 2000

• 잘못된 책은 바꿔 드립니다.
• 책값은 뒤표지에 있습니다.

ISBN 978-89-365-0485-4 (04230)
ISBN 978-89-365-0521-9 (세트)

은잔의 테스트

김 서 택

홍성사

이스라엘의 회복

우리 나라는 민족 분단과 이산 가족의 아픔이 있는 나라입니다. 그러나 이런 혈연의 분열보다 더 큰 상처를 주는 것이 바로 교회의 분열입니다. 야곱의 집은 구약 시대의 교회였습니다. 그러나 그 교회에는 문제가 많았습니다. 그 안에 미움과 시기가 있었고, 간음과 살인이 있었으며, 심지어 동생을 팔아먹는 인신매매까지 일어났습니다. 요셉은 그 피해자였습니다. 그는 특별한 잘못도 없이 자기가 왜 이런 시련과 고통을 당해야 하는지 이해할 수가 없었습니다. 그러나 하나님은 요셉의 고난을 통해 이스라엘을 치료하기 원하셨습니다.

오늘도 우리 그리스도인들의 가장 큰 고통은 교회가 영적으로 건강하지 못한 데서 비롯됩니다. 교회에서 살아 있는 말씀을 들을 수 없으며 오히려 다툼과 분쟁이 일어날 때 교인들은 깊은 상처를 입습니다.

요셉은 형들이 자기 눈앞에 다시 나타났을 때 이들을 어떻게 대해야 할지 알 수 없었습니다. 그래서 총리의 은잔을 사용해서 그들의 마음을 시험해 보았습니다. 자기와 여러 면에서 조건이 비슷한 베냐민을 묶어 두면 형들의 태도를 알 수 있을 것 같았기 때문입니다.

결국 요셉이 확인한 것이 무엇입니까? 그 긴 세월 동안 하나님께서 형들을 놀랍게 변화시켜 놓으셨다는 것입니다. 그 하나님께서 오늘도 교회에서 많은 아픔과 상처를 받은 성도님들을 치료하시고 교회를 회복시켜 주실 줄 믿습니다.

이 부족한 설교집이 널리 읽힐 수 있도록 많은 수고를 아끼지 않으신 홍성사 여러 식구들에게 깊은 감사를 드립니다.

2000년 여름
대구 수성교 옆에서

김희택

차 례

- 이 설교집은 1997년 8월부터 10월까지
  제자들교회 주일 예배에서 설교한 내용을 정리한 것입니다.
- 본문에 인용된 성경 본문의 문장부호는 *New International Version*을 참고로,
  편집자가 첨부한 것입니다.

1　요셉이 꿈을 해석하다

그 후에 애굽 왕의 술 맡은 자와 떡 굽는 자가 그
주 애굽 왕에게 범죄한지라. 바로가 그 두 관원장,
곧 술 맡은 관원장과 떡 굽는 관원장에게 노하여
그들을 시위대장의 집 안에 있는 옥에 가두니
곧 요셉의 갇힌 곳이라. 시위대장이 요셉으로
그들에게 수종하게 하매 요셉이 그들을 섬겼더라.
그들이 갇힌 지 수일이라. 옥에 갇힌 애굽 왕의
술 맡은 자와 떡 굽는 자 두 사람이 하룻밤에
꿈을 꾸니 각기 몽조가 다르더라. 아침에 요셉이
들어가 보니 그들에게 근심 빛이 있는지라.
요셉이 그 주인의 집에 자기와 함께 갇힌
바로의 관원장에게 묻되
"당신들이 오늘 어찌하여 근심 빛이 있나이까?"
그들이 그에게 이르되
"우리가 꿈을 꾸었으나 이를 해석할 자가 없도다."
요셉이 그들에게 이르되 "해석은 하나님께
있지 아니하니이까? 청컨대 내게 고하소서."
술 맡은 관원장이 그 꿈을 요셉에게 말하여 가로되
"내가 꿈에 보니 내 앞에 포도나무가 있는데 그
나무에 세 가지가 있고 싹이 나서 꽃이 피고
포도송이가 익었고 내 손에 바로의 잔이 있기로
내가 포도를 따서 그 즙을 바로의 잔에 짜서 그
잔을 바로의 손에 드렸노라."
요셉이 그에게 이르되 "그 해석이 이러하니
세 가지는 사흘이라. 지금부터 사흘 안에

바로가 당신의 머리를 들고 당신의 전직을
회복하리니 당신이 이왕에 술 맡은 자가 되었을
때에 하던 것같이 바로의 잔을 그 손에 받들게
되리이다. 당신이 득의하거든 나를 생각하고
내게 은혜를 베풀어서 내 사정을 바로에게 고하여
이 집에서 나를 건져 내소서. 나는 히브리 땅에서
끌려온 자요, 여기서도 옥에 갇힐 일은 행치
아니하였나이다.”
떡 굽는 관원장이 그 해석이 길함을 보고
요셉에게 이르되 “나도 꿈에 보니 흰 떡 세
광주리가 내 머리에 있고, 그 윗광주리에 바로를
위하여 만든 각종 구운 식물이 있는데 새들이
내 머리의 광주리에서 그것을 먹더라.”
요셉이 대답하여 가로되 “그 해석은 이러하니
세 광주리는 사흘이라. 지금부터 사흘 안에 바로가
당신의 머리를 끊고 당신을 나무에 달리니 새들이
당신의 고기를 뜯어 먹으리이다” 하더니 제3일은
바로의 탄일이라. 바로가 모든 신하를 위하여
잔치할 때에 술 맡은 관원장과 떡 굽는 관원장으로
머리를 그 신하 중에 들게 하니라. 바로의 술 맡은
관원장은 전직을 회복하매 그가 잔을 바로의 손에
받들어 드렸고 떡 굽는 관원장은 매달리니 요셉이
그들에게 해석함과 같이 되었으나 술 맡은
관원장이 요셉을 기억지 않고 잊었더라.

창 40:1-23

어떤 부인이 어느 날부터 자기 몸에 신체적인 이상이 나타나고 있다는 것을 느끼게 되었습니다. 그런데 아무리 여러 병원을 다니면서 진찰을 해 보아도 그의 병명을 알아 내는 의사가 없었습니다. 이 의사는 이 소리를 하고 저 의사는 저 소리를 하는데, 아무래도 자신 없는 소리들만 하는 것 같습니다. 그래서 혼자서 자신은 고칠 수 없는 불치의 병에 걸렸다고 생각하고, 수없이 낙심도 하고 절망도 했습니다.

그런데 그러던 어느 날 훌륭한 의사 한 사람을 만났습니다. 그는 너무나도 정확하게 병을 진단해 주고 처방을 내려 주었습니다. 그 때의 기쁨이란 이루 말로 표현할 수가 없는 것입니다. 진단이 정확하면 그 병은 이미 이겨 낸 것이나 마찬가지입니다. 사람 속에 있는 병을 여러 증세만 가지고 정확하게 진단해 낸다는 것은 결코 쉬운 일이 아닙니다. 아마 그 부인은 자기 병에 대해 정확한 진단과 처방을 내려 준 그 의사를 하나님이 보낸 천사로 생각했을 것입니다.

사실 이것은 비단 자신의 병명을 몰랐던 그 부인만의 경험은 아닙니다. 거의 대부분의 사람들이 문제를 가지고 있으면서도 그 답을 모르는 상태에서 살아가고 있습니다. 대학은 가야겠는데 어느 대학 무슨 과를 가야 할지 알 수가 없습니다. 결혼은 해야겠는데 어떤 사람과 어떻게 만나야 할지 알 수가 없습니다.

물론 이런 일상적인 문제들은 살아가면서 한 가지씩 풀 수 있는 시간적인 여유가 있습니다. 그러나 원인을 알 수 없는 병에 걸려서 몸이 자꾸 쇠약해져 가고 있는데 병명을 모른다면, 어떻게 해서든지 그 병명부터 찾아 내야만 합니다. 그렇게 하지 않으면 도저히 다른 일들을 할 수 없을 뿐 아니라, 남은 삶을 절망과 좌절 속에 보낼 수밖에 없습니다.

풀 수 없는 문제

오늘 본문을 보면 요셉이 갇혀 있는 감옥에 두 명의 고관이 들어옵니다. 한 사람은 바로의 술을 책임지고 있던 사람이었고, 다른 한 사람은 떡을 책임지고 있던 사람이었습니다. 옛날 왕들은 다른 사람들이 언제 자기를 독살할지 모른다고 생각했기 때문에, 내시 중에서도 가장 신임하는 내시에게 음식이나 술을 맡겼습니다. 그런데 이 두 내시는 무언가 왕에게 미움 살 일을 하는 바람에 이 감옥에 들어오게 되었습니다.

이 두 사람은 어느 날 동시에 의미심장한 꿈을 꾸고 나서 깊은 시름에 빠졌습니다. 그 꿈이 각자의 운명에 대하여 무슨 의미를 가지고 있는 것이 분명한데, 그것이 무엇인지 도무지 알 수가 없었기 때문입니다. 그 동안 살면서 얻은 경험이나 다른 사람들에게서 줏어 들은 단편적인 지식으로는 이 문제를 풀 수가 없었습니다. 자기들 앞에 무언가 심상치 않은 일이 기다리고 있다는 것은 분명해요. 그러나 자기들의 머리로는 도저히 그 문제를 풀 수가 없었습니다.

 은잔의 테스트

하루는 요셉이 내시들의 감방에 들어갔다가 두 사람의 심상치 않은 표정을 보고 그 이유를 물었습니다. 그들은 꿈 때문이라고 하면서 '너 같이 어린 노예가 어떻게 이런 꿈의 의미를 알겠느냐' 는 식으로 아예 이야기를 하려고 하지 않았습니다. 그러나 요셉은 그들을 설득해서 꿈 이야기를 털어놓게 한 후, 그 의미를 명확하게 해석해 주었습니다. 그리고 사흘 만에 요셉의 해석은 현실로 실현되었습니다.

오늘 우리에게 중요한 것은 하나님께서 왜 요셉의 감옥에 갇혀 있는 두 고위직 내시에게 이런 특별한 꿈을 주셨느냐 하는 점과, 그 꿈의 해석이 우리에게 주는 의미가 무엇이냐 하는 점입니다.

1. 감옥에 들어온 바로의 두 내시

일반적으로 감옥은 햇빛이 들지 않는 곳입니다. 여기서 햇빛이 들지 않는 곳이라는 것은, 그 속에서 '썩는다' 는 것이 적합한 표현일 정도로 변화가 없는 곳이라는 뜻입니다. 감옥 안에서 10년, 20년 있는다고 해서 누가 알아주는 것도 아니고, 무슨 특별한 일이 생기는 것도 아닙니다. 그저 누군가 밖으로 내보내 줄 때까지 그 안에 가만히 있을 수밖에 없습니다.

그런데 이 요셉의 감옥 안에 조용한 변화의 조짐이 일어나고 있었습니다. 바로를 측근에서 모시던 두 내시가 왕의 미움을 사서 감옥에 갇히게 된 것입니다.

그 후에 애굽 왕의 술 맡은 자와 떡 굽는 자가
그 주 애굽 왕에게 범죄를 한지라.
바로가 그 두 관원장, 곧 술 맡은 관원장과 떡 굽는
관원장에게 노하여 그들을 시위대장의 집 안에 있는
옥에 가두니 곧 요셉의 갇힌 곳이라(40:1-3).

두 내시의 출현이 두 사람은 바로를 가장 가까이에서 모시던 관원장들이었습니다. 내시 중에서도 가장 신분이 높은 사람들이었고, 바로가 가장 신임하던 귀족들이었습니다. 이 두 사람이 어떻게 왕의 미움을 사서 이 감옥까지 오게 되었는지는 모릅니다. 그러나 적어도 바로가 이 두 사람에게 여간 진노한 것이 아니었다는 것만큼은 알 수 있습니다.

시위대장이 요셉으로 그들에게 수종하게 하매 요셉이
그들을 섬겼더라. 그들이 갇힌 지 수일이라(40:4).

우리가 여기서 알게 되는 사실은 두 가지입니다. 하나는 이 두 사람이 확정 판결을 받은 죄수의 신분으로 갇힌 것은 아니라는 사실입니다. 즉 바로가 너무 화가 난 나머지 감옥에 가두기는 했지만 신분까지 완전히 박탈하지는 않았다는 것입니다. 바로는 일단 두 사람을 감옥에 가둔 후에 그들의 문제를 곰곰히 생각하면서 처리할 작정이었던 것 같습니다. 이처럼 이들은 미결수의 신분으로 여기에 왔기 때문에 아직 귀족의 신분을 유지하고 있었습니다. 그래서 시위대장은 요셉에게 이 두 사람을 섬기게 했습니다.

 은잔의 테스트

또 한 가지 우리가 알 수 있는 사실은 시위대장이 여전히 건재하다는 것입니다. 그는 요셉을 기억하고 있었고, 감옥 안에 있는 그를 아직도 자기 노예처럼 부려 먹고 있었습니다. 즉 그는 자기가 살아 있는 한 요셉을 감옥 밖으로 내보낼 생각이 전혀 없었습니다. 요셉은 그런 상태에서 이 두 귀족을 보살피는 책임을 맡게 된 것입니다.

요셉에게는 감옥을 나갈 수 있다는 희망이나 새로운 가능성이 전혀 보이지 않고 있었습니다. 여전히 그는 절망적인 상태에서 감옥 안에서 썩고 있었습니다. 그 안에서 청춘을 다 날릴 판이었어요. 그러나 그 감옥 안에서도 하나님의 역사는 나타나고 있었습니다. 바로의 가장 가까운 측근인 이 두 사람이 요셉이 갇혀 있는 감옥으로 온 일이 바로 그것입니다.

2. 그들이 풀 수 없었던 꿈

바로의 내시들은 둘 다 같은 시간에 아주 의미심장한 꿈을 꾸고 큰 근심에 빠졌습니다. 40장 5절과 6절을 보십시오.

옥에 갇힌 애굽 왕의 술 맡은 자와 떡 굽는 자 두 사람이
하룻밤에 꿈을 꾸니 각기 몽조가 다르더라.
아침에 요셉이 들어가 보니 그들에게 근심 빛이 있는지라.

원래 왕의 음식을 맡은 자들은 그 표정이 중요했습니다. 다른 건 몰

라도 표정 관리만큼은 철저히 해야 했어요. 왜냐하면 왕이 음식을 먹기 전에 늘 그들의 표정부터 살폈기 때문입니다. 만약 그들이 음식이나 술에 독약을 넣었다면 표정이 밝지 못하고 어딘지 모르게 어두운 그림자가 드리워져 있을 것입니다. 그러면 왕은 그 음식이나 술을 의심하게 되어 있습니다. 그래서 이 신하들은 개인적으로 아무리 어려운 일이 있어도 늘 표정을 밝게 해야 했습니다. 혹시라도 어두운 표정을 지을 때에는 왕의 의심을 살 수밖에 없었어요.

비록 감옥에 갇히긴 했지만 이들은 매너 하나로 한평생을 살아온 사람들이었고 표정 관리에 능숙한 사람들이었습니다. 그럼에도 불구하고 아침에 요셉이 그 방에 들어가 보았을 때, 그 얼굴에 깊은 근심 빛이 있었습니다. 요셉은 이들이 확정 판결을 받을 때까지 잘 모시는 임무를 맡은 입장에서, 두 사람이 똑같이 근심하는 이유를 묻지 않을 수 없었습니다. 그는 그들을 돕고자 하는 선한 뜻으로 그 이유를 물었습니다. '비록 감옥 안이지만 이들을 편하게 모시는 것이 내 책임' 이라는 게 요셉의 생각이었습니다.

그래서 물어 보았더니 꿈 때문이라는 겁니다. 요셉은 귀가 번쩍 뜨였습니다. 자기 별명이 '꿈꾸는 사람' 아닙니까? 자기가 그 꿈 때문에 이 모양 이 꼴이 되지 않았습니까? 꿈이라면 요셉이 전문가입니다. 그래서 한번 이야기를 해 보라고 했습니다.

그러나 그들은 요셉에게 선뜻 꿈 이야기를 털어놓으려고 하지 않았습니다. 인생 경험이 많은 자신들도 풀 수 없는 이 꿈의 의미를 젊디젊은 감옥의 노예가 풀 수 있으리라고 생각하지 않았기 때문입니다. 그러나 요셉은 자기에게 이야기를 해 보라며 그들을 계속 설득했습니다.

 은잔의 테스트

다른 이유 때문이 아닙니다. '꿈에 본 이상은 하나님의 계시로서, 하
나님께서는 나에게 반드시 그 뜻을 가르쳐 주신다'고 믿었기 때문이
고, 그들을 순전히 도와 주고 싶었기 때문입니다. 8절을 보십시오.

그들이 그에게 이르되
"우리가 꿈을 꾸었으나 이를 해석할 자가 없도다."
요셉이 그들에게 이르되
"해석은 하나님께 있지 아니하나이까?
청컨대 내게 고하소서."

"이를 해석할 자가 없도다"라는 것이, 감옥 안에 있는 다른 사람들
에게 물어 보았지만 아무도 대답하지 못했다는 뜻인지, 아니면 옛날처
럼 왕궁에 있을 때에는 점술사들이 많아서 꿈을 해석해 달라고 할 수
있었지만, 지금은 왕의 의심을 받고 있는 입장이어서 이런 것도 물어
볼 수 없다는 뜻인지 알 수 없습니다. 아마도 후자일 가능성이 높다고
봅니다. 그들은 왕을 측근에서 모시던 자들이었고, 그래서 이런 꿈을
해석할 수 있는 점술가들을 잘 알았을 것입니다. 그러나 지금은 미결
수로 감옥에 갇혀 있기 때문에 사람을 보내어 이런 것을 물어 볼 수도
없는 처지라는 뜻에서 이렇게 말한 것 같습니다.
　꿈에 대한 생각에서 고대인과 현대인 사이에는 많은 차이가 있습니 고대인의 '꿈'
다. 고대인들은 꿈을 미래에 대한 암시나 신의 계시로 생각했습니다.
실제로 구약 성경을 보면 하나님께서 꿈을 통해 선지자들에게 자신의
뜻을 보여 주신 적이 많았습니다. 인간의 의식에 어떤 자극을 주셔서

그들로 하여금 눈앞에 보이는 것을 넘어서는 하나님의 뜻을 보게 하신 것입니다.

그러나 이렇게 꿈을 통해서 계시를 받는 경우, 선지자 자신에게도 그 의미가 그리 명확하지 않을 때가 많았습니다. 우리가 요한계시록 같은 성경을 보면서 느끼는 것이 바로 이런 점입니다. 구체적으로 무슨 의미인지가 명확하지 않은 거예요. 선지자들의 꿈이나 계시록이 보여 주는 바는, 눈에 보이는 세계가 전부가 아니라는 것입니다. 그 위에 또 다른 세계가 있다는 거예요. 지금 눈앞에서는 세상의 왕이 모든 것을 지배하며 절대적인 존재로 군림하고 있지만, 하나님께서 그 위에서 이 모든 것을 보고 계시며 그 백성들을 보호하시고 그들에 대한 뜻을 반드시 이루신다는 것입니다. 즉 지금은 악이 세상을 지배하고 있지만, 어느 한순간 하나님이 이 악을 깨뜨리고 들어와 간섭하시며 악의 세력을 심판하시고 그 백성들의 지위를 회복시키신다는 것이 이 꿈들이 가진 메시지였습니다. 이런 꿈이나 환상은 이 세상에 대한 하나님의 수직적인 개입이라고 할 수 있습니다.

현대인의 '꿈'

그러나 이런 경우가 아니라면, 꿈은 대체로 사람의 의식 속에 잠재되어 있던 것이 잠자는 동안 의식에 자극을 주어서 나타나는 현상으로 보아야 합니다. 프로이드는 꿈을 '억압된 욕망의 표현'으로 보았습니다. 그는 특히 욕망 중에서도 가장 원초적인 성적 욕망 같은 것이 잠자는 동안 자연스럽게 나타난다고 생각했습니다. 예를 들어 소변을 보고 싶은데 꾹 참고 잠을 자면 그 날 밤에는 여지없이 신나게 소변보는 꿈을 꿉니다. 그런데 대개는 꿈으로 끝나는 것이 아니라 실제로 이불에 지도를 그리는 놀라운 역사로 나타나는 경우가 많지요. 그래서 아침에

"네가 지금 몇 살이야!" 하는 야단과 함께 온갖 핍박을 받아 가며 옆집에 소금 얻으러 가던 기억을 여러분이나 저나 가지고 있지 않습니까? 또 어떤 아이가 낮에 아빠와 함께 배를 타고 싶었는데 못 탔을 때, 아빠와 신나게 뱃놀이하는 꿈을 꾸게 되기도 합니다.

이렇게 아이들의 경우에는 비교적 경험이 꿈에 그대로 나타나는 편이지만, 어른들의 경우에는 수많은 요인들의 영향으로 꿈이 상당히 복잡해지는 것을 볼 수 있습니다. 그래서 정신과 의사들은 꿈의 해석을 정신적 문제를 푸는 중요한 단서로 생각합니다. 실제로 그들이 꿈을 해석하는 것을 보면 참 놀랍다 싶을 정도로 잘합니다. 이럴 때 꿈의 해석은 주로 과거를 푸는 열쇠로 작용합니다. 과거에 받았던 어떤 충격이 그 사람의 의식을 억압함으로써 계속해서 병적인 증세를 일으킨다고 보는 것이지요.

그러나 옛날 사람들은 과거의 상처라는 것을 잘 몰랐습니다. 혹시 자신의 과거가 불행했다 하더라도 전부 신의 뜻이자 운명으로 여겼기 때문입니다. 그들에게 중요한 것은 과거의 상처보다는 불안한 미래였습니다. 그래서 미래에 대한 여러 두려움들이 꿈으로 나타나곤 했습니다. 물론 미래가 반드시 그 꿈대로 되는 것은 아닙니다. 사람들은 "꿈은 현실과 반대야"라고 하면서 스스로 위로하곤 하는데, 이것은 현실이 반드시 꿈대로 되는 것은 아니라는 사람들의 생각을 반영합니다.

그러나 이번에 바로의 두 내시가 꾼 꿈은 특이했습니다. 우선 두 사람은 동시에 꿈을 꾸었는데, 그 구체적인 내용은 달랐지만 전체적인 구성이 같았습니다. 이것을 볼 때 그들의 꿈은 어떤 신의 암시일 가능성이 컸습니다. 그들은 이 꿈의 심각성으로 인해 깊이 근심했습니다.

두 내시의
꿈은 특별했다

두 사람이 동시에 꿈을 꾸었다 해도 내용이 전혀 상관 없다면 그냥 무시하고 넘어갈 수도 있어요. 그러나 두 사람은 동시에 꿈을 꾸었을 뿐 아니라 두 꿈의 전체적인 흐름과 플롯(plot)이 같았습니다. 이것은 어느 동일한 작가가 이 꿈을 주었다는 뜻입니다. 그래서 두 사람은 이 꿈을 예사 꿈이 아니라 자신들의 미래를 결정하는 아주 중요한 신의 뜻으로 생각하게 되었습니다.

특히 애굽 사람들은 자신들의 운명이 이미 결정되어 있으며 그 운명이 별의 움직임이나 꿈을 통해서 나타난다고 믿었기 때문에, 두 사람은 한층 더 심각해지지 않을 수 없었습니다. 몸은 아픈데 병명을 모르는 것과는 비교도 안 됩니다. 자기 운명에 대한 결정적인 뜻이 눈앞에 나타났는데 그것을 해석할 수 없을 때, 얼마나 마음이 답답하겠습니까?

이것은 하나님께서 이방인들의 의식 속에 작용하여 그 꿈 속에 자신의 뜻을 집어넣으신 경우로서, 극히 예외적인 일입니다. 하나님께서 왜 이렇게 하셨을까요? 지금 하나님은 이방인들을 자신의 계획 안으로 끌어들이시려는 것입니다. 다시 말해서 하나님께서 이방인들에게 질문을 던지시고 그 답을 자기 백성들에게 주심으로써, 그들이 하나님의 백성을 자신들의 어려움을 해결하는 데 없어서는 안 될 존재로 인정하게 하시려는 것입니다.

우리는 모두 문제를 끌어안은 채 살아가고 있습니다. 어떤 의미에서는 삶 전체가 풀리지 않는 문제라고 해도 될 것입니다. 학생들은 공부를 하기는 하지만 자신의 실력이 어느 정도나 되며, 어느 학교 무슨 과를 가야 성공할 수 있느냐 하는 문제를 가지고 있습니다. 또 아픈 아이를 둔 부모한테는 이 아이가 언제 건강해질까, 언제 어떤 치료나 수술을 받게 해야 할까가 전부 문제입니다. 결혼도 그렇습니다. 연애할 때는 괜찮은 사람 같은데 결혼하고 나면 어떻게 변할지 누가 알겠습니까? 또 사업을 새로 시작하는 사람은 이 사업이 성공할 것인지 실패할 것인지 알 수가 없습니다. 전부 다 풀어야 할 문제요 숙제입니다. 그러나 이런 문제들이 당장 해결하지 않으면 사는 데 지장을 줄 정도로 급한 것은 아니기 때문에, 사람들은 그 문제들을 그대로 끌어안은 채 살아갑니다.

하나님의 백성들은 이런 사람들의 문제에 대개는 별 도움이 되지 않습니다. 자기 자신의 문제도 제대로 해결하지 못하고 있는 경우가 많기 때문입니다. 하나님의 백성들과 세상 사람들은 서로 평행선을 달리고 있는 것과 같습니다. 바로의 내시들은 감옥에서 깊은 근심에 빠져 있었지만, 자신의 일도 제대로 처리할 수 없는 감옥 노예였던 요셉은 그들에게 도움을 줄 수 있는 처지가 아니었습니다. 아마도 그래서 두 내시가 요셉에게 선뜻 자신들의 문제를 말하려 들지 않았던 것 같습니다. '네 자신의 문제도 해결하지 못하고 노예로 사는 주제에 어떻게 왕의 신하들의 운명을 결정하는 일에 끼어 들려고 하느냐? 네 일이나 잘 하라' 는 것이지요.

물론 하나님의 백성들은 자기 문제도 제대로 해결하지 못한 채, 가족이나 친구들에게 도움이 되기는커녕 짐처럼 살 때가 많습니다. 하나님의 백성들과 세상 사람들은 같은 세상에 살고 있지만 서로 아무 상관 없이 살아가고 있고, 사실 그들한테 하나님의 백성이란 자기 자신의 문제부터 먼저 해결해야 할 사람들로밖에 보이지 않는 것이 현실입

노예가 귀족을
도울 수 있을까?

니다.

그러나 하나님의 때가 되면 하나님께서 세상 사람들에게 문제를 던지십니다. 그런데 그 문제에는 답이 없습니다. 사람들은 세상의 경험과 지식을 다 동원해서 그 답을 찾으려고 하지만, 하나님이 던지신 문제의 답은 절대로 찾을 수가 없습니다.

그 답을 누가 가지고 있습니까? 고난받는 하나님의 백성이 가지고 있습니다. 그들이 이방인을 살리는 구원자의 역할을 합니다. 자기 문제도 제대로 해결하지 못하는 사람이, 지금도 여전히 남의 신세를 지고 있는 그 사람이 결정적인 문제에 부딪힌 세상 사람들에게 답을 제시하고 그들을 어려움에서 건져 내는 것입니다. 이렇게 하나님의 백성은 온 세상을 살리고 온 세상을 축복하는 사람의 역할을 감당한 후에 다시 자신의 연약한 처지로 돌아갑니다.

오늘 본문에서 우리는 요셉이 이 두 관원장의 꿈을 해석하는 일에 대단히 적극적으로 나서고 있는 모습을 볼 수 있습니다. 8절을 보십시오.

요셉이 그들에게 이르되
"해석은 하나님께 있지 아니하니이까?
청컨대 내게 고하소서."

그는 지금 이 두 사람의 불행을 통해 무슨 덕을 보려고 이렇게 적극적으로 나서는 것이 아닙니다. 그는 정말 이들을 돕고 싶다는 선한 마음으로 그들의 문제에 대해 꼬치꼬치 캐묻고 있습니다.

이처럼 그는 자기 자신이 어려운 처지에 있었으면서도, 다른 사람의 문제에 늘 마음을 열고 있었습니다. 그래서 노예 신분으로 감옥에서 썩고 있는 그 상황에서도 다른 사람의 근심에 관심을 가지고 돕고자 했습니다. 그의 이 작은 사랑은 결국 두 사람의 문제를 해결하는 계기가 되었을 뿐 아니라 요셉 자신에 대한 하나님의 뜻을 이루는 실마리가 되었습니다.

나의 상황이 힘들 때, 하나님께서는 나보다 더 힘든 형제나 자매를 통해 나를 찾아오십니다. 그래서 힘든 때일수록 나보다 더 어려운 형편에 있는 사람을 외면하면 안 됩니다. 그들에게 보여 준 작은 관심이 하나님의 엄청난 역사를 불러오는 경우가 많습니다. 요셉은 자기도 감옥에서 썩고 있었으면서도, 탈출할 생각은커녕 자기보다 더 어려운 사람들을 돕기 위해 애를 썼습니다.

요셉은 꿈꾸는 사람이었습니다. 그 꿈은 곧 하나님의 말씀이었습니다. 요셉이 감옥 안에서 수년 동안 견딜 수 있었던 것은 그 꿈을 계속 해석하고 적용하는 일을 했기 때문입니다. 그에게는 하나님의 말씀이 있었습니다. 그래서 번민하는 두 사람을 쉽게 도울 수 있었습니다. 물론 그가 하나님의 말씀을 전부 다 알았기 때문에 도울 수 있었던 것은 아닙니다. 하나님의 말씀은 너무나도 엄청나기 때문에 어느 누구도 다 알 수 없습니다. 그러나 하나님을 모르는 세상 사람이나 초신자가 고민할 정도의 문제라면, 그 자신은 이미 수없이 생각하고 또 생각했던 문제임이 틀림없습니다.

이것은 하나님의 말씀에 질적인 차이가 있다는 말이 아닙니다. 그러나 꿈의 성격을 볼 때, 요셉이 꾼 꿈은 꿈 중에서도 가장 고차원적이고 어려운 것이었습니다. 곡식단이 일어나 절하는 꿈을 보면서 수십 년 후 흉년이 닥쳤을 때 양식으로 자기 가족을 구원하게 된다는 것을 어떻게 예측하며, 해와 달과 열한 별이 엎드려 절하는 꿈을 보면서 하나님께서 고난의 종을 높여 지극히 높은 자리에 앉게 하시리라는 것을 어떻게 알겠습니까?

그러나 요셉은 하나님이 이 꿈들을 주셨다면, 그 해석도 자신에게 주실 것을 믿었습니다. 그는 이 꿈을 놓고 많이 생각했고, 해석을 주실 것을 기대했으며, 자신의 삶에 적용하려고 애썼습니다. 그러던 중에 하나님을 모르는 이 두 신하가 꾼 꿈 이야기를 듣고 '이것은 분명히 내가 풀 수 있는 것'이라고 확신했던 것입니다.

오늘 우리는 문제를 가진 사람들을 주위에서 많이 접합니다. 그들의 문제는 자녀의 가출에서 시작하여 남편의 외도나 부도 위험에 처한 사업에 이르기까지 많고도 다양합니다. 우리는 이 모든 어려움들에 대한 답이 하나님의 말씀 안에 있다는 사실을 분명히 알아야 합니다. 세상에서 아무리 어렵다고 하는 문제라도, 성경이 말씀하는 예수 그리스도에 관한 예언에 비하면 아무것도 아닙니다. 예수 그리스도께서 몸을 입고 와서 죽으셨다가 부활해서 그 영광의 자리에 앉으신 그 일에 비하면 말할 수 없이 쉬운 거예요. 하나님의 말씀에서 이런 진리를 이끌어내고 이런 진리를 자신의 삶에 적용할 수 있는 사람이라면, 어떤 어려운 문제도 풀어 낼 수 있습니다. 예수 그리스도에 대해 알려 주신 하나님께서는 그 문제에 대한 답도 자기 백성들에게 주실 것입니다.

3. 요셉의 해석

마침내 술 맡은 관원장이 먼저 꿈 이야기를 털어놓았습니다.

술 맡은 관원장이 그 꿈을 요셉에게 말하여 가로되
"내가 꿈에 보니 내 앞에 포도나무가 있는데
그 나무에 세 가지가 있고 싹이 나서 꽃이 피고
포도송이가 익었고 내 손에 바로의 잔이 있기로
내가 포도를 따서 그 즙을 바로의 잔에 짜서
그 잔을 바로의 손에 드렸노라"(40:9-11).

이에 대해 요셉은 어떻게 해석하고 있습니까?　　　　　명확한 해석

요셉이 그에게 이르되
"그 해석이 이러하니 세 가지는 사흘이라.
지금부터 사흘 안에 바로가 당신의 머리를 들고
당신의 전직을 회복하리니 당신이 이왕에 술 맡은 자가
되었을 때에 하던 것 같이 바로의 잔을 그 손에 받들게
되리이다"(40:12,13).

이 해석의 특징이 무엇입니까? 아주 명확하고 구체적이라는 것입니다. 그는 대충 짐작해서 말하지 않았습니다. "무슨 뜻인지는 정확히 모르겠지만 상당히 좋은 꿈 같군요. 아마도 머지않아 당신에게 좋은

소식이 있을 겁니다"라는 식으로 두루뭉실하게 말하지 않았어요. 그는 분명하게 꿈을 주석했습니다. "세 가지는 사흘이라. 지금부터 사흘 안에 바로가 당신의 머리를 들고 당신의 전직을 회복하리니." 얼마나 명확합니까? 여기에는 모호한 구석이 하나도 없습니다. 아주 분명하고 구체적입니다. 이것은 단순한 희망사항이 아니에요. "꿈에 포도를 봤다구요? 우리 할머니가 그러시는데 꿈에 거울이 깨지는 걸 보면 나쁘지만 포도를 보면 좋대요. 그러니까 조금 기다려 보세요" 하는 식이 아닙니다. 아마도 요셉은 이 꿈 이야기를 듣는 순간, 성령의 가르침으로 그 의미를 분명하게 깨달았던 것 같습니다.

구체적인 적용 그는 더 나아가 적용까지 합니다.

> "당신이 득의하거든 나를 생각하고 내게 은혜를 베풀어서
> 내 사정을 바로에게 고하여 이 집에서 나를 건져 내소서.
> 나는 히브리 땅에서 끌려온 자요 여기서도 옥에 갇힐
> 일은 행치 아니하였나이다"(40:14,15).

이것은 이 사람의 덕을 보겠다는 말이 아닙니다. 요셉은 이 사람이 복직될 것을 확신하고 있었기 때문에, 하나님께서 이 사람을 통해 자기를 이 감옥에서 나가게 하실 것이라고 생각했던 것입니다.

이렇게 꿈의 해석이 좋은 것을 보고, 이번에는 떡 굽는 관원장이 자기 꿈 이야기를 꺼냈습니다.

떡 굽는 관원장이 그 해석이 길함을 보고 요셉에게 이르되

"나도 꿈에 보니 흰떡 세 광주리가 내 머리에 있고,
그 윗광주리에 바로를 위하여 만든 각종 구운 식물이
있는데 새들이 내 머리의 광주리에서 그것을 먹더라"
(40:16,17).

요셉은 그 꿈을 이렇게 해석합니다.

요셉이 대답하여 가로되
"그 해석은 이러하니 세 광주리는 사흘이라.
지금부터 사흘 안에 바로가 당신의 머리를 끊고 당신을
나무에 달리니 새들이 당신의 고기를 뜯어 먹으리이다"
하더니 (40:18,19)

떡 맡은 관원장의 꿈에 대한 해석은 아주 불길한 것이었습니다. 즉
바로가 사흘 안에 그를 처형한다는 것입니다. 이번에도 요셉의 해석은
명확했고 조금도 숨기는 것이 없었습니다.
　이어지는 말씀은 그 후에 이 두 사람이 실제로 어떻게 되었는가를　　해석이 성취되다
보여 주고 있습니다.

제3일은 바로의 탄일이라. 바로가 모든 신하를 위하여
잔치할 때에 술 맡은 관원장과 떡 굽는 관원장으로
머리를 그 신하 중에 들게 하니라.
바로의 술 맡은 관원장은 전직을 회복하매 그가 잔을

바로의 손에 받들어 드렸고 떡 굽는 관원장은 매달리니
요셉이 그들에게 해석함과 같이 되었으나 (40:20-22)

우리가 여기서 볼 수 있는 것이 무엇입니까? 요셉의 꿈 해석은 일단 해석이 명확했고 적용이 아주 구체적이었다는 것입니다. 이것은 하루 아침에 생긴 능력이 아닙니다. 아무리 요셉이라도 하루 아침에 이렇게 명확한 해석과 구체적인 적용을 할 수는 없어요. 하나님께서 선지자들에게 주신 꿈은 전부 해석이 필요한 것들이었습니다. 그래서 선지자들이 하나님의 꿈을 받았을 때 열심히 한 일이 무엇인가 하면, 하나님께서 자기에게 주신 꿈을 해석하고 그 시대에 맞게 구체적으로 적용하는 것이었습니다.

요셉은 아버지 집에서 살 때 꾸었던 꿈을 계속 추억하면서, '언젠가는 하나님의 큰 뜻이 나타나겠지' 하고 무작정 기다린 것이 아닙니다. 그는 계속 그 꿈을 생각했고, 그 꿈을 해석했으며, 자기가 살고 있는 시점에 적용했습니다. 그러는 가운데 명확하고 구체적으로 생각할 수 있는 능력을 얻게 된 것입니다. 창세기에 여러 번 나오는 '여호와께서 요셉과 함께하셨다'는 말씀은, 요셉이 이처럼 꿈을 해석하고 현실에 적용한 일을 가리키는 표현이 아닌가 합니다.

우리가 예배로 모이는 것은 막연한 희망사항이나 단순히 듣기 좋은 소리를 듣기 위해서가 아니라, 명확하고 구체적인 하나님의 음성을 듣기 위해서입니다. 오늘날 사람들은 너무나도 많은 문제를 가지고 있습니다. 우리 자신의 삶만 보아도 풀리지 않는 문제들이 얼마나 많이 있습니까? 그러나 하나님의 말씀 안에는 그 모든 답이 다 들어 있습니다. 더욱이 오늘 우리가 가지고 있는 말씀은 요셉이 가졌던 것과는 비교도 되지 않을 만큼 엄청난 말씀입니다.

그런데도 우리는 말씀에서 답을 끌어내지 못한 채, 점쟁이라도 찾아가고 싶을 만큼 정신적으로 심한 방황을 겪습니다. 왜 그렇습니까? 말씀을 해석할 수 있는 열쇠를 가지고 있지 못하기 때문입니다. 말씀을 자신의 삶에 구체적으로 적용하는 훈련이 되어 있지 못하기 때문입니다.

요셉이라고 해서 처음부터 하나님의 뜻을 명확히 알고 그것을 적용할 수 있었던 것은 아닙니다. 그는 감옥에서 하나님이 주신 꿈을 해석하고 구체적으로 적용하는 훈련을 했습니다. 지금 두 관원장의 꿈을 해석하고 적용하는 것을 보면, 그의 능력이 이미 높은 경지에 도달했다는 것을 알 수 있습니다.

하나님의 말씀은 절대로 그냥 해석되지 않습니다. 그 말씀에 헌신해야 합니다. 그 말씀에 모든 것을 걸고 그 말씀과 함께 인생 밑바닥까지 기꺼이 내려갈 때, 비로소 말씀이 열리고 그 해석이 성취의 능력을 갖게 되는 것입니다. 개인적인 희망사항은 누구나 말할 수 있습니다. 그러나 오늘 우리에게 필요한 말씀은 명확한 말씀, 아주 구체적으로 적용될 수 있는 말씀입니다. '내가 이렇게 하면 살겠구나' 깨달아지는 말씀입니다. 이렇게 말씀이 바로 해석되고 적용될 때 성취의 능력이 나타납니다.

오늘날 사람들이 결정적으로 어려운 순간에 듣고 싶어하는 것이 무엇입니까? 자신에 대한 하나님의 구체적인 말씀입니다. 모든 일을 성취시키시는 말씀입니다. 그러나 사람들은 다른 이들의 말을 너무 많이 듣고 있습니다. 이 사람이 이 소리 하면 이리 끌려가고, 저 사람이 저

요셉처럼
성취의 말씀을
열고 싶다면

소리 하면 또 저리 끌려갑니다. 하나님의 말씀도 잡고 다른 사람들의 말도 잡겠다는 것이지요.

그러나 그 결과가 무엇입니까? 방황입니다. 비참한 파국입니다. 그런 사람은 눈에 보이는 것을 전부 잡으려 드는 욕심쟁이로서, 말씀이 성취된다 해도 자기 것으로 가지지 못할 것입니다. 단지 교회 안 나가면 불안하니까 나가는 사람은 불행합니다. 예배드릴 때는 그래도 말씀에 귀를 기울이지만 예배 끝나고 계단만 내려가면 이 사람 저 사람의 말을 들으려 하는 사람은 불행합니다.

하나님의 말씀에 전적으로 헌신하지 않는 자에게는 말씀이 역사하지 않습니다. 우리는 자신에 대한 하나님의 말씀을 듣기 위해 교회에 나옵니다. 그 중에는 듣기 좋은 말씀만 있는 것이 아니라 듣기 싫은 말씀도 있습니다. 그러나 사람들은 설사 틀린 말이라 하더라도 일단 자기에게 듣기 좋은 말을 듣고 싶어합니다. 저도 정확한 체중계보다는 무게가 덜 나오는 체중계가 좋더라구요. 무게가 정확하게 나오는 체중계를 보면 "이건 고장난 거야. 만든 회사에 전화해 줘야 해" 합니다. 그러나 하나님 앞에서는 그것이 통하지 않습니다. 요셉은 떡 맡은 관원장이 사흘 안에 매달려 죽으리라는 사실을 있는 그대로 알려 주었습니다.

그러면 오늘도 하나님께서 우리의 운명을 미리 정해 놓고 알려 주십니까? 그렇지 않습니다. 우리의 운명은 고정되어 있지 않습니다. 우리의 노력에 따라 얼마든지 살아날 수도 있고 죽을 수도 있습니다. 물론 우리가 구원받느냐 멸망당하느냐는 하나님께서 정해 놓으셨습니다. 그리고 우리가 어떤 일을 통해서 하나님께 영광을 돌리기 원하시는지도 그의 뜻 안에 들어 있습니다. 그럼에도 불구하고 우리의 삶은 우리에게 열려 있습니다. 그러므로 우리는 하나님의 뜻을 알아 내야 하고, 그 뜻을 자신의 삶 속에서 실천해 내야 합니다. 내가 가만히 있는데 내 인생을 대신 살아 줄 사람은 아무도 없습니다.

오늘 본문이 우리에게 말씀하려는 것이 무엇입니까? 우리 눈에 보이는 것이 전부가 아니라는 것입니다. 지금 요셉의 눈에는 여전히 그를 미워하는 시위대장이 보입니다. 그는 이 감옥을 지배하고 있고, 그가 있는 한 자신은 영원히 여기에서 썩게 될지도 모릅니다. 그리고 세상은 자신의 뜻에 따라 사람을 복직시키기도 하고 사람의 목을 매달기도 하는 바로가 다스리고 있습니다.

그런데 요셉이 꿈을 통해 본 것이 무엇입니까? 이 모든 것 뒤에 또 다른 세계가 있으며, 그 세계를 주장하시는 하나님이 계신다는 것입니다. 하나님께서는 그 뜻을 요셉에게 보여 주셨고, 그 꿈의 해석대로 모든 것을 다 이루셨습니다. 그러면 바로는 무엇입니까? 하나님께서 사용하시는 한 도구에 불과합니다.

선지자들이 꾼 꿈의 메시지가 대체로 그러한 것이었습니다. 이 세상의 현실을 보면 그렇게 비관적일 수가 없습니다. 너무나도 절망적이에요. 그러나 눈을 들어서 하늘을 보면 이 모든 인간의 악을 극복하고 선한 뜻을 이루시는 하나님의 능력과 주권과 계획이 보입니다.

세상에 있는 악의 세력 앞에서 하나님의 백성들은 자신의 문제조차 제대로 해결하지 못하고 있습니다. 아마 우리가 다른 사람들을 도우려고 나서면 "네 일이나 똑똑히 해" 하고 비웃을 것입니다. 그러나 하나

님이 질문을 던지시면 이야기는 달라집니다. 하나님이 던지신 질문의
답은 오직 고난받는 성도들을 통해서만 나옵니다. 하나님께서는 이방
인들을 자신의 계획 속에 끌어들임으로써 그들로 하여금 자기 문제를
인정하게 하시고, 고난받는 하나님의 백성들이 얼마나 존귀한 자들인
지를 깨닫게 하십니다.

오늘 우리는 문제를 많이 가지고 있으면서도 그 답은 모르는 사람들
에게 에워싸여 있습니다. 그들은 자기 귀를 솔깃하게 할 만한 답을 찾
아 이리저리 헤매고 다닙니다. 그러나 그들은 절대로 답을 얻을 수 없
습니다. 그 답은 오직 고난받는 성도들, 말씀 때문에 인생 밑바닥까지
내려간 사람들에게만 있습니다. 하나님께서는 그들의 해석이 성취되
게 하십니다. 그러나 이 능력은 아무에게나 성취되는 것이 아닙니다.
그 말씀에 전적으로 헌신한 사람에게만 성취됩니다.

오늘 이 시대에 필요한 사람은 어떤 사람입니까? 감옥에서, 실직 상
태에서, 병중에서 끊임없이 하나님의 말씀을 묵상하고 해석하며 삶에
구체적으로 적용하는 훈련을 쌓은 사람들입니다. 바로 그런 사람들이
이 시대에 답을 던질 것이며, 하나님께서는 그들을 통해 이 세상 일을
이루어 나가실 것입니다.

오늘 끝말씀은 이렇게 되어 있습니다.

술 맡은 관원장이 요셉을 기억지 않고 잊었더라(40:23).

요셉은 술 맡은 관원장의 도움으로 감옥에서 나갈 수 있을 줄 알았
습니다. 그러나 그는 감옥에서 나간 뒤에 요셉을 완전히 잊어버렸습니

다. 이 사람이 나가고 난 후 2년 동안 요셉은 아마 훨씬 더 침체되어 살았을 것입니다. 그러나 그것은 아직 하나님의 때가 되지 않았기 때문입니다.

기대했던 대로 되지 않는다고 해서 실망하지 마십시오. 하나님께서 한번 시작하신 일은 반드시 이루어집니다. 하나님께서 징조를 보여 주신 일은 반드시 크게 성취됩니다. 때가 되면 그가 이루실 것입니다.

요셉은 하루라도 빨리 감옥에서 나가기만을 원했을 것입니다. 그러나 하나님께서는 그가 사람의 도움으로 나가는 것이 아니라 하나님의 큰 역사로 나가기를 원하셨습니다. 하나님께서는 그가 감옥에서 나감과 동시에 온 세상을 구원하는 구원자로 나타나기를 원하셨습니다. 하나님의 생각은 우리의 생각보다 엄청나게 크고 높다는 것을 기억하시기 바랍니다.

2 감옥에서 나온 요셉

만 2년 후에 바로가 꿈을 꾼즉 자기가 하숫가에
섰는데 보니 아름답고 살진 일곱 암소가 하수에서
올라와 갈밭에서 뜯어 먹고 그 뒤에 또 흉악하고
파리한 다른 일곱 암소가 하수에서 올라와 그 소와
함께 하숫가에 섰더니 그 흉악하고 파리한 소가
그 아름답고 살진 일곱 소를 먹은지라.
바로가 곧 깨었다가 다시 잠이 들어 꿈을 꾸니
한 줄기에 무성하고 충실한 일곱 이삭이 나오고
그 후에 또 세약하고 동풍에 마른 일곱 이삭이
나오더니 그 세약한 일곱 이삭이 무성하고 충실한
일곱 이삭을 삼킨지라. 바로가 깬즉 꿈이라.
아침에 그 마음이 번민하여 보내어 애굽의 술객과
박사를 모두 불러 그들에게 그 꿈을 고하였으나
그것을 바로에게 해석하는 자가 없었더라.
술 맡은 관원장이 바로에게 고하여 가로되
"내가 오늘날 나의 허물을 추억하나이다.
바로께서 종들에게 노하사 나와 떡 굽는 관원장을
시위대장의 집에 가두셨을 때에 나와 그가
하룻밤에 꿈을 꾼즉 각기 징조가 있는 꿈이라.
그 곳에 시위대장의 종 된 히브리 소년이 우리와
함께 있기로 우리가 그에게 고하매 그가 우리의
꿈을 풀되 그 꿈대로 각인에게 해석하더니

그 해석한 대로 되어 나는 복직하고
그는 매여 달렸나이다.”
이에 바로가 보내어 요셉을 부르매 그들이
급히 그를 옥에서 낸지라. 요셉이 곧 수염을
깎고 그 옷을 갈아입고 바로에게 들어오니
바로가 요셉에게 이르되
“내가 한 꿈을 꾸었으나 그것을 해석하는 자가
없더니 들은즉 너는 꿈을 들으면 능히 푼다더라.”
요셉이 바로에게 대답하여 가로되
“이는 내게 있는 것이 아니라. 하나님이
바로에게 평안한 대답을 하시리이다.”

창 41:1-16

어떤 조각가가 아주 큰 초대형 작품을 만들려고 할 때 먼저 하는 일은, 똑같은 모양의 작은 모형을 미리 만들어 보는 것입니다. 머리로 생각하는 것과 실제로 만들어지는 것 사이에는 큰 차이가 있기 때문입니다. 어떤 작품을 머리로 구상했을 때에는 분명히 균형을 이룰 것 같았는데, 막상 실제로 만들어 보면 세워지지 않는 경우가 있습니다. 그래서 먼저 작은 모형을 만들어 여러 가지 세부사항들을 미리 검토한 후에 대형 작품의 제작으로 들어가야 실패하지 않습니다.

이것은 군에서 결정적으로 중요한 작전을 수행하려고 할 때에도 마찬가지입니다. 예를 들어서 거대한 규모의 상륙 작전을 감행하려 한다든지 원자폭탄 같은 것을 투하하려고 할 때, 미리 비슷한 지형에서 모의 실험을 많이 해 보아야 그만큼 실패할 가능성이 줄어듭니다.

오늘 본문을 보면 하나님께서 이와 비슷한 과정을 통해 요셉을 사용하시는 것을 알 수 있습니다. 요셉이 감옥 안에서 두 내시의 꿈을 해석한 것은 하나님께서 앞으로 시행하실 엄청난 작전의 모의 실험이었습니다.

중동 지방에 몇 년에 걸쳐 닥칠 극심한 기근은 이미 수십 년 전부터 하나님의 계획 안에 변경될 수 없는 사항으로 확정되어 있었습니다. 하나님께서 이런 무서운 재앙을 내리시지 않을 수 없었던 것은 인간들의 죄가 수준을 넘어섰기 때문입니다. 아마도 노아 홍수나 소돔과 고모라의 멸망 이후 가장 무서운 재앙이 될 만한 일이 애굽과 가나안 땅에 준비되어 있었습니다. 그러나 하나님께서는 이런 무서운 재앙을 앞둔 가운데서도 자신의 백성들을 기억하셨습니다. 그래서 요셉을 미리 애굽에 보내어 그를 준비시키셨습니다.

이처럼 수많은 사람들이 목숨을 잃게 될 대기근에 대비하여 하나님께서 요셉에게 준비시키신 것은 감자의 싹을 틔우는 법이나 옥수수 품종 개량 같은 것이 아니었습니다. 하나님께서는 엄청난 재앙에 대비하여 요셉에게 두 가지 훈련을 시키셨습니다. 하나는 철저하게 낮아지는 훈련이었습니다. 처음에는 그를 노예로 만드시더니 그것도 부족해서 감옥의 죄수로까지 전락시키셨습니다. 그것도 그냥 편안하게 앉아 있는 죄수가 아니라, 다른 죄수를 섬겨야 하는 노예 죄수로 만드셨습니다. 그리고 다른 한편으로는 꿈의 해석을 통해 하나님의 뜻을 분별하는 능력을 갖추도록 훈련시키셨습니다.

물론 하나님이 어떤 일을 하시는 데에는 사전 준비나 예행 연습이 필요 없습니다. 하나님은 그런 것을 하지 않아도 결코 실수하지 않으십니다. 그러나 문제는 하나님께서 자신의 엄청난 구원 계획을 연약한 인간을 통해, 또 때로는 하나님을 전혀 모르는 사람을 통해 이루신다는 데 있습니다. 사람은 실수도 많고 일을 잘 감당할 능력도 없을 뿐 아니라 큰일을 하고 난 후에 타락하거나 교만해지거나 믿음을 잃을 위

 은잔의 테스트

험이 있습니다. 그래서 하나님께서는 자기 사람을 여러 차례 훈련시키고 준비시키신 후, 결정적인 순간에 그 일에 투입하시는 것입니다.

하나님께서는 수많은 사람들이 굶어 죽는 재앙 중에 요셉을 사용해서 사람들을 살리기로 작정하시고 그를 준비시키셨습니다. 하나님은 바로의 왕궁에 요셉을 신하로 들여보내서, 하나님을 전혀 모르는 교만한 바로를 움직여 그분의 일을 하게 하십니다. 여기에는 한 치의 오차도 허용될 수 없습니다. 하나님의 뜻을 철저하게 분별하면서도 바로의 마음이 상하지 않도록 그를 잘 설득해서 그 뜻을 이루려면, 얼마나 큰 겸손과 인내와 설득력과 지혜가 필요하겠습니까?

이처럼 하나님께서는 하나님을 모르는 사람들, 교만한 사람들, 포악한 사람들을 통해 자신의 뜻을 이루게 하심으로써, 그 종을 낮추시며 겸손하게 하시고 기다리게 하시며 그 가운데 하나님의 뜻을 예민하게 분별하는 지혜를 갖게 하십니다.

마침내 하나님의 뜻을 이룰 시간이 되었습니다. 요셉은 이제 한 치의 오차도 없이 이 뜻을 이루어드려야 합니다. 만일 여기에 조금이라도 오차가 생긴다면 수백만 명이 굶어 죽게 될 것입니다.

1. 먼저 바로를 움직이신 하나님

하나님께서는 요셉이 바로 앞에 서서 이 엄청난 재앙에 대한 지혜를 말하기 전에 먼저 바로의 마음을 움직이기 시작하셨습니다.

사람들은 앞으로 어떤 재앙이 닥칠지 전혀 모르고 있습니다. 또 그

바로를
구원 계획에
끌어들이시다

재앙에서 자신들을 살릴 수 있는 지혜가 감옥에 갇혀 있는 한 노예의 머리 속에 들어 있다는 사실도 모르고 있습니다. 그런데 이것을 모르는 한 그들은 살아날 수가 없습니다. 게다가 그 재앙이 닥치기 전, 하나님께서는 엄청난 풍년을 허락하실 것입니다. 이 풍년은 유혹입니다. 이런 풍년을 누리면서 누가 앞으로 이런 재앙이 오리라는 것을 예측할 수 있겠습니까? 그래서 하나님께서는 이 놀라운 구원을 위해 한 중요한 인물의 마음을 움직이기 시작하셨습니다. 그는 애굽 왕 바로였습니다.

요셉이 두 내시의 꿈을 해석한 후 2년이라는 시간이 지났습니다. 이 2년이 요셉에게 얼마나 답답하고 힘든 기간이었을지는 능히 짐작할 수 있을 것입니다. 아마도 요셉은 '바로의 술 맡은 관원장이 나를 잊은 게 분명해. 누구를 통해서라도 다시 한 번 말해 볼까?' 하는 생각들을 수없이 했을 것입니다. 그러면서 2년이 지났고, 마침내 하나님의 때가 되었습니다. 그러자 하나님이 움직이기 시작하셨습니다.

하나님은 어떤 방식으로 바로를 이 엄청난 계획 안으로 끌어들이셨습니까? 하나님이 쓰실 수 있는 방법은 여러 가지가 있었습니다. 혜성이 나타나게 하거나 불길하게 생긴 검은 새가 바로의 왕궁 앞에서 울게 하는 식의 초자연적인 현상들을 통해 그의 마음에 두려움을 불러일으킴으로써 하나님의 계획에 관심을 갖게 하실 수도 있었습니다. 그러나 그분은 아주 평범한 방법, 꿈을 사용하셨습니다.

우리 생각에 꿈은 너무나 하찮은 방법인 것 같습니다. 요셉을 감옥에서 끌어내시고 야곱 집안을 포함한 많은 사람들을 살리시려면 더 위대한 방법을 사용하셔야 하는 것 아닙니까? 그러나 우리 눈에는 바로

가 대단해 보일지 몰라도 하나님 앞에서는 전혀 대단한 존재가 아니라
는 사실을 알아야 합니다. 하나님께서는 꿈 하나만으로도 얼마든지 그
의 무릎을 꿇리실 수 있으며, 꿈 하나만으로도 얼마든지 그의 마음을
사로잡으실 수 있습니다.

우리는 출애굽 때 바로를 미천한 벌레와 파리와 개구리로 징계하신
일을 기억할 필요가 있습니다. 하나님은 왜 힘센 군사나 강한 군대로
치시는 대신, 파리 사단과 개구리 편대를 보내서 징계하신 것일까요?
이것은 바로가 하나님 앞에서 이 미물들보다 못한 존재임을 보여 주는
것입니다. '개구리가 우스워 보이느냐? 넌 개구리보다 못한 존재야'
라는 거예요.

그래서 우리는 바로가 꿈을 꾸었다는 사실 자체에 너무 많은 의미를
부여하지 않도록 조심해야 합니다. 하나님께서는 선지자들에게 꿈이
나 환상을 통해 그 뜻을 보여 주셨습니다. 그러나 여기에서 바로에게
꿈을 주어 번민에 빠지게 하신 것은 그를 선지자로 대접해서가 아니
라, 가장 간단한 방법으로 자신의 계획에 끌어들이시기 위해서일 뿐입
니다.

바로가 꾼 꿈이 무엇입니까? 그는 두 번의 꿈을 꾸었는데, 그 중에 꿈의 내용
하나는 나일 강가에 아주 보기 좋고 살진 암소 일곱 마리가 올라와 풀
을 뜯어 먹는 꿈이었습니다. 그런데 잠시 후에 아주 여위고 못생긴 암
소 일곱 마리가 강에서 올라오더니 이 살진 암소들을 다 잡아먹어 버
렸습니다. 그는 잠시 잠에서 깨었다가 다시 꿈을 꾸었습니다. 이번에
는 한 곡식 줄기에 아주 충실하게 잘 익은 이삭 일곱 개가 달려 있었습
니다. 그런데 잠시 후에 동풍에 바짝 마른 형편없는 이삭 일곱 개가 나

오더니 잘 익은 이삭 일곱 개를 삼켜 버렸습니다.

바로는 이 꿈이 보통 꿈이 아니라는 것을 알았습니다. 무엇보다 너무 생생했어요. 사람들은 꿈을 꾸고 나서도 대개는 그 내용을 잊어버립니다. 그러나 이 꿈은 숫자까지 다 기억날 정도로 생생했습니다. 게다가 그는 꿈을 두 번이나 연속해서 꾸었는데, 그 세부 내용은 달라도 구성은 똑같았습니다. 게다가 이 꿈들은 무언가 불길한 조짐을 보여 주고 있었습니다.

꼭 이런 이유가 아니더라도 정치가나 대기업 회장처럼 중요한 결정을 내려야 하는 사람들은 꿈이나 징조에 신경을 많이 쓰는 법입니다. 정치를 하거나 대기업을 이끌다 보면 자신이 전혀 생각지 못했던 요인에 의해 사태가 뒤집히는 경우가 너무나도 많기 때문입니다.

사실 우리가 살고 있는 이 세상의 삶은 온통 질문으로 가득 차 있다고 해도 과언이 아닙니다. 나는 누구이며 내가 이 세상에 사는 목적은 무엇인지, 도대체 무엇을 위해 살아야 하며 죽고 나면 어떻게 되는 것인지, 모든 것이 의문투성이입니다. 그러나 대개는 그냥 질문을 지닌 채로 살아가지요. 그러다가도 인생의 중요한 고비에 맞닥뜨리면, 다시금 근본적인 질문을 생각하지 않을 수가 없습니다. 예를 들어 새로운 생명이 탄생하거나, 자녀들이 성장하여 결혼을 하거나, 사랑하는 사람을 잃거나, 직장에서 원치 않는 퇴직을 하게 되거나, 죽음을 재촉하는 중병에 걸렸을 때, 인간은 본질적인 문제에 대면하지 않을래야 않을 수가 없습니다. 즉 인생이란 도대체 무엇이냐 하는 질문에 부딪치지 않을 수 없어요. 그런 인생의 고비마다 깨닫게 되는 것은, 그런 질문을 제기한 분이 바로 하나님이시라는 것입니다.

하나님께서 바로에게 이런 특이한 꿈을 꾸게 하신 것은, 그분이 바로의 통치에 개입하시며 이제 그분의 원대한 계획에 그를 끌어들이겠다는 뜻을 보여 주신 것입니다. '바로'는 원래 애굽 왕의 칭호입니다. 그러니까 애굽 왕들은 전부 '바로'인 것입니다. 그런데 특별히 요셉 때의 바로에게 하나님은 꿈으로 무언가를 보여 주셨습니다. 이것이 불행한 일일까요, 다행한 일일까요? 엄청나게 다행한 일입니다.

지금 바로 앞에는 거의 모든 사람을 굶겨 죽일 수 있는 무서운 대재앙, 소돔과 고모라의 멸망에 버금가는 멸망이 기다리고 있습니다. 하나님이 이처럼 그에게 질문을 제기하지 않으셨더라면, 이 이상한 두 번의 꿈을 통해 통치한다는 것이 무엇이며 산다는 것이 무엇인지, 그의 앞에 기다리고 있는 것이 무엇인지에 대해 질문을 주시지 않았더라면, 그는 매일 술이나 마시고 자기 교만에 취해 살다가, 마침내 재앙이 일어났을 때 수많은 사람들이 굶어 죽어 가는 것을 손놓고 구경할 수밖에 없었을 것입니다.

그러나 하나님은 그의 평안한 삶에 개입하셨습니다. 그에게 꿈을 주셨고 질문을 던지셨습니다. "도대체 네 존재가 뭐냐? 네 앞에 무엇이 기다리고 있는지 아느냐? 한번 생각해 보거라!" 하나님은 이 질문을 통해 바로가 알지 못하는 사이에 엄청난 구원 계획으로 그를 끌어들이셨고, 결국 그는 이 위기에서 수많은 사람들을 살려 내는 통치자가 될 수 있었습니다.

오늘 우리는 우리의 삶이 다른 사람처럼 평범하지 못한 것에 대해 비관적으로 생각할 때가 많습니다. 분명히 붙을 수 있는 시험에 떨어지거나 훌륭하다고 생각한 계획이 틀어지면서 자기 삶이 전혀 예기치 못한 방향으로 흘러갈 때, '나는 참 무능하구나. 나는 결국 실패하고 말았구나' 하면서 평탄치 못한 자신의 운명을 쉽게 비관하게 되지요.

그러나 그것은 결코 비관할 성질의 것이 아닙니다. 그것은 하나님께서 나의 삶에 간섭하고 계신 증거입니다. 즉 그분이 나의 평범한 삶에 질문을 던지고 계신 것입니다. "너는 네 앞에 기다리고 있는 것이 무엇인지 아느냐? 내가 너에게 가지고 있는 계획이 무엇인지 아느냐? 나는 너의 삶에 개입함으로써 너를 내 계획에 끌어들이고 있다." 여러분, 이것은 비관할 일이 아니라 기뻐할 일입니다.

정말 평범하게 살고 싶었는데, 제 때 결혼해서 제 때 애 낳아 키우면서 집안 청소나 하고 방바닥에 떨어진 머리카락이나 줏으면서 살려고 했는데, 갑자기 어느 순간부터 삶이 틀어지기 시작하면서 전혀 예상치 못한 곳에 와 있는 자신의 모습을 보게 되었습니까? '하나님께서 나의 삶에 개입하고 계시며 그 원대한 계획에 나를 끌어들이고 계시구나' 라고 생각하십시오. 우리는 우리 앞에 어떤 어려움이 기다리고 있으며, 그에 대한 하나님의 뜻이 무엇인지 알지 못합니다. 그래서 하나님께서 그런 장애나 예기치 못한 간섭을 통해, 내가 모르는 무서운 재앙이나 내가 감당할 수 없는 어려움에서 나를 지키시고 보호하시는 것입니다.

물론 내 삶이 내 계획대로 평탄하게 흘러가지 못할 때 기뻐하고 감사한다는 것은 굉장히 어려운 일입니다. 그러나 적어도 그런 장애를 통해 나의 삶에 간섭하시는 하나님을 보아야 합니다. 비록 기뻐하고 감사하기까지는 못한다 해도, 자기 욕심을 버리고 경건한 마음으로 하나님의 뜻을 기다려야 합니다.

2. 이 꿈에 어떻게 반응할 것인가?

바로 왕은 이 특이한 꿈을 꾼 뒤 어떻게 했습니까? 그는 이 꿈을 두고 마음 속에 깊이 번민했습니다. 그리고 아침이 되자 애굽의 모든 술객과 박사들을 불러서 꿈 이야기를 한 후에 해석을 하라고 했습니다. 그러나 그 꿈을 해석할 수 있는 사람이 아무도 없었습니다. 41장 8절을 보십시오.

아침에 그 마음이 번민하여 보내어 애굽의 술객과
박사를 모두 불러 그들에게 그 꿈을 고하였으나
그것을 바로에게 해석하는 자가 없었더라.

바로가 그 꿈을 놓고 깊이 번민하며 아침이 되자마자 점치는 자들과 점술가들을 전부 불러모아서 그 꿈을 해석하려 한 것은, 그가 이 문제를 진지하게 대면했다는 것을 보여 줍니다.

오늘날 사람들의 치명적인 문제는 진지하지 못하다는 것입니다. 사랑을 할 때도 깊이 번민하면서 하는 것이 아니라 "한번 만나 볼래요? 싫으면 말고" 하는 식으로 장난스럽게 하고, 진리에 대한 이야기를 들을 때도 깊이 번민하면서 듣지를 않습니다. 예를 들어 믿는 자매가 믿지 않는 사람의 청혼을 받고 많이 고민하고 기도한 끝에 "그럼 교회 다닐 수 있어요?" 하고 어렵게 물었다고 합시다. 그런데 상대방이 여기에 너무나 피상적으로 반응한다면 실망하지 않을 수가 없지요. 자기는 그 한마디를 하기 위해 정말 많이 기도하고 고민했는데, 그 문제는

피상적으로
반응하지 말라

그만큼 자기에게 소중한 것인데, 상대방이 너무나 가볍게 반응할 때 마음이 깊이 상하지 않을 수 없습니다.

사람들은 어려움이 닥쳤을 때 진지하게 반응하는 대신 "어떻게든 되겠지, 뭐. 별일이야 있을라고?" 하면서 대수롭지 않게 넘어갈 때가 많습니다. 병으로 쓰러질 때 대개 2, 3년 전에는 좋지 않은 징후가 나타나게 되어 있습니다. 심장병도 어느 날 갑자기 쓰러지는 것처럼 보여도 그 전에 어떤 징후가 나타나는 경우가 많아요. 그러나 사람들은 그런 문제를 정면으로 대하기를 두려워합니다. 바빠서 그럴 때도 있지만, 근본적으로는 문제를 대하는 자세가 진지하지 못하기 때문입니다. 물론 매일매일 일어나는 일상적인 일들은 당장 처리하지 않으면 불편하니까 그때 그때 해 나갑니다. 그러나 인생에 한 번씩 찾아오는 징후와 질문은 이렇게 매일 처리하는 일상의 일과보다 훨씬 중요한 문제, 나의 사활을 결정하는 결정적인 문제임에도 불구하고 외면해 버릴 때가 많습니다.

바로는
번민했다

바로는 이 꿈을 꾸었을 때 분명히 신이 자기에게 무슨 뜻을 보여 주는 것이라고 생각했습니다. 그가 혼자 번민했다는 것은 자기 스스로 이 꿈이 제기하는 문제를 풀어 보려고 애를 썼다는 말입니다. 그러나 혼자 힘으로는 도저히 그 문제를 풀 길이 없었습니다. 그래서 아침이 되자마자 점치는 자들과 점술가들을 전부 불러모아서 꿈 이야기를 하고 해석해 달라고 했습니다.

이것은 그에게 이 꿈의 의미를 반드시 알아 내고야 말겠다는 의지가 있었다는 사실을 보여 줍니다. 그는 이 꿈을 그냥 있을 수 있는 일로 대수롭지 않게 생각하고 넘어가려 하지 않았습니다. 그의 마음 속에는 무슨 일이 있어도 이 꿈의 의미를 알아 내야겠다는 열정이 있었습니다.

문제는 있는데 답이 없을 때 우리는 대개 어떻게 합니까? 잠시 혼동을 겪다가 '별일 없겠지' 하는 식으로 그냥 넘어갑니다. 그러나 바로는 그렇게 할 수 없었습니다. 왜냐하면 이 꿈이 너무나도 강렬했고, 신이 자기에게 무언가 중요한 뜻을 알리려고 보여 준 것 같았기 때문입니다.

그러나 애굽의 그 많은 점성가들과 점치는 자들은 이 바로의 꿈에 대해 한마디도 하지 못했습니다. 좀 이상하지 않습니까? 꿈 해석은 수학 공식처럼 딱 맞아떨어지는 것이 아닙니다. 그냥 제멋대로 지껄여도 어디가 맞고 어디가 틀리는지 꼭 집어서 확인할 수가 없어요. 그런데도 바로 주변에는 그의 꿈을 해석해 주는 사람이 아무도 없었습니다.

"그것을 바로에게 해석하는 자가 없었더라"는 것이, 이런저런 해석들이 나왔는데 바로의 마음에 들지 않았다는 뜻인지, 아니면 전부 입을 다물고 아예 아무 말도 하지 않았다는 뜻인지 정확하지 않습니다. 저는 후자일 것이라고 생각합니다. 때로 하나님께서 사람의 입을 봉하여 아무 말도 못 하게 하시는 경우가 있기 때문입니다.

정신세계나 신앙세계는 눈으로 볼 수 있고 손으로 만질 수 있는 구체적인 것이 아니기 때문에 그에 대해 증명할 수가 없습니다. 사이비 종교가 많이 생기는 이유가 여기 있습니다. 이 종교에서 조금, 저 철학에서 조금 떼어 와서 지껄여 대면 그럴듯하게 들립니다. 그것이 옳은지 그른지 어떻게 증명하겠습니까? 듣기에 그럴듯하기만 하면 사람들은 그냥 믿고 따라오게 마련입니다.

바로의 점술가들도 마찬가지입니다. 그냥 그럴듯한 말만 하면 되는 것입니다. "꿈에 암소가 나타났다는 것은 굉장히 맛있는 고기를 먹을 거라는 징조입니다. 또 마른 소가 올라왔다는 것은 그 다음에 먹을 고기는 맛이 없다는 뜻입니다"라고 헛소리를 한들 누가 그 진위를 따져서 반박을 하겠습니까, 과학적으로 증명을 하겠습니까? 그러나 하나님께서 특별하게 간섭하실 때에는 사람들의 입을 틀어막아 버리십니다. 그래서 아무리 거짓말하고 싶고 참견하고 싶은 마음이 굴뚝 같아도, 이상하게 입이 봉해져서 한마디도 못 하는 경우가 많습니다.

여러분은 그런 경우가 없었습니까? 다른 사람한테 무슨 말을 하고 싶었는데 입이 봉해져서 한마디도 나오지 않았던 경우가 없습니까? 저는 그런 경우가 몇 번 있었습니다. 하고 싶은 말이 있었는데 결국 한마디도 못 한 경우가 있었어요. 그 때마다 느끼는 것은 내가 그 말을 못 한 것이 모두에게 얼마나 유익한 일인지 모른다는 것입니다. 물론 말 못하는 그 당시에는 속이 타지요. 결정적인 순간에 그 말을 함으로써 잘난 척을 하고 내 자랑을 해야 하는데 그걸 못 하니까 답답합니다. 그러나 나중에 시간이 지나서 보면, 그 때 내 입을 딱 막아서 다른 사람에게 상처 주지 못하게 하시고 다른 사람을 넘어뜨리지 못하게 하신 하나님을 찬양하지 않을 수 없습니다.

지금까지 애굽의 점술가들과 점치는 자들은 사람의 운명이나 국가의 장래에 대해 수없는 거짓말을 지껄여 왔습니다. 그러나 하나님께서 주신 이 꿈에 대해서만큼은 전부 꿀 먹은 벙어리가 되었습니다. 그들의 입에서는 단 한마디도 나오지 못했어요. 아마 사람들에게 영적인 세계를 볼 수 있는 눈이 있었다면, 한 사람 한 사람의 입을 틀어막고 있는 천사의 모습이 보였을 것입니다.

하나님이 왜 이렇게 하셨습니까? 다가오고 있는 엄청난 재앙으로부
터 사람들을 살리고자 하시는 열심 때문입니다. 물론 처음부터 그런
재앙이 일어나지 못하게 막으시면 되지 않느냐고 물을 수도 있지만,
인간의 죄가 이미 도를 넘어선 상황에서 이 재앙은 불가피했습니다.
그런 가운데서도 하나님께서는 택한 백성들을 구원하기 원하셨고, 그
래서 이 엄청나게 중요한 일에 대해 점술가들이 헛소리를 하지 못하도
록 그 입을 막아 바로의 생각을 흩어지지 못하게 하신 것입니다.

이것이 바로에게 꿈을 주신 일에 이은 하나님의 두번째 간섭입니다.

3. 하나님은 실수하지 않으신다

드디어 요셉이 등장할 때가 되었습니다. 하나님께서는 요셉에게 해
몽을 들었던 술 맡은 관원장의 기억을 되살리셨습니다. 9절부터 13절
까지 보십시오.

술 맡은 관원장이 바로에게 고하여 가로되
"내가 오늘날 나의 허물을 추억하나이다.
바로께서 종들에게 노하사 나와 떡 굽는 관원장을
시위대장의 집에 가두셨을 때에 나와 그가
하룻밤에 꿈을 꾸즉 각기 징조가 있는 꿈이라.
그 곳에 시위대장의 종 된 히브리 소년이 우리와

함께 있기로 우리가 그에게 고하매 그가 우리의 꿈을

풀되 그 꿈대로 각인에게 해석하더니 그 해석한 대로

되어 나는 복직하고 그는 매여 달렸나이다. "

참으로 놀라운 일이 아닐 수 없습니다. 바로의 술 맡은 내시는 감옥에서 나온 후 바로 요셉의 부탁을 잊어버렸습니다. 정말 잊어버린 것인지, 생각하기 싫어서 일부러 모른 체한 것인지, 아니면 감히 바로에게 감옥 안에 있는 일개 히브리 노예에 대해 말할 처지가 못 되었던 것인지는 알 수 없습니다. 여하튼 그는 2년 동안이나 요셉을 잊고 있었습니다.

그러나 오늘 하나님께서는 그로 하여금 바로 앞에서 정확하게 요셉의 일을 말하게 하십니다. "내가 오늘날 나의 허물을 추억하나이다"라는 말이 무슨 뜻입니까? 자기가 지금까지 요셉을 감옥에 방치해 둔 것은 요셉에게 큰 죄였다는 것입니다. 그는 요셉을 도와 줄 생각이 없었습니다. 그러나 더 이상 입을 다물고 있다가는 바로에게 더 큰 죄를 짓게 된다는 사실을 알았습니다. 전에는 요셉의 사정을 바로에게 말하는 것이 자신에게 불리한 일이었습니다. 그러나 바로의 꿈 때문에 나라가 뒤집힌 이 상황에서도 요셉의 일을 말하지 않고 있다가 혹시라도 다른 경로를 통해 그가 바로 앞에 나오게 된다면, 자신은 결코 바로의 노여움을 피할 수 없을 것입니다.

하나님께서는 이 신실하지 못한 바로의 내시를 구석으로 몰아서 그의 입으로 요셉에 대해 말하지 않으면 안 되게 하셨습니다. 내시는 요셉을 2년이나 잊고 지냈지만, 하나님은 결코 그를 잊지 않으셨습니다.

요셉은 자기를 도와 줄 줄 알았던 그가 무려 2년이 지나도록 아무 소식을 주지 않을 때 깊은 실망감과 배신감을 가지게 되었을 것입니다. 그러나 인간은 실수해도 하나님은 절대로 실수하시는 법이 없으십니다. 하나님은 내시의 입을 억지로 벌려 바로 앞에서 요셉의 일을 말하지 않을 수 없게 만드셨습니다.

하나님은
잊지 않으신다

우리의 눈에는 사람만 보이기 때문에 사람의 말 한마디, 행동 하나에 마음이 상할 때가 많습니다. 나와 결혼하겠다고 해 놓고 2년 동안 연락이 없어서 찾아 보니 다른 사람과 살고 있습니다. 어려울 때 도와주겠다고 철석같이 약속했는데, 막상 그런 일이 닥쳐서 찾아가니 나몰라라 합니다. 그럴 때 우리는 너무나 큰 상처를 받습니다. 그래서 울고불고 절망하면서 일기에 "아무도 믿지 말자!"라고 쓰게 되지요.

그러나 그럴 필요가 없습니다. 우리 하나님은 신실한 분이시기 때문입니다. 사람은 너무나도 자주 잊어버릴 뿐 아니라, 뻔히 알면서도 손해가 두려워서 약속을 지키지 않을 때가 많습니다. 그러나 하나님이 하시는 일은 틀림이 없습니다. 사람이 아무리 잊어버려도, 아무리 피하려고 해도, 하나님이 한번 정하시면 결국 그 입을 열지 않을 수 없습니다. 아무리 요셉 얘기를 하고 싶지 않아도 하지 않을 수 없도록 하나님께서 구석으로 몰아넣으십니다.

여러분, 하나님은 결코 실수하지 않으십니다. 내시는 2년이나 요셉을 잊고 있었지만 하나님은 그 입을 여셨습니다. 이것이 하나님의 세 번째 간섭입니다.

4. 감옥에서 나온 요셉

드디어 요셉은 감옥에서 나오게 되었습니다.

이에 바로가 보내어 요셉을 부르매 그들이 급히
그를 옥에서 낸지라. 요셉이 곧 수염을 깎고
그 옷을 갈아입고 바로에게 들어오니 (41:14)

요셉은 중간 과정을 전혀 알지 못합니다. 갑자기 사람들이 몰려와서 수염을 깎고 옷을 갈아 입히는데 정신을 차릴 수가 없습니다. 처음에는 자기를 죽이려 한다고 생각했을지도 모르겠습니다. 그런데 나중에 알고 보니 바로가 자기를 찾는다는 것입니다.

요셉은 몰랐지만 바로의 신하들이 그를 찾아오기까지 하나님께서 얼마나 많은 일을 하셨는지 모릅니다. 그는 바로에게 꿈을 주셨고 그를 고민하게 하셨으며 모든 술객의 입을 봉하셨습니다. 그리고 진짜 잊었는지 일부러 잊었는지 모르지만 어쨌든 요셉의 일을 잊고 있었던 술 맡은 관원장의 입을 열게 하셨습니다. 이 모든 간섭 끝에 드디어 요셉이 감옥에서 나오게 된 것입니다.

우리는 나타난 결과만 보기 때문에 우리가 모르는 사이에 하나님께서 얼마나 많은 일을 하셨는지 모를 때가 많습니다. 하나님께서 보이지 않는 곳에서 입 틀어막아야 할 사람의 입은 틀어막고, 입 열어야 할 사람의 입은 열고, 고민해야 할 사람은 고민하게 하고, 기억 못 하는 사람에게는 기억나게 하는 그 많은 일을 하셨기 때문에 나에게 이런 작은 희망적인 일이 일어나게 되었다는 것을 모릅니다.

그래서 우리는 이런 경우에 술 맡은 관원장에게 감사하게 되기 쉽습니다. 만일 그가 바로 앞에서 얘기를 꺼내지 않았다면 어떻게 요셉이 감옥에서 나올 수 있었겠습니까? 그러나 실상 요셉은 그 사람에게 감사할 필요가 없었습니다. 그는 무려 2년 동안이나 요셉을 잊고 있었던 사람입니다.

우리는 겉으로 나타나는 현상만 보고 사람에게 고마워하고 싶을 때가 많습니다. 그러나 사실 진정으로 감사드려야 할 대상은 하나님이십니다. 사실 그 사람은 하나님이 시키신 일의 십분의 일, 백분의 일도 다 못 한 거예요. 그런데 그 십분의 일, 백분의 일만 나타나도 우리에게는 너무나 큰 역사가 됩니다. 실제로 인간의 게으름과 이기심에도 불구하고 결국 이런 일을 하지 않을 수 없게 만드신 분은 하나님이십니다. 그가 수없이 간섭하시고 수없이 애쓰셨기 때문에 이런 결과가 나타난 것입니다.

만일 인간들이 하나님의 뜻에 자발적으로 순종만 했다면 이 세상은 천국으로 변해도 벌써 수십 번은 변했을 것입니다. 그러나 사람들은 그렇게 하지 않습니다. 하나님이 아무리 말씀하셔도 움직이질 않아요. 하나님이 입을 열어 말하라고 해도 입을 자물통처럼 잠그고 있습니다. 자기는 기억이 안 난다는 거예요. 기억이 안 나서 말을 못 한다는 것입니다. 그러나 하나님은 그 자물통을 열어서 말하게 하시는 분입니다. 또한 거짓말하는 사람의 입을 틀어막아서 어느 누구도 진리를 호도하지 못하게 하는 분이십니다.

우리는 나타난 작은 결과에 놀랍니다. 그리고 그 일에 사용된 사람에게 깊은 감사의 마음을 가집니다. 그러나 그 작은 일이 있기까지 하나님께서는 눈에 보이지 않는 수많은 사람들을 움직이셨습니다. 부모님의 마음을 움직이시고 친구의 마음을 움직이시고 그 모든 장애를 극복해서 우리에게 이 작은 일이 나타나게 하신 것입니다. 사용된 그 사람은 그렇게 하지 않을 수 없도록 하나님께서 결정적으로 간섭하셨기 때문에 그렇게 한 것일 뿐입니다. 사람은 잊기도 하고 일부러 모르는 체하기도 합니다. 그러나 하나님은 절대로 실수하지 않으십니다.

우리가 모든 일을 앞두고 기도해야 할 이유가 무엇입니까? 이 세상에 있는 모든 것들은 하나님의 뜻이 이루어지지 못하게 막는 장애물들이기 때문입니다. 그래서 한 치의 오차만 생겨도 일이 틀어지기 쉽습니다. 사람들은 무지해서 하나님께서 아무리 그 뜻을 보여 주셔도 깨닫지 못합니다. 또 너무나도 이기적이어서 아무리 옳은 일이라도 자기에게 불리하다 싶으면 절대로 기억하려 들지 않습니다. 누구한테 얼마 꾸어 주었는지는 천재적으로 기억하면서, 남을 위해 해야 할 일은 어쩌면 그렇게 생각을 못 하는지 모릅니다.

이처럼 인간의 이기심은 알면서도 입을 다물게 만들고, 때로는 자기 일이 아니라는 이유로 쉽게 잊어버리게 만듭니다. 그런데 그 가운데서도 하나님의 뜻은 한 치의 오차 없이 이루어져야 합니다. 그러려면 하나님이 개입하셔야 하고, 하나님이 움직여 주셔야 합니다.

요셉은 드디어 감옥에서 나왔습니다. 감옥에 들어갈 때는 강간미수범의 죄를 뒤집어쓴 채 아무도 알아주는 이 없이 들어갔지만, 하나님의 시간이 되자 수염 깎고 새 옷 입고 모든 사람이 보는 앞에서 당당히 나와 바로 앞에 서게 되었습니다. 그것도 바로 앞에 자기의 무죄를 알아 달라고 애원하기 위해서가 아니라, 하나님의 뜻을 가르치는 선생의 자격으로 서게 되었습니다.

애굽의 모든 술객과 박사들을 제치고 감옥의 노예가 입을 벌리는 것을 모두 숨죽이고 기다리고 있습니다. 그는 당당하게 옥문을 열고 감옥에서 나와, 이제 모든 사람을 살리는 역사를 이루기 위하여 바로 앞에 서 있습니다.

오늘 본문이 우리에게 말씀하려고 하는 것이 무엇입니까? 극심한 기근의 재앙은 이미 오래 전부터 예정되어 있었다는 것입니다. 노아 홍수나 소돔과 고모라의 심판에 가까울 정도로 무서운 재앙이 이 중동 지방에 작정되어 있었습니다. 하나님께서는 그 가운데서 택한 백성들을 살리기 위해 요셉을 애굽에 보내어 그를 낮추시고 하나님의 뜻을 분별하는 사람으로 준비시키셨습니다. 그러나 사람들은 그를 알아보지 못하고 수치스러운 죄명을 뒤집어씌워서 가장 비천한 죄수 노예로 감옥에 가두었습니다.

그러나 그는 감옥에서 썩지 않았습니다. 그 이유가 무엇입니까? 감옥 안에서도 하나님께서 그와 함께하셨기 때문입니다. 하나님이 함께하시는 사람은 절대 썩을 수 없습니다. 어디를 가도 썩을 수 없습니다. 감옥에 있든, 군대에 있든, 실업자로 있든 절대 썩을 수가 없어요. 하나님께서 그의 마음을 늘 새롭게 하시기 때문입니다.

애굽의 흉년은 예정되어 있는 것이었습니다. 사람들의 죄가 하나님께서 참으실 수 있는 수준을 넘어섰기 때문입니다. 그러나 하나님께서는 그 가운데서도 피할 길을 준비하여 그 백성을 살리셨습니다.

오늘 우리가 이 세상에 살면서 전혀 어려움을 당하지 않을 수는 없습니다. 그러나 하나님께서는 반드시 피할 길을 준비하셔서, 우리만 살리는 것이 아니라 우리와 관계되는 이들도 모두 살릴 계획을 가지고 계십니다. 하나님께서 요셉을 애굽에 보내신 일차 목적은 야곱의 식구들을 구원하시는 것이었습니다. 그러나 이 야곱의 집으로 인해 거의 대부분의 애굽 사람들 또한 살려 주셨습니다. 그래서 애굽 사람들은 정권이 바뀌기까지 야곱의 식구들과 요셉을 아주 고맙게 생각했습니다.

요셉은 술 맡은 관원장의 꿈을 해석해 주면서 바로에게 말해서 자기를 감옥에서 꺼내 달라고 부탁했습니다. 아마 이런 부탁을 할 수 있을 정도로 두 사람의 사이가 가까워졌던 것 같습니다. 그러나 그는 요셉과의 약속을 지키지 못했습니다. 그는 감옥에서 나가자마자 요셉을 잊어버렸습니다. 바로 앞에서 술을 따를 때 그저 한마디만 해 주어도 될 텐데, 그는 무려 2년 동안 입을 다물고 있었습니다. 그러나 하나님은 요셉을 잊지 않으시고 그 다문 입을 열어 요셉에 대해 말하지 않을 수 없도록 몰아가셨습니다.

사람에게 실망하지 마십시오. 부모님에게 받은 상처, 친구에게 받은 상처, 내가 믿고 기대했던 사람에게 받은 상처에 너무 많은 의미를 부여하지 마십시오. 그런 상처가 있다면 이 예배 시간에 다 씻어 버리세요. 사람은 원래 그럴 수밖에 없습니다. 그러나 그 뒤에 계신 하나님은 절대로 그렇지 않습니다. 그는 도저히 움직이지 않을 것 같은 사람의 마음을 움직이시며, 그렇게 나불대는 사람의 입을 틀어막아 당신의 선한 뜻을 이루는 분이십니다. 사람은 실수합니다. 그러나 하나님은 결코 실수하지 않으십니다.

그러면 하나님께서는 당신이 택하신 요셉을 왜 이렇게 감옥에서 고생시키신 것일까요? 요셉 안에 있는 죄성을 보셨기 때문입니다. 그가 높아졌을 때 얼마든지 교만해질 수 있으며 그 은혜에서 떨어져 나갈 수 있다는 것을 아셨기 때문에 미리 고난으로 인을 치신 것입니다. 고난을 통해 '너는 내 것이다. 네가 아무리 높아지고 영광스러워진다 해도 너는 결코 나를 떠날 수 없다'는 것을 이중, 삼중으로 인치신 것입니다.

아무리 신실한 사람이라도 높은 자리에 앉거나 많은 이들의 인정을 받으면 변질되게 되어 있고 교만해지게 되어 있습니다. 이것이 우리의 죄성입니다. 그런데 하나님의 종이 높은 자리에 올라간 후에 타락하면, 자신은 물론 수많은 사람을 멸망과 절망에 빠뜨리게 될 뿐만 아니라 세상 사람들에게 하나님에 대한 불신을 심어 주게 됩니다. 그래서 하나님께서는 그 사랑하시는 자들이 아무리 높은 자리에 올라가더라도 그분을 떠나지 못하도록 미리 고난으로 준비시켜서 끝까지 그분께 매달리게 하시는 것입니다.

사람은 참 고약한 존재입니다. 일단 편안해지면 하나님을 떠날 생각부터 해요. 그래서 하나님께서는 아무리 형편이 좋아져도 그 택한 백성들이 당신을 떠나지 못하도록 고난으로 인을 치시고, 그 고난을 통해 우리가 혼자 할 수 있는 일은 이 세상에 단 하나도 없다는 것을 철저하게 깨닫게 하십니다.

술 맡은 관원장에게 부탁한 것은 요셉이 동원할 수 있는 마지막 수단이었을 것입니다. 그러나 그 일은 아무런 변화도 가져오지 못했습니다. 사람에게 매달려 보았지만 돌아온 것은 허탈과 분노뿐이었습니다. 하나님께서 말씀하시는 것은 '왜 사람을 의지하고 사람에게 애원하느냐? 사람을 믿지 마라. 철저하게 나를 의지하고 나에게 매달리라' 는 것입니다. 요셉은 이렇게 철저하게 낮아지는 과정을 통해, 자신의 문제를 책임질 수 있는 분은 오직 하나님뿐이시며, 비록 사람이 사용된다 하더라도 그것은 하나님께서 그렇게 하지 않을 수 없도록 만드셨기 때문임을 깨달았습니다.

우리는 사람에게 지나치게 많이 감사하지 말아야 합니다. 물론 그 사람이 그 정도라도 순종한 것은 고마운 일입니다. 그의 수고가 없었더라면 우리가 어떻게 되었겠습니까? 그러나 '아이고, 저 사람 아니었으면 어떻게 이런 일이 가능했겠어? 전부 저 사람 덕이야' 라고까지는 생각할 필요가 없습니다. 실제로는 하나님이 다 하신 것입니다. 보이지 않는 많은 부분에서 그분이 준비하신 것입니다.

결국 오늘 본문이 우리에게 보여 주려고 하는 것이 무엇입니까? 예수 그리스도입니다. 하나님께서는 사람들 앞에 놓여 있는 엄청난 멸망에서 그들을 건지기 위해 예수 그리스도를 보내셨습니다. 그러나 사람들은 그를 아무렇게나 대했습니다. 유대인들은 요셉의 형들처럼 그를 로마인들에게 팔아 넘겼고, 로마인들은 마치 주인 없는 개 한 마리 매달듯이 그를 십자가에 매달고 못박아 버렸습니다. 그러나 그는 무덤에서 썩을 수 없었습니다. 그는 하나님이 택하신 의로운 자였기 때문입니다. 그의 살과 뼈는 결코 무덤에서 썩을 수 없었습니다. 그는 무덤 문을 활짝 열고 영광스러운 모습으로 나타나셨습니다.

이렇게 그리스도께서 무덤 문을 열고 다시 살아나신 것은 하나님께서 그의 고난에 만족하셨다는 뜻입니다. 이스라엘 백성들이 하나님께 제사를 드릴 때, 피를 가지고 지성소에 들어간 대제사장이 살아 나오는 것은 곧 그들의 모든 죄가 용서받았다는 것을 의미했습니다. 요셉이 감옥에서 영광스럽게 나온 것은 하나님께서 그의 고난을 의로운 제사로 받으셨으며, 그 고난을 통해 형제들뿐 아니라 애굽 사람들까지 살리시라는 것을 의미했습니다. 그리스도께서 살아서 무덤에서 나오셨을 때, 우리의 모든 죄는 용서되었고 하나님의 무서운 심판에서 구원받는 축복이 우리에게 임했습니다.

요셉이 감옥 안에서 두 내시의 꿈을 해석한 것은 앞으로 모든 사람을 재앙에서 건지는 큰 구원의 연습이었습니다. 하나님께서는 큰 구원을 이루시기 전에 미리 작은 일을 통해 하나님의 뜻을 깨닫는 훈련을 많이 하게 하십니다.

하나님의 뜻을 깨닫는 데에는 왕도가 없습니다. 도무지 이해되지 않는 어려움 가운데서 하나님의 뜻을 구하고 그 하나님을 기뻐하는 훈련을 계속해야 합니다. 절대로 자포자기하지 마십시오. '될 대로 되겠지. 하나님의 뜻은 너무 골치 아파. 나는 그냥 평탄한 길로 갈 거야. 더 이상 고민하지 않을 거야'라고 포기하지 마십시오. 그것은 하나님의 질문을 외면하는 것입니다.

하나님이 질문을 던지실 때 우리는 진지하게 그 질문에 반응해야 합니다. 그럴 때 우리는 큰 어려움에서 많은 이들을 돕는 자가 될 수 있습니다.

유일한 대안

바로가 요셉에게 이르되 "내가 꿈에 하숫가에
서서 보니 살지고 아름다운 일곱 암소가
하숫가에 올라와 갈밭에서 뜯어 먹고
그 뒤에 또 약하고 심히 흉악하고 파리한
일곱 암소가 올라오니 그같이 흉악한 것들은
애굽 땅에서 내가 아직 보지 못한 것이라.
그 파리하고 흉악한 소가 처음의 일곱 살진 소를
먹었으며 먹었으나 먹은 듯하지 아니하여 여전히
흉악하더라. 내가 곧 깨었다가 다시 꿈에 보니
한 줄기에 무성하고 충실한 일곱 이삭이 나오고
그 후에 또 세약하고 동풍에 마른 일곱 이삭이
나더니 그 세약한 이삭이 좋은 일곱 이삭을
삼키더라. 내가 그 꿈을 술객에게 말하였으나
그것을 내게 보이는 자가 없느니라."
요셉이 바로에게 고하되 "바로의 꿈은 하나이라.
하나님이 그 하실 일을 바로에게 보이심이니이다.
일곱 좋은 암소는 일곱 해요 일곱 좋은 이삭도
일곱 해니 그 꿈은 하나이라. 그 후에 올라온
파리하고 흉악한 일곱 소는 7년이요 동풍에 말라
속이 빈 일곱 이삭도 일곱 해 흉년이니
내가 바로에게 고하기를 하나님이 그 하실 일로
바로에게 보이신다 함이 이것이라.
온 애굽 땅에 일곱 해 큰 풍년이 있겠고
후에 일곱 해 흉년이 들므로 애굽 땅에 있던

풍년을 다 잊어버리게 되고 이 땅이 기근으로
멸망되리니 후에 든 그 흉년이 너무 심하므로
이전 풍년을 이 땅에서 기억하지 못하게 되리이다.
바로께서 꿈을 두 번 겹쳐 꾸신 것은 하나님이 이
일을 정하셨음이라. 속히 행하시리니 이제
바로께서는 명철하고 지혜 있는 사람을 택하여
애굽 땅을 치리하게 하시고, 바로께서는 또 이같이
행하사 국중(國中)에 여러 관리를 두어 그 일곱 해
풍년에 애굽 땅의 5분의 1을 거두되 그 관리로 장차
올 풍년의 모든 곡물을 거두고 그 곡물을 바로의
손에 돌려 양식을 위하여 각 성에 적치하게 하소서.
이와 같이 그 곡물을 이 땅에 저장하여 애굽 땅에
임할 일곱 해 흉년을 예비하시면 땅이 이 흉년을
인하여 멸망치 아니하리이다."
바로와 그 모든 신하가 이 일을 좋게 여긴지라.
바로가 그 신하들에게 이르되 "이와 같이
하나님의 신이 감동한 사람을 우리가 어찌 얻을 수
있으리요?" 하고 요셉에게 이르되
"하나님이 이 모든 것을 네게 보이셨으니
너와 같이 명철하고 지혜 있는 자가 없도다.
너는 내 집을 치리하라. 내 백성이 다 네 명을
복종하리니 나는 너보다 높음이 보좌뿐이니라."

창 41:17-40

즘 우리 나라 사람들은 모이기만 하면 경제가 어렵다고들 합니다. 사실 걱정은 지금 이 불황이 도대체 언제까지 지속될지, 그리고 어느 선까지 악화될지 아무도 모른다는 데 있습니다.

한때 우리 나라 경제가 아주 좋은 기회를 얻었던 적이 있었습니다. 저물가, 저금리, 저환율을 가리키는 이른바 '3저' 시대는 우리 경제가 다시 한 번 도약할 수 있는 절호의 기회였습니다. 그러나 우리 국민들이나 기업은 이 좋은 기회를 잘 사용하지 못하고 엉뚱한 짓만 하다가 급기야 대단히 어려운 시기를 맞이하고 말았습니다. 국민들은 해외 여행이나 비싼 소비재를 수입하는 데 돈을 물 쓰듯 쓰고 기업은 정부만 믿고 방만하게 운영한 결과, 이제는 하루에도 수많은 중소기업들이 쓰러지고 대기업들도 연쇄적으로 쓰러지는 사태를 맞이하게 된 것입니다. 이제 우리는 경제가 앞으로 얼마나 더 나빠질 것인가, 이런 난국이 앞으로 얼마나 오래 갈 것인가를 우려하기에 이르렀습니다.

오늘 본문을 보면, 애굽은 앞으로 14년에 걸쳐 명암이 완전히 엇갈리게 될 미래를 앞두고 있습니다. 앞으로 7년 간은 대풍년이 와서 아주 풍족하게 살게 될 것입니다. 그러나 그 다음 7년 간은 거의 모든 사람이 굶어 죽을 수밖에 없는 대흉년이 닥칠 것입니다. 하나님께서는 바로 이 어려운 대재앙의 때를 위해 요셉을 준비시켜 놓으셨습니다. 요셉은 14년 동안 일어날 일을 정확하게 예측했고, 7년 대풍년 기간에 그 후에 찾아올 대흉년을 대비하게 함으로써 수많은 사람들을 굶어 죽지 않게 했습니다.

대안은 있다

　그의 원리는 간단한 것이었습니다. 즉 아직 시간이 있을 때 앞으로 닥칠 어려움에 대비하자는 것입니다. 그는 사람들이 자포자기하지 못하게 했습니다. '이 모든 게 운명의 장난이야. 그러니 돈 있을 때 내 마음대로 실컷 쓰고 먹고 마실 거야. 그러다가 흉년이 오면 다른 사람들하고 다같이 굶어 죽는 거지, 뭐' 하는 식으로 생각하지 못하게 했어요. 그 대신 하나님의 뜻을 깨닫고 그것을 바로 실천에 옮김으로써 그 어려움을 너끈히 극복하게 했습니다. 그는 '대안은 있다. 풍년은 축복이 아니라 유혹이며 무서운 시험이다. 이 때 정신을 차려서 조금만 절약하면 흉년 때 아무도 굶어 죽지 않고 다 살아남을 수 있다'는 희망을 제시했습니다.

　우리는 경제적으로나 정치적으로 어려운 요즘의 실정을 보면서, 요셉 같은 지혜와 믿음을 가진 사람이 얼마나 필요한가 하는 생각을 하게 됩니다. 그러나 다시 한 번 생각해 봅시다. 이 어려운 때 바로 우리가 요셉처럼 될 수는 없겠습니까? 오늘 설교의 목표는 하나님께서 요셉의 지혜를 통해 오늘 우리에게 하시는 말씀은 무엇이며, 또 우리가 실천해야 할 일은 무엇인지를 찾는 것입니다.

1. 바로가 꿈을 설명하다

바로는 요셉이 감옥에서 나와 그 앞에 서자 다시 한 번 자신의 꿈 이
야기를 하면서 해석을 요구합니다. 그런데 성경 저자는 우리가 이미
그 꿈의 내용을 읽었다는 사실을 알면서도, 같은 내용을 또다시 반복
하고 있습니다.

> 바로가 요셉에게 이르되
> "내가 꿈에 하숫가에 서서 보니 살지고 아름다운
> 일곱 암소가 하숫가에 올라와 갈밭에서 뜯어 먹고
> 그 뒤에 또 약하고 심히 흉악하고 파리한 일곱 암소가
> 올라오니 그같이 흉악한 것들은 애굽 땅에서 내가
> 아직 보지 못한 것이라. 그 파리하고 흉악한 소가
> 처음의 일곱 살진 소를 먹었으며 먹었으나
> 먹은 듯하지 아니하여 여전히 흉악하더라.
> 내가 곧 깨었다가 다시 꿈에 보니 한 줄기에
> 무성하고 충실한 일곱 이삭이 나오고 그 후에
> 또 세약하고 동풍에 마른 일곱 이삭이 나더니
> 그 세약한 이삭이 좋은 일곱 이삭을 삼키더라.
> 내가 그 꿈을 술객에게 말하였으나 그것을 내게
> 보이는 자가 없느니라"(41:17-24).

성경을 하나의 이야기로 읽으려 하는 사람이나 재미로 읽으려 하는

성경은 왜 같은 내용을 반복하는가?

사람들에게 가장 걸림돌이 되는 것이 바로 이러한 반복입니다. 우리는 모든 사건이 빠른 템포로 진행되는 것을 좋아합니다. 텔레비전 드라마를 볼 때에도 내용이 빨리 빨리 진행되어야 흥미를 느끼지, 이미 나온 내용이 반복된다면 금방 채널을 돌려 버릴 것입니다. 그러나 이 점이야말로 성경이 단순한 드라마나 하나의 이야기가 아니라는 사실을 보여 줍니다.

성경을 읽다 보면 이미 나온 내용이 지루할 정도로 반복되고 있는 부분들을 만나게 됩니다. 예를 들어 아브라함의 종이 이삭의 아내를 구하려고 리브가의 집에 갔을 때, 이미 우리가 알고 있는 내용이 다시 자세하게 반복되는 것을 볼 수 있습니다. 오늘 본문도 마찬가지입니다. 물론 바로의 입장에서야 요셉한테 처음부터 꿈 이야기를 다시 할 필요가 있었을 것입니다. 그러나 성경에서도 굳이 같은 내용을 반복할 필요는 없지 않습니까? 그런데도 성경 저자는 생략 없이 그 내용을 전부 다 기록하고 있습니다. 또 출애굽기에도 성막을 만드는 일에 관한 하나님의 긴 명령이 나온 다음, 이스라엘 백성들이 실제로 그 명령을 어떻게 따랐는지가 일일이 반복되고 있는 부분이 나옵니다.

말씀은 '사건'이므로

성경 저자들이 이렇게 같은 내용을 반복하는 이유가 무엇입니까? 그들이 가지고 있는 사상 때문입니다. 그들에게 하나님의 말씀은 단순한 드라마나 이야기가 아닙니다. 구체적으로 일어난 한 사건입니다. 우리도 드라마에서는 같은 내용이 반복되는 것을 보고 싶어하지 않지만, 뉴스는 같은 내용, 같은 화면을 몇 번씩 보지 않습니까? 예를 들어 비행기가 추락했을 경우 방송국은 방송국대로 같은 내용을 매시간 반복해서 내보내고, 우리는 우리대로 혹시 새로운 사실이 추가되지는 않

 은잔의 테스트

았는가 해서 이미 본 내용을 보고 또 봅니다.

하나님의 말씀이나 지시는 단순한 드라마나 이야기가 아닙니다. 그것은 중요한 사건입니다. 우리는 그것이 도대체 어떻게 성취되는지 시간의 흐름에 따라 매순간 체크해야 할 필요가 있습니다.

성경 저자들이 우리가 이미 알고 있는 내용을 다시 그대로 기록하는 또 다른 이유는, 다음 내용으로 넘어가려고 하는 우리의 관심을 붙잡아 그 사건에 집중하게 하기 위해서입니다. 우리의 나쁜 버릇이 무엇입니까? 한 사건을 제대로 알지도 못하면서 자꾸 새로운 사건이나 새로운 내용으로 넘어가려고 하는 것입니다. 우리는 그렇게 함으로써 자신의 지적인 호기심을 채우려고 합니다.

이 내용에 집중하라

우리가 '난 이거 다 읽었어. 다 안다구' 하면서 넘어가려고 할 때, 성경 저자는 이미 알고 있는 사실을 다시 상세하게 기록함으로써 우리의 관심을 그 하나의 사건에 붙들어맵니다. '너희가 알긴 뭘 알아? 너희는 엉뚱한 생각 하면서 성경을 읽고 다음 부분으로 넘어가려고 하는데, 이 부분에 관심을 집중시키라구. 이건 사활을 결정하는 중요한 문제야' 라고 하는 것입니다.

오늘 본문에서 성경 저자는 바로의 꿈 이야기를 다시 기록함으로써, 우리의 관심을 바로 이 꿈에 붙들어 놓고 있습니다. 즉 성경은 바로의 꿈 속에 나타나고 있는 하나님의 계획에 우리의 모든 관심을 집중시킬 것을 원하고 있는 것입니다. 단순히 '바로가 심각한 꿈을 꾸었다' 는 게 전부가 아니에요. '하나님께서는 이 꿈을 통해 오늘 우리에게도 무언가 말씀하시려는 게 있다' 는 것입니다. 그것을 들으려는 자세를 가지라는 것입니다.

우리는 하나님의 말씀을 들을 때에도 마치 사람들이 하는 말을 들을 때처럼 생각하는 경우가 많습니다. 그래서 항상 새로운 것을 찾으면서 무언가 흥미를 끌 만한 재미있는 이야기나 정보가 나오면 귀를 곧추세우다가도, 이미 들었던 말씀이 반복되면 지루하게 느끼기 시작합니다. '이건 내가 이미 알고 있는 내용이잖아! 그런데 왜 했던 말을 하고 또 하는 거야' 생각하면서 관심을 잃어버리는 것입니다.

그러나 하나님의 말씀은 '사건'입니다. 이것은 모든 사람의 마음이 그 한 가지 말씀의 의미와 그 말씀이 요구하는 바에 온전히 집중되기까지 말해지고 또 말해져야 합니다. 이것이 창세기 저자가 바로의 꿈을 그의 입을 통해 그대로 다시 재방송하는 이유입니다. 즉 지금 이 꿈의 내용을 바로 알고 자신의 삶에 적용하는 것보다 더 중요한 일은 없다는 것입니다. 그러니 지금 머리 속에 든 다른 생각들을 다 제쳐 놓고 성경이 이야기하고 있는 이 내용에 모든 관심을 집중시키라는 것입니다. 지금 하고 있는 일을 중단하고 이 꿈 속에 들어 있는 하나님의 뜻에 마음을 모으라는 것입니다.

드라마 보듯이, 이야기 듣듯이 설교를 감상하거나 즐기려고 하지 마십시오. 반쯤 졸면서, 예배 마치고 할 일들 생각하면서, 아이하고 눈 맞추면서 설교 들으려고 하지 마십시오. 내가 듣는 말씀을 있을 수 있는 여러 사건들 중의 하나로 여기지 마십시오. 그렇게 하지 말라고 지금 성경 저자가 이렇게 같은 내용을 반복하고 있는 것입니다.

성경은 바로의 꿈이 여러 꿈들 중의 하나가 아니라 바로 '그 꿈'이며, 우리가 여러 개의 사건에 신경쓸 것이 아니라 바로 이 하나의 꿈 속에 담겨 있는 의미에 집중하기를 바라고 있습니다.

2. 요셉이 꿈을 해석하다

드디어 요셉은 바로의 꿈을 해석합니다. 성경 저자가 바로의 꿈을 이렇게 상세하게 다시 기록한 것은 우리가 이 해석에 관심을 집중시키며, 이 해석을 통해 오늘 겪고 있는 어려움에 해답을 얻기를 바라기 때문입니다. 41장 25절을 보십시오.

요셉이 바로에게 고하되 "바로의 꿈은 하나이라.
하나님이 그 하실 일을 바로에게 보이심이니이다."

요셉이 가장 먼저 이야기한 것이 무엇입니까? 이 두 꿈은 하나라는 점입니다. 즉 한 꿈의 사건이 일어나고 그 다음 꿈의 사건이 일어나는 것이 아니라, 하나의 메시지가 두 번 반복해서 나타난 것이라는 점입니다. 그는 이 두 꿈을 하나로 묶어서 설명하고 있습니다.

"일곱 좋은 암소는 일곱 해요 일곱 좋은 이삭도
일곱 해니 그 꿈은 하나이라. 그 후에 올라온
파리하고 흉악한 일곱 소는 7년이요 동풍에 말라
속이 빈 일곱 이삭도 일곱 해 흉년이니"(41:26-27)

우리는 요셉이 꿈을 해석하는 원리를 보면서 세 가지 특징을 생각할 수 있습니다. 첫째는 그가 이 꿈을 해석하기 위해 엑스터시 상태에 빠지려 하지 않았다는 것입니다. 그 당시 점술가들이나 박사들은 신적인

이 해석의 특징

계시를 알아 내려고 할 때 몰아의 경지에 빠지곤 했습니다. 그들은 정상적인 상태에서는 신의 뜻을 알아 내지 못했습니다. 심한 영적 흥분 상태에서, 다시 말해서 제 정신을 잃은 상태에서야 겨우 어떤 신의 뜻을 알아 내곤 했습니다. 그러나 요셉은 아주 정상적인 상태에서 자신의 건전한 지각을 사용해서 이 꿈을 해석하고 있습니다.

둘째로, 요셉은 이 꿈을 해석하는 데 외적인 사례나 경험들을 끌어들이지 않았습니다. 대개는 어떤 일을 해석할 때 그와 유사한 외부의 경험이나 사례를 끌고 와서 그것과 비교하기 쉽습니다. 예를 들어 바로의 꿈을 해석하기 위해 주위에서 비슷한 꿈을 꾼 사례들을 조사해서 비교하는 것이지요. 그러나 요셉은 그렇게 하지 않았습니다. 그는 오직 바로의 꿈 내용에 자신을 제한시켰고, 그 꿈 안에서 메시지를 길어 왔습니다. 그는 오직 그 꿈에 자신을 헌신했으며, 그것을 풀기 위해 다른 자료들을 사용하려고 하지 않았습니다.

셋째로, 요셉은 하나 하나의 세부적인 내용에 매달리지 않고 무엇보다 먼저 전체적인 그림을 그렸습니다. 이삭은 무엇이냐, 왜 일곱이냐, 살진 소는 무엇이고 마른 소는 무엇이냐 하는 세부적인 문제를 물고 늘어지는 대신 전체적인 그림을 먼저 그렸어요. 그는 살진 일곱 암소와 충실한 일곱 이삭을 같은 것으로 보면서, 이것이 7년을 의미한다고 말합니다. 그리고 파리하고 흉악한 일곱 암소와 동풍에 마른 이삭도 같은 7년으로 봅니다. 여기서 해결의 실마리가 나타나기 시작합니다.

우리는 요한계시록을 해석할 때에도 이와 동일한 어려움을 느낍니다. 계시록에는 일곱 인의 재앙이 나온 다음 일곱 나팔과 일곱 대접의 재앙이 나옵니다. 요한계시록은 분명히 고난받는 성도들을 위로하기 위한 말씀이라고 들었는데, 실제로 그 말씀을 읽다 보면 앞으로 그들을 기다리고 있는 것은 위로가 아니라 엄청난 재앙 같습니다. 한 재앙이 끝날 만하면 또 새로운 재앙이 시작되는 것 같아요.

그러나 그것은 그런 중복된 재앙을 의미하지 않습니다. 사람들은 로마의 겉모습만 보고, 로마는 인간이 이룩할 수 있는 최고의 문화요 법이며 사회라고 생각했습니다. 많은 이들이 로마 이후의 인류 역사는 없을 거라고 생각했습니다. 그러나 성경은 그렇게 말씀하지 않습니다. 로마 이후로도 역사는 계속될 것이며 전쟁이나 기근이나 재앙도 계속 일어난다는 것입니다.

어린 양이 인을 하나씩 뗄 때마다 이 세상에는 새로운 무서운 일들이 일어납니다. 지진이 일어나고 전쟁이 일어나고 전염병이 퍼집니다. 이것은 최종적으로 있을 하나님의 심판에 대한 예고입니다. 즉 로마가 역사의 끝이 아니라는 것입니다. 로마 이후에도 전쟁과 지진과 질병은 계속될 텐데, 그 가운데서도 어린 양이신 그리스도는 택한 백성들을 능히 구원하시며 교회는 그 사명을 다 감당하고 결국 영광스럽게 나타나리라는 것입니다.

오늘날 사람들이 문제를 풀지 못하는 것은 전체적인 그림을 그리지 못하기 때문입니다. 언제나 지금 자기가 누리고 있는 그 자리에서부터 시작합니다. 자기가 가지고 있는 직업, 돈, 몇 평의 아파트에서부터 출발하니까, 그것을 전부 다 붙들고 하나도 손해보지 않으려고 하니까 문제가 풀리지 않는 것입니다. 이렇게 전체적인 그림을 그리지 못하는 사람은 미래가 불안할 수밖에 없습니다. 하나의 어려움을 겪고 나면 또 새로운 어려움이 닥칩니다. 산 너머 산이에요.

그러나 요셉은 어떻게 합니까? 세부적인 문제에 매달리지 않습니다. 전체적인 그림부터 그립니다. 앞으로 크게 봐서 어떤 일이 생길 것이며 지금 처한 형편이 어떤 것인지 전체적인 그림을 그린 후에 세부적인 사항으로 들어가니까 문제가 풀리기 시작합니다.

"내가 바로에게 고하기를 '하나님이 그 하실 일로
바로에게 보이신다' 함이 이것이라. 온 애굽 땅에
일곱 해 큰 풍년이 있겠고 후에 일곱 해 흉년이 들므로
애굽 땅에 있던 풍년을 다 잊어버리게 되고 이 땅이
기근으로 멸망되리니 후에 든 그 흉년이 너무 심하므로
이전 풍년을 이 땅에서 기억하지 못하게 되리이다.
바로께서 꿈을 두 번 겹쳐 꾸신 것은 하나님이 이 일을
정하셨음이라. 속히 행하시리니"(41:28-32)

이보다 더 명확한 해석은 없습니다. 요셉은 이방인 주술사들처럼 알아듣지 못할 말로 중얼린 것이 아니라 모두가 알아들을 수 있는 말로 해석했습니다. 간단하게 말해서 앞으로 일곱 해 풍년이 들고 그 후에 일곱 해 흉년이 들 텐데, 그 때 많은 사람들이 굶어 죽으리라는 것입니다.

이러한 해석의 원리가 왜 중요합니까? 이것이야말로 오늘 우리의 난관을 해결할 수 있는 성경적 원리이기 때문입니다. 사람들은 어려움이 닥칠 때 자꾸 신비적인 세계에 빠지려고 합니다. 그러나 우리는 우리가 가지고 있는 성경적인 안목으로 얼마든지 이 시대의 문제들을 풀어

낼 수 있습니다. 정신만 차리면 모든 것을 분별할 수 있어요. 그런데도 사람들은 어려운 문제에 직면하는 대신 자꾸 도망치려고 합니다. 어려운 때일수록 집에도 늦게 들어가고 비디오나 텔레비전도 더 많이 봅니다. 또 자기는 기도하지 않으면서, 신비스러운 체험을 많이 한 사람들을 찾아가 그들을 의지하려고 합니다. 그 사람들이 해 주는 이상한 이야기, 알아듣지 못할 이야기, 최면 같은 이야기가 일시적으로는 위로가 될지도 모르지요. 그러나 그것으로는 아무것도 바꿀 수 없습니다.

어려운 일이 닥칠수록 우리는 더욱 더 정상적인 사고를 해야 합니다. 미신적인 생각에 빠질 필요가 없어요. 신령한 사람 찾아가서 알아듣지도 못할 이야기 들어 봐야 남는 것이 없습니다. 우리는 더 정상적인 사람이 되어야 합니다.

또한 중요한 것은 성경에 자기의 생각이나 경험을 덧붙이는 방식으로는 아무것도 해결되지 않는다는 점입니다. 주어진 그 성경 본문에 자신을 제한시키고, 거기에서 메시지를 길어 와야 합니다. 그 성경 본문 외에는 아무것도 몰라야 합니다. 오직 말씀 안에서 메시지를 길어 내는 능력이 있어야 합니다.

오늘 우리 시대에 필요한 것은 사람의 경험이나 지식을 성경에 갖다 붙이는 것이 아닙니다. 그런 이야기는 듣기에 좋을지 몰라도 문제를 해결하는 데에는 전혀 도움이 되지 않습니다. 그리스도인들이 그렇게 오래 예수를 믿고 말씀을 들었으면서도 문제를 해결하지 못하는 이유가 무엇입니까? 성경에서 문제를 해결하는 관점을 길어 올 능력이 없기 때문입니다. 요셉은 바로의 꿈을 해석하기 위해 다른 경험이나 지식을 끌어다 붙이지 않았습니다. 자기가 예전에 꾸었던 꿈이라든지 다른 나라 왕이 꾸었던 꿈 같은 것을 끌어와서 해석하려고 하지 않았어요. 그냥 바로의 꿈 그 자체에서 메시지를 길어 냈습니다.

 성경 한 구절을 붙들고 자기에게 적용시키려 하다 보면 전체적인 그림을 보지 못하는 위험에 빠지게 됩니다. 많은 사람들이 성경을 읽거나 설교를 들으면서도 유익을 얻지 못하는 것은 자기에게 유익한 구절만 붙든 채 전체적인 메시지를 들으려 하지 않기 때문입니다. 이를테면 바로의 꿈에서 살진 암소 일곱 마리만 눈에 들어오는 거예요. "아멘, 아멘, 할렐루야! 암소가 굉장히 살이 쪘대. 앞으로 7년 동안 풍년이 온대" 하면서, 그 뒤에 나오는 파리하고 흉악한 암소 일곱 마리는 보려 들지도 않는 것입니다. 축복의 말씀만 좋아하고 그 뒤에 따라오는 경고의 말씀에는 관심도 없어요. 설교를 들을 때도 자기한테 듣기 좋은 말이 나오면 눈물을 흘리면서 좋아하다가도, 그 뒤에 나오는 경고의 말씀에는 귀를 틀어막아 버립니다. 이처럼 자기한테 은혜스럽게 들리는 말씀 한두 가지만 보고 전체적인 그림을 그리려 하지 않기 때문에 아무리 오래 믿어도 성장하지 못하는 것입니다.

요셉은 전체적으로 그림을 그립니다. 풍년이 먼저 오고 그 다음에 흉년이 올 것입니다. 그런데 먼저 올 풍년은 축복이 아니라는 것입니다. 이보다 더 명쾌한 해석이 어디 있습니까? 잘먹고 잘사는 것이 좋은 게 아니라는 거예요.

요셉은 그 꿈을 구체적으로 그들의 형편에 적용합니다.

"이제 바로께서는 명철하고 지혜 있는 사람을 택하여

애굽 땅을 치리하게 하시고 바로께서는 또 이같이

행하사 국중에 여러 관리를 두어 그 일곱 해 풍년에
애굽 땅의 5분의 1을 거두되 그 관리로 장차 올
풍년의 모든 곡물을 거두고 그 곡물을 바로의 손에
돌려 양식을 위하여 각 성에 적치하게 하소서.
이와 같이 그 곡물을 이 땅에 저장하여 애굽 땅에
임할 일곱 해 흉년을 예비하시면 땅이 이 흉년을
인하여 멸망치 아니하리이다"(41:33-36).

요셉은 사람들의 관심을 7년 풍년으로 모으지 않았습니다. 그들에 요셉의 적용
게 중요한 것은 일곱 해의 풍년이 아니라 그 뒤에 오는 흉년이었습니
다. 그 때 살아남을 수 있느냐가 중요한 거예요. 요셉은 바로와 그 신
하들에게 "풍년이 들었을 때 실컷 먹어 버립시다. 남는 곡식으로는 술
을 빚어서 실컷 취해 봅시다. 그리고 나서 다 굶어 죽어 버립시다"라
고 말하지 않았습니다. 그는 "7년 풍년이 올 텐데 이것은 유혹입니다.
잘먹고 잘살다 보면 마음이 풀어질 것이고 교만해질 것이기 때문입니
다. 지금 여러분이 주목해야 할 것은 풍년이 아니라, 그 풍년 뒤에 찾
아올 흉년입니다. 그러므로 풍년이 들었을 때 흥청망청 쓰지 마십시
오. 곡식이 많다고 마음대로 먹지 마십시오. 적어도 5분의 1은 비축을
해 두어야 흉년 때 목숨을 구할 수 있습니다"라고 말하고 있습니다.

기독교의 생명이 어디에 있습니까? 미래에 있을 재난을 항상 눈앞
에 끌어다 놓고 산다는 데 있습니다. 세상 사람들은 그렇지 않습니다.
돈 있으면 쓰고 보고, 돈 없어도 카드 긁고 보고, 먹고 싶은 것이 있으
면 먹고 보고, 입고 싶은 것이 있으면 사 입고 봅니다. 그런 사람들은

미련한 사람들입니다. 나중에 재앙이 닥쳤을 때 그대로 죽는 수밖에 없어요.

그러나 하나님의 백성들은 항상 하나님의 심판을 눈앞에 끌고 와서 삽니다. 그래서 어떤 심판의 순간에도 이미 대비가 되어 있습니다. 그들은 자기에게 주어진 기회나 돈을 절대로 그냥 쓰지 않습니다. 남 보기에는 풍덩풍덩 쓰는 것 같아도 다 남을 위한 것이지, 자기를 위해서는 절대 그렇게 쓰지 않습니다. 우리는 언젠가 주님이 이 세상에 오신다는 것을 알고 있습니다. 언젠가는 그분 앞에 서야 합니다. 그것보다 더 우리를 긴장시키는 사실이 없습니다. 우리가 이 세상에서 아무리 욕심을 내고 이것 저것 한다고 해도 주님이 오시면 무슨 소용이 있습니까?

신랑을 기다리는 열 처녀 중에 지혜로운 처녀들은 신랑이 올 것에 대비해서 기름을 준비했습니다. 신랑이 언제 올지 모른다는 사실이 그들의 생활을 통제한 것입니다. 하고 싶은 게 많아도 신랑이 언제 올지 모른다는 사실 때문에 아무것도 못 해요. 그것은 그들에게 고통이었을 것입니다. 그러나 그들은 마침내 신랑의 잔치에 들어갈 수 있었습니다. 미래의 한 사건을 언제나 현재에 끌어다 놓고 살았기 때문입니다.

현명한 그리스도인은 주님이 오실 그 순간을 항상 눈앞에 끌어다 놓고 삽니다. '이 순간 주님이 오신다면 지금 나의 모습이 어떤 의미가 있을까? 술이나 마시고 좋지 못한 비디오나 보고 내 멋대로 사는 이 모습을 보면 뭐라고 하실까? 주님 앞에 섰을 때, 나의 삶은 과연 칭찬 받을 수 있을까?' 를 생각하기 때문에 자기 하고 싶은 대로 다 하지 않습니다. 돈이 있다고 해서 흥청망청 쓰지 않고, 시간이 있다고 해서 이 사람 저 사람 만나러 다니지 않습니다. 지금 자기가 하고 싶은 것을 다 해야 직성이 풀리고, 지금 자기가 사고 싶은 것을 다 사야 기분이 좋은 사람은 주님 앞에 설 수가 없습니다.

요셉은 바로와 그 신하들에게 절대로 7년 풍년을 보지 말라고 했습니다. 7년 풍년은 축복이 아닙니다. 유혹입니다. 시험입니다. 중요한 것은 흉년을 눈앞에 끌고 와서 그 흉년을 통해 풍년을 보는 것입니다. 그래야 흉년에도 살 수 있습니다.

왜 우리 나라 사람들이 지금 고생을 할 수밖에 없게 되었습니까? 잘 먹고 잘사는 것이 유혹이라는 것을 모른 채 돈과 시간을 다 써 버렸기 때문입니다. 돈이 좀 있다고 해서, 지금 젊다고 해서, 쓸데없는 일에 돈과 시간을 다 써 버리고 아무것도 남기지 않으면 어려움이 닥칠 때 결국 망할 수밖에 없습니다. 다 함께 절망의 늪에 빠질 수밖에 없어요.

우리 나라 사람들은 믿는 사람들이나 믿지 않는 사람들이나 예사 고생으로는 정신을 차리지 못합니다. 죽도록 고생을 해도 깨닫지를 못해요. 어떻게 이 죄악된 세상에서 살면서 어려움 한 번 없는 평안하고 복된 삶만을 기대할 수 있습니까? 그런데도 자기 집 가구나 바꾸고 애들 좋은 거나 사 먹이면서 재앙에는 아무 대비도 하지 않습니다. 그러다가 다 망하는 거예요.

한평생 고난 없는 평탄한 삶이란 있을 수 없습니다. 좋은 시절이 있는 만큼 고난의 순간도 있고, 고통의 시간이 오는 만큼 기쁨의 순간도 오게 되어 있습니다. 우리는 평안할 때 앞으로 올 고난의 때를 생각하면서 대비를 해야 합니다. 어떻게 하는 것이 대비하는 것입니까? 모든 것을 자기를 위해 쓰지 않는 것입니다. 하나님 앞에 교만하지 않으며,

무언가 부족한 모습으로 생활하는 것입니다. 많이 가졌어도 아무것도 가진 것 없는 사람처럼 사는 것입니다.

가끔 과거에 고생했던 것을 생각해서 죽어라고 돈을 쓰지 않는 사람도 있습니다. 그러나 그것은 고난에 대비해서가 아니라 단지 구두쇠라서 그렇게 하는 것입니다. 하나님은 우리에게 구두쇠가 되라는 게 아닙니다. 하나님이 원하시는 것은 평안할 때 그 평안을 다 쓰지 말라는 것입니다. 왜냐하면 이 세상은 완전히 평안할 수 없기 때문입니다. 그래서 언제나 나의 부족함과 죄성을 눈앞에 끌어와서 고난이 없어도 고난당하는 사람처럼 하나님께 매달릴 때, 고난이 와도 살아남을 수 있습니다.

우리는 어려울 때는 하나님께 기도하면서 매달립니다. 그러다가 그 어려움이 해결되면 기도할 이유가 없어져 버립니다. 아이가 아파서 죽어 가면 막 기도하지만 잘 뛰어놀면 기도할 게 없어요. 사업이 부도나서 넘어가려고 하면 매일 입에서 단내가 나면서 기도가 나오지만, 돈이 잘 벌리면 기도할 게 없습니다. "하나님, 안녕하십니까?" 말고는 할 기도가 없어요. 저도 마찬가지입니다. 그만큼 평안은 위험한 것입니다. 만일 평안할 때 마치 고난을 당한 것처럼 눈물을 흘리면서 기도할 수 있는 사람이 있다면, 그는 요셉의 지혜를 가진 자라고 할 수 있습니다.

오늘 우리의 형편이 힘들고 절망스럽습니까? 하나님의 말씀 안에 우리의 갈 길이 다 기록되어 있습니다. 어떤 정신나간 사람은 성경을 암호로 풀어서 예언의 책으로 만들어 놓았습니다. 그는 미친 사람입니다. 성경으로 점을 치려는 사람이에요. 정상적인 지식에서 나오는 해석, 누구나 납득할 수 있는 해석이 바른 해석입니다. 하나님의 말씀에 내 생각을 갖다 붙이려고 하지 마십시오. 말씀에 전적으로 헌신하고 말씀 안에서 메시지를 길어 오십시오. 그럴 때 이 세상을 예측하며 바로 볼 수 있는 능력이 생깁니다.

3. 바로와 신하들의 반응

요셉의 해석은 아직 실현된 것이 아닙니다. 그것은 무려 14년에 걸쳐 이루어질 일입니다. 지금으로서는 그의 말 외에 아무것도 보장된 것이 없는 상태입니다. 그럼에도 불구하고 바로와 그 신하들은 요셉의 말을 전적으로 청종하기로 결정합니다.

바로와 그 모든 신하가 이 일을 좋게 여긴지라.
바로가 그 신하들에게 이르되
"이와 같이 하나님의 신이 감동한 사람을 우리가
어찌 얻을 수 있으리요?" 하고 요셉에게 이르되
"하나님이 이 모든 것을 네게 보이셨으니 너와 같이
명철하고 지혜 있는 자가 없도다. 너는 내 집을
치리하라. 내 백성이 다 네 명을 복종하리니
나는 너보다 높음이 보좌뿐이니라"(41:37-40).

바로와 그 모든 신하가 요셉의 말을 하나님의 말씀으로 받아들인 것은 큰 은혜가 아닐 수 없습니다. 그들은 원래 인격적인 하나님을 믿지 않는 사람들입니다. 그러나 이번에는 요셉의 말을 듣고 누군가 인격적인 신이 계시며, 그 신의 감동으로 요셉이 이런 말을 한다는 사실을 인정했습니다. 참으로 놀라운 은혜가 아닐 수 없습니다.

이스라엘 백성들이 출애굽할 당시의 바로를 생각해 보십시오. 그의 눈앞에서 하나님의 역사가 나타났고 그가 자신을 심판하시는 것을 뻔히 보면서도 끝까지 인정하지 않고 대항하다가 멸망하지 않았습니까? 그러나 요셉 때의 바로는 아직 나타나지도 않은 일에 경고를 받았는데도 그것을 마치 당장 눈앞에서 일어난 일처럼 여겨 하나님과 요셉 앞에 전적으로 복종하고 있습니다.

요셉을 총리로
임명한 이유

여기에서 우리가 먼저 생각해 보아야 할 것은 바로와 신하들이 왜 요셉을 최고의 자리에 앉혔느냐 하는 점입니다. 그들은 요셉의 해석을 듣고 앞으로 7년 대풍년과 7년 대흉년이 올 것을 알았습니다. 풍년 때 5분의 1을 비축해 두면 흉년 때 살 수 있다는 것도 알았습니다. 그러면 자기네들이 그렇게 대비하면 될 것 아닙니까? 왜 굳이 요셉을 애굽의 총리로 삼고, 심지어 바로까지 요셉에게 모든 실권을 넘겨 주면서 그에게 기꺼이 복종하려 드는 것입니까?

바로와 애굽 사람들이 깨달은 바가 있기 때문입니다. 그것은 '아는 것과 실제로 실천하는 것은 다르다' 는 사실입니다. 그들은 요셉을 최고의 자리에 앉히고 그에게 전적으로 복종하지 않는다면, 7년 풍년에 자신들의 마음이 교만해져서 그의 모든 경고를 잊고 말리라는 것을 알고 있었습니다. 물론 처음 1, 2년은 조심하겠지요. 그러나 풍년의 기간이 길어질수록 교만해져서 재앙이 닥칠 줄 알면서도 그 대비에 소홀해질 것이 틀림없습니다. "어떻게든 되겠지, 뭐. 그 때 가면 무슨 수가 생길 거야" 하다가 굶어 죽게 될 거예요. 사람은 수중에 돈이 있고 사는 게 편안하면 영적인 감각이 무뎌지게 되어 있습니다.

그러나 요셉은 어떤 사람입니까? 풍년이 오거나 흉년이 오거나 동요될 사람이 아닙니다. 그는 하나님의 철저한 훈련을 받은 사람이었고, 그 말씀에 헌신된 사람이었습니다. 부요해진다고 해서 나태해지거나 가난해진다고 해서 비참해질 사람이 아니었어요. 7년 풍년에도 흔들리지 않고 이 정책을 끝까지 수행할 사람은 오직 요셉밖에 없었습니다. 그만이 유일한 대안이었습니다.

하나님께서 사람들을 살리기 위해 얼마나 많은 은혜를 주시는지 보십시오. 하나님은 바로에게 꿈을 주셨고, 해석을 주셨으며, 하나님의 말씀 앞에 겸손한 마음을 주셨습니다. 이것은 오직 야곱과 그의 식구들, 그리고 모든 애굽 사람들을 살리기 위한 하나님의 은혜였습니다. 바로는 요셉에게 전적인 권력을 실어 주지 않는다면 사람들의 마음이 교만해져서 풍년 때 결코 흉년을 대비하지 않으리라는 것을 알았습니다. 그래서 요셉에게 절대적인 힘을 실어 주었고 바로 자신도 그 권세에 굴복함으로써 이 무서운 흉년에 대비했습니다.

이 본문이 우리에게 말씀하시는 것이 무엇입니까? 오늘 우리의 경제적인 난관을 해결하기 위해 지혜로운 재상을 주시겠다는 것이 아닙니다. 우리 민족은 하나님의 말씀 앞에 좀더 겸손할 필요가 있습니다. 우리는 무엇이 조금 잘 된다 싶으면 굉장히 교만해집니다. 그래서 정치가들은 정치가들대로 지나치게 정치의 논리를 가지고 경제를 운영

하다가 좋은 기회를 다 놓쳐 버렸고, 국민들은 국민들대로 흥청망청 가진 돈을 다 날려 버렸습니다. 그러다가 IMF 같은 결과가 닥치고 만 것입니다.

그러나 교회의 사명이 형편없이 추락한 경제를 다시 살리는 데 있다고는 생각하지 않습니다. 오늘 우리가 해야 할 일은 하나님께서 우리에게 하시는 말씀에 집중하는 것이고, 그 말씀에서 오늘 이 시대에 필요한 메시지를 길어 내는 것이며, 돈이 있거나 없거나 다른 사람들이 알아주거나 알아주지 않거나 그 말씀에 헌신하는 것입니다.

오늘날 교회는 성경 말씀에 자꾸 다른 것을 끼워 넣으려 합니다. 말씀에 자꾸 버터를 발라서 듣기 좋게 만들려고 해요. 살진 일곱 암소에 대해서만 자꾸 설교하고, 그 다음에 나오는 파리한 암소나 재앙이나 하나님의 심판에 대해서는 전혀 가르치지 않습니다. 그 결과가 무엇입니까? 위기에 대처할 능력이 전혀 없는 것입니다. 전체적인 그림을 그릴 줄 몰라요. 집 한 채만 있어도 눈에 보이는 게 없고 직장만 좀 든든해도 눈에 보이는 게 없어집니다. 여러분, 그러면 안 됩니다. 다른 것들이 눈에 보여야 합니다.

잘먹고 잘사는 것이 축복이 아닙니다. 내 입에 밥이 들어올 때, 내 집이 있을 때, 돈이 제때 제때 들어올 때 앞으로 닥칠 어려움을 미리 끌어오고 주님의 심판을 미리 끌어와서 내 삶을 통제해야 합니다. 이것이 요셉의 지혜입니다. 주님은 우리에게 보혜사 성령을 주셨습니다. 이분은 요셉보다 훨씬 더 지혜로운 분입니다. 하나님의 말씀을 겸손하게 청종하기만 하면 아무리 큰 어려움이 닥쳐도 살 수 있어요. 왜 어려움을 회피하려고 합니까? 왜 자기 책임을 남에게 미루려고 합니까? 눈을 똑바로 뜨고 내가 감당할 일을 감당해야 합니다.

요셉은 하나님을 전혀 모르는 바로를 설득해서 하나님의 뜻에 순종하게 했습니다. 얼마나 지혜롭습니까? 오늘날 그리스도인들은 미련합니다. 직장이나 가정에서 믿지 않는 사람들과 마치 물과 기름처럼 자꾸 나뉘려고만 합니다. 우리가 개인적으로 아무리 똑똑하고 많은 것을 안다고 해도, 그 지혜로 신앙이 없는 상관이나 부모의 마음을 설득해서 움직이게 만들 수 없다면 아무 소용이 없습니다. 물론 믿는 바가 다르고 가치관이 다르기 때문에 아주 나뉘지 않을 수는 없겠지만, 그럼에도 불구하고 세상에서 믿는 사람들끼리만 살 수는 없습니다. 어차피 하나님을 모르는 사람들과 협력해서 살아야 하고, 때로는 그들이 움직여 주어야 합니다.

우리 자존심만 내세워서 그들을 설득하지 못하는 것은 어리석은 일입니다. 우리는 그들이 알아들을 수 있는 진리로만 세상을 움직일 수 있습니다. 그리스도인들이 공부하는 이유가 무엇입니까? 우리가 알고 있는 진리를 이 세상 사람들이 알아들을 수 있는 방식으로 전달하기 위해서입니다.

기독교인의 윤리는 앞으로 있을 하나님의 심판을 눈앞으로 끌어와서 현재를 사는 데 있습니다. 미래가 없다면 현재 절제하거나 조심해야 할 이유가 전혀 없습니다. 앞으로 나의 모든 행동이 하나님 앞에서 심판받을 때가 온다는 걸 알기 때문에 말도 마음껏 못 하고 행동도 욕심껏 못 하는 것입니다. 누구는 입이 없어서 말 못 하는 줄 압니까? 주님 오실 날이 눈앞에 있기 때문에 못 하는 거지요. 심판을 앞당겨 사는 사람은 돈이 있고 시간이 있어도 마음대로 쓰지 못합니다. 하나님의 심판대에서 나의 모든 것이 심판받을 날이 오고 있다는 것도 모른 채 다른 사람 하자는 대로 다 따라하는 사람은 정말 어리석은 사람입니다.

바로와 그 신하들은 7년의 풍년이 굉장히 위험한 축복이라는 것을 알았습니다. 이 7년 동안 자신들의 마음이 교만해져서 결국 하나님의 진노의 심판을 잊으리라는 것을 알았어요. 그래서 하나님의 말씀에 전적으로 헌신된 요셉에게 절대적인 권력을 줌으로써 풍년에도 일관되게 하나님의 재앙을 준비하게 했습니다. 풍년이나 흉년에 상관없이 말씀에 헌신할 사람은 요셉밖에 없었습니다. 그 외에 다른 대안은 없었습니다.

오늘 이 시대에 필요한 사람은 바로 이런 사람입니다. 하나님의 말씀에 일관되게 헌신하는 사람, 말씀에서 이 시대에 필요한 메시지를 길어 내는 사람, 돈이 있든 없든 사람들이 알아주든 알아주지 않든 오직 그 말씀에 헌신하는 사람이 필요한 것입니다. 그런 사람만이 풍요로울 때에도 교만해지지 않고 미래에 대비하여 자신의 삶을 통제할 수 있으며, 다른 사람들을 살릴 수 있습니다.

4 요셉을 높이신 하나님

바로가 또 요셉에게 이르되 "내가 너로
애굽 온 땅을 총리하게 하노라" 하고
자기의 인장 반지를 빼어 요셉의 손에 끼우고
그에게 세마포 옷을 입히고 금사슬을 목에 걸고
자기에게 있는 버금 수레에 그를 태우매 무리가
그 앞에서 소리지르기를 "엎드리라!" 하더라.
바로가 그로 애굽 전국을 총리하게 하였더라.
바로가 요셉에게 이르되 "나는 바로라.
애굽 온 땅에서 네 허락 없이는 수족을 놀릴 자가
없으리라" 하고 그가 요셉의 이름을
'사브낫바네아' 라 하고 또 온 제사장 보디베라의
딸 아스낫을 그에게 주어 아내를 삼게 하니라.
요셉이 나가 애굽 온 땅을 순찰하니라.
요셉이 애굽 왕 바로 앞에 설 때에 30세라.
그가 바로 앞을 떠나 애굽 온 땅을 순찰하니
일곱 해 풍년에 토지 소출이 심히 많은지라.
요셉이 애굽 땅에 있는 그 7년 곡물을 거두어
각 성에 저축하되 각성 주위의 밭의 곡물을 그 성
중에 저장하매 저장한 곡식이 바다 모래같이 심히
많아 세기를 그쳤으니 그 수가 한이 없음이었더라.
흉년이 들기 전에 요셉에게 두 아들을 낳되 곧 온
제사장 보디베라의 딸 아스낫이 그에게 낳은지라.

요셉이 그 장자의 이름을 '므낫세' 라 하였으니
"하나님이 나로 나의 모든 고난과 나의 아비의
온 집 일을 잊어버리게 하셨다" 함이요
차자의 이름을 '에브라임' 이라 하였으니
"하나님이 나로 나의 수고한 땅에서
창성하게 하셨다" 함이었더라.
애굽 땅에 일곱 해 풍년이 그치고 요셉의 말과 같이
일곱 해 흉년이 들기 시작하매 각국에는 기근이
있으나 애굽 온 땅에는 식물이 있더니 애굽 온 땅이
주리매 백성이 바로에게 부르짖어 양식을
구하는지라. 바로가 애굽 모든 백성에게 이르되
"요셉에게 가서 그가 너희에게 이르는 대로 하라"
하니라. 온 지면에 기근이 있으매 요셉이 모든
창고를 열고 애굽 백성에게 팔새 애굽 땅에 기근이
심하며 각국 백성도 양식을 사려고 애굽으로
들어와 요셉에게 이르렀으니 기근이 온 세상에
심함이었더라.

창 41:41-57

영국에서는 얼마 전 애굽인 연인과 함께 교통사고로 죽은 영국의 황태자비 다이애나에 대한 추모 열기가 좀처럼 식을 줄 모르고 있습니다. 불륜의 관계로 죽었음에도 불구하고 사람들이 이처럼 계속 그를 추모하는 것은 아마 인간적인 동정 때문일 것입니다. 무명의 유치원 교사 자리에서 한순간에 부귀와 영화, 아첨과 구설수 등 모든 좋은 것과 나쁜 것이 다 있는 영국 황실의 주인공으로 발탁되었을 때, 아마 다이애나는 자기 자신을 바로 추스르기가 쉽지 않았을 것입니다.

사람들은 그를 '신데렐라'라고 부르면서 부러움과 존경의 시선으로 쳐다보았지만, 남편의 사랑을 받지 못하는 신데렐라는 그 어느 것에서도 만족을 얻을 수 없었습니다. 그 많은 돈으로도, 그 많은 사람들의 부러움이나 존경으로도, 잘 자라고 있는 두 아들로도, 그 많은 결혼 보상금으로도 만족할 수가 없었습니다. 결국 그는 불륜의 관계에 빠지기 시작했고, 추문을 쫓아 거머리처럼 따라다니는 파파라초에 쫓기다가 교통사고로 목숨을 잃고 말았습니다. 영국 사람들이 이렇게 죽은 다이애나에 대해 그토록 애석해하는 것은 왕실을 향한 곱지 않은 시선과 다이애나에 대한 인간적인 연민의 정을 가지고 있기 때문이라고 생각됩니다.

우리는 이런 비극을 통해서 바른 자아상을 갖는다는 것이 얼마나 중요한 일인가를 알 수 있습니다. 자기 안에서 스스로의 존귀함이 회복되지 않으면, 아무리 외부적으로 부귀와 영화가 주어지고 사람들의 존경과 찬사가 쏟아진다 해도 마음 속에 늘 채워지지 않는 공허함이 있게 마련입니다.

사실 우리 그리스도인들보다 더 건전한 자아상을 회복할 필요가 있는 사람은 없을 것입니다. 혹시 어떤 분은 "예수만 믿으면 되는 것이지 다른 게 또 뭐가 필요하다는 거냐?"고 반문할지도 모르겠습니다. 그러나 그리스도인들이 건전한 자아상을 회복하지 못한다면, 천국에는 가도 하나님이 주시는 풍성한 삶을 누릴 수는 없습니다.

하나님께서는 그리스도인들에게 먼저 고난을 주십니다. 그들을 낮추시고 어렵게 하십니다. 그래서 자기 힘으로는 이 세상에서 살 수 없음을 깨닫고 전적으로 하나님만 의지하게 하십니다. 그러나 이런 고난이 그리스도인들에게 주어지는 전부는 아닙니다. 그것은 훈련과정으로서, 하나님께서 그를 다시 세상에 복귀시켜서 사람들에게 봉사하고 인간다운 삶을 누리며 살게 하실 때가 있습니다.

그런데 문제는 우리가 그 어려운 연단의 과정을 거치면서 자신에 대해 일그러진 자아상을 가지게 된다는 점입니다. '나는 사회적인 불구자야. 내가 다시 세상에 적응할 수 있을까?' 하는 생각을 갖게 되기 쉬워요. 자아상은 자기 혼자 만드는 것이 아니라 자신을 대하는 주변 사람들의 자세나 태도의 영향을 받아 형성해 가는 것이기 때문입니다.

이렇게 고난 가운데 파괴되고 부서진 자아상을 치료받지 못한 사람은 사회생활을 제대로 할 수가 없습니다. 사람들과 어울리지 못할 뿐 아니라 행동도 독특하게 하기 때문에 사람들은 사람들대로 그를 대하기 어려워하고, 본인은 본인대로 이렇게 상한 자아가 세상에서 빛으로 나타나고 소금이 되는 데 큰 걸림돌이 된다는 사실을 느낄 것입니다.

오늘 본문에서 바로는 요셉을 아주 존귀하게 높이고 있습니다. 그는 요셉에게 자신의 인장 반지를 끼우고 세마포 옷을 입히고 금사슬을 걸어 줍니다. 그리고 왕에 버금가는 수레에 그를 태우고 시내를 행진하게 합니다. 이것은 바로가 요셉에게 전권을 주었다는 사실을 사람들에게 인식시키는 것으로서, 요셉이 자신의 의지대로 마음껏 나라를 통치하게 하기 위한 조처였습니다.

그러나 다른 한편으로 볼 때, 이것은 요셉에게 개인적으로 아주 중요한 일이었습니다. 왜냐하면 요셉은 무려 13년 동안 노예와 죄수로 살면서 얻게 된 마음의 상처와 구겨진 자아상을 그대로 가지고 있었기 때문입니다. 만일 이것이 치료되지 않는다면 애굽의 가장 중요한 자리에 앉아서 귀족들을 설득해 가면서 이 위기를 극복해 나갈 수가 없을 것입니다.

이처럼 바로는 자신의 필요에 따라 요셉을 높였지만, 또 한편으로 그 구체적인 행위들이 요셉의 자신감을 회복시켜 주고 그 자신의 온전한 모습을 회복하는 데 큰 도움이 되었다는 것 또한 부인할 수 없는 사실이었습니다.

1. 요셉을 높인 바로

우리는 애굽에서 바로가 자신 외에 이런 2인자를 임명하는 것이 결코 흔한 일이 아니었으리라는 점을 짐작할 수 있습니다. 절대적인 권력을 가진 왕이 가장 우려하는 것은 권력의 누수 현상입니다. 그래서 절대 권력을 잡은 왕일수록 절대로 2인자를 용납하지 않습니다. 그러나 애굽의 바로는 요셉을 애굽의 2인자로 임명했을 뿐 아니라 눈에 보이는 구체적인 행동으로 그것을 입증했습니다. 41장 41절부터 43절까지 보십시오.

> 바로가 또 요셉에게 이르되
> "내가 너로 애굽 온 땅을 총리하게 하노라"
> 하고 자기의 인장 반지를 빼어 요셉의 손에 끼우고
> 그에게 세마포 옷을 입히고 금사슬을 목에 걸고
> 자기에게 있는 버금 수레에 그를 태우매 무리가
> 그 앞에서 소리 지르기를 "엎드리라!" 하더라.
> 바로가 그로 애굽 전국을 총리하게 하였더라.

우리 나라에도 국무총리가 있지만 대개는 그렇게 많은 실권을 가지고 있지 못합니다. 대체로 대통령의 바람막이 정도의 역할을 할 때가 많지요. 이를테면 대통령에게 무슨 욕이 돌아갈 만한 일이 터지면 총리가 책임을 지고 물러나는 식입니다.

그런데 바로는 요셉을 그런 바람막이로 쓴 것이 아니라 정말 특별하

"

게 대우했습니다. 그는 자기가 끼고 있던 인장 반지를 빼서 요셉에게
주었고, 아주 존귀한 사람들이 입는 세마포 옷을 입혔습니다. 그리고
목에 금사슬을 걸어 주고 왕의 두번째 수레에 태워 시내를 행진하게
했습니다. 또 그가 행진할 때 앞에서 유도하는 사람들은 "엎드리라"고
소리쳤습니다.

요셉이 행진을 마치고 돌아오자 바로가 다시 말했습니다.

바로가 요셉에게 이르되
"나는 바로라. 애굽 온 땅에서 네 허락 없이는
수족을 놀릴 자가 없으리라" 하고(41:44)

바로의 친절은 여기서 끝나지 않았습니다. 그는 요셉의 이름을 애굽
식으로 다시 지어 주었고, 제사장의 딸을 아내로 주어 결혼하게 했습
니다. 바로가 요셉에게 지어 준 이름 '사브낫바네아' 의 뜻이 무엇인지
는 분명치 않습니다. 단지 끝에 있는 말에 '생명' 이라는 뜻이 있기 때
문에, '생명의 구원자' 정도의 뜻이 아니겠는가 짐작할 뿐입니다. 애
굽의 제사장은 단순한 종교인이 아니라 가장 높은 귀족이었습니다. 바
로는 애굽에서 가장 존귀한 귀족의 딸을 요셉의 아내로 준 것입니다.

바로가 이렇게 요셉을 특별하게 대우한 것을 보면, 풀리지 않던 그
꿈이 그에게 얼마나 심각한 문제였는지 짐작할 수 있습니다. 그는 그
꿈에 자신의 생사가 달려 있다고 생각했기 때문에, 그 꿈을 명쾌하게
풀어 준 요셉을 생명의 은인으로 생각했습니다. 그는 진정으로 요셉의
은혜에 감사했습니다. 만일 그 지혜의 말씀이 없었더라면 얼마나 비참

바로는
자기 입장에서
그를 높였지만

한 파국을 맞이했겠습니까? 아니 그 파국이 오기 전에 마음 속의 혼란 때문에 미쳐서 죽었을지도 모릅니다. 그러니까 요셉이 너무나 고맙지요.

그런데 그 꿈은 아직 끝난 것이 아니었습니다. 그 꿈은 지금 진행중이며 앞으로 이루어질 일이었습니다. 그래서 바로는 요셉이 거기에 대비할 수 있도록, 꿈에 나타난 흉년 동안 자신과 자신의 백성들을 살릴 수 있도록 그에게 실권을 넘겨 주고 힘을 실어 준 것입니다. 이것이 바로가 요셉을 높인 실제적인 이유였습니다. 이 정도로 높이지 않는다면, 노예 출신이고 죄수 출신인 요셉의 말을 누가 들으려 하겠습니까? 그래서 바로는 실제적으로 요셉에게 힘을 실어 주고 영광을 줌으로써 그의 의지대로 통치하게 한 것입니다.

그런데 이것이 요셉에게는 개인적으로 굉장히 중요한 일이었습니다. 왜냐하면 무려 13년 동안 노예생활과 죄수생활을 하면서 얻은 큰 아픔과 상처가 그의 마음 속에 있었기 때문입니다. 특히 그는 많은 배신을 겪었는데, 그를 배신한 사람들은 전부 그와 가까운 사람들이었습니다. 그가 충성을 다 바쳤던 사람들이 그를 팔아먹었고 그를 배신했어요.

요셉이 어떻게 애굽까지 노예로 오게 되었습니까? 형들의 배신 때문이었습니다. 형들이 그들을 도와 주기 위해 그 먼 곳까지 찾아간 자기를 죽이려 하다가 결국 노예로 팔아 버렸기 때문에 애굽에 오게 된 것입니다. 또 그가 어떻게 감옥에 들어가게 되었습니까? 자기가 그렇게 충성을 바쳤던 보디발이 아내의 말만 듣고 다시는 살아서 나올 수 없는 감옥에 집어넣었기 때문입니다. 보디발은 요셉의 결백함을 알고 있었습니다. 그러면서도 요셉을 감옥에 가둔 것입니다. 감옥 안에서 만난 바로의 술 맡은 내시는 또 뭐라고 했습니까? 밖으로 나가기만 하면 바로에게 말해서 자기를 감옥에서 꺼내 주겠다고 하지 않았습니까? 그런데 그 후로 무려 2년이 지나도록 그에게서는 아무 소식이 없었습니다. 우리가 이 정도로 사람들에게 속고 배신을 당했다면, 아마 다시는 아무도 믿으려 하지 않았을 것입니다.

그뿐 아니라 오랜 노예생활과 죄수생활을 하는 가운데 그의 자존감은 많이 일그러져 있었습니다. 이런 고난들이 하나님께서 요셉을 낮추어서 죽을 때까지 전적으로 하나님만 의지하도록 하기 위한 훈련과정이었음에도 불구하고, 그 과정 동안 그의 자존감은 상처를 입지 않을 수 없었습니다. 그의 속에는 늘 다른 사람의 눈치를 보면서 누가 큰소리치면 쉽게 주눅이 드는 노예의 마음, 죄수의 마음이 여전히 남아 있었습니다. 이것이 치료되지 않는 이상 그는 애굽 전체를 통치할 수 없으며, 귀족들을 설득해 가면서 바로의 뜻을 실천에 옮길 수가 없습니다. 그래서 하나님께서는 바로의 손을 통해 삼중 사중으로 요셉의 존귀함을 회복시켜 주신 것입니다.

요셉은 바로가 자기에게 인장 반지를 끼워 주고 세마포 옷을 입히고 금사슬을 걸어 줄 때 '내 평생에 이런 순간도 다 오는가' 하는 생각에 어안이 벙벙했을 것입니다. 언제 다시 이 옷을 벗기고 감옥에 집어넣지는 않을까 의심했을지도 모릅니다. 중요한 것은 주눅들어 있고 위축되어 있으며 다른 사람을 믿지 못하는 마음의 부분들이 완전히 치료되는 것입니다. 그렇지 않으면 아무리 높은 자리에 앉아서도 노예나 죄수처럼 살게 됩니다.

우리 속에 있는 자존감이 완전히 회복되지 않으면 한순간에 비참해질 수 있습니다. 평소에는 그런 대로 괜찮아요. 그런데 위기가 오거나 스트레스를 받으면 비참했던 그 시절로 곧바로 돌아가 버립니다. 하나님께서는 요셉이 가장 높은 자리에 앉아서 죄수같이 생활하기를 원치 않으셨습니다.

예수님께서는 "내가 온 것은 양으로 생명을 얻게 하고 더 풍성히 얻게 하려는 것이라"(요 10:10 하)고 말씀하셨습니다. 그가 오신 것은 다만 우리를 천국에만 데려가기 위해서가 아닙니다. 이 세상에서도 최고로 풍성하고 최고로 멋진 삶을 살게 하시기 위해서입니다. 그러나 이 풍성함은 처음부터 주어지는 것이 아닙니다. 오히려 예수를 믿었을 때 먼저 찾아오는 것은 모든 것을 잃어버렸다는 상실감입니다.

가족들과의 관계가 소원해지기 시작하고 친구들도 떠나기 시작합니다. 사회에 적응하기도 힙듭니다. 전에는 가족들과 이야기가 잘 통했어요. 친구들과도 거리낌이 없었습니다. 그런데 그리스도를 알고 난 후에는 모든 것이 생소해지고 멀어진 것만 같습니다. 공부는 왜 해야 하며 직장생활은 왜 해야 하는지 모르겠습니다. 때로는 세상적인 가치관과 신앙적인 가치관이 충돌을 하는 바람에 죽도 밥도 안 되는 경우도 생깁니다. 학교에서 배운 전공도 써먹지 못하는 것 같고 직장도 잘 구해지지 않습니다. 친구도 없고 가족도 없습니다. 이것이 무슨 풍성한 삶입니까?

그러나 하나님께서는 자기 백성을 훈련만 시키고 내버려 두시는 법이 없습니다. 반드시 이 세상에 다시 복귀하게 하시고, 세상 사람들로 하여금 내 속에 있는 아름다운 것을 보게 하시며 인정하고 칭찬하게

하십니다. 그러나 정작 본인은 너무나도 오래 자신감을 잃은 채 살았
기 때문에, 도대체 어떤 것이 자신의 참된 모습인지 몰라 헤맬 때가 많
습니다. 마치 다이애나가 시골의 유치원 교사로 있다가 갑자기 황태자
비가 되었을 때 어떤 모습이 자신의 진정한 모습인지 찾지 못해 방황
하다 죽은 것과 비슷합니다. 어느 것이 자신의 참모습인지 모르니까
돈으로도 만족이 안 되고 자식으로도 만족이 안 되고 애인으로도 만족
이 안 되는 거예요.

우리는 성경이 이야기하는 나의 모습과 세상에서의 나의 모습이 너
무나도 달라서 어느 것이 진정한 나의 모습인지 몰라 당황할 때가 많
습니다. 하나님의 말씀을 들으면 내가 하나님 앞에서 참으로 존귀한
사람인 것 같습니다. 엘리베이터 타고 하늘로 마구 올라가는 것 같아
요. 그런데 직장에 출근해서 자기 모습을 보면 그대로 바닥에 곤두박
질쳐진 느낌입니다. 도무지 아무것도 내세울 것이 없습니다. 우리는
그 사이에서 왔다 갔다 하며 방황하게 되기 쉽습니다.

그러나 하나님께서는 그 사랑하는 자들을 이 세상에서 존귀케 하십
니다. 때가 되면 세상 사람들의 입을 통해서 위로해 주시고 만져 주시
고 회복시켜 주십니다. 반드시 그 때가 옵니다. 자기 스스로 믿을 수
없을 정도로 계속 높이셔서, 한두 번으로는 안 믿을지도 모르니까 세
번 네번 자꾸 높이셔서, 성경에서 말하는 그 모습이야말로 진정한 나
의 모습이라는 것을 결국은 인정하고 감격하며 하나님을 찬양하게 만
드십니다.

2. 바로의 친절에 대한 요셉의 반응

바로의 넘치는 자비와 친절에 대해 요셉이 보인 반응은 두 가지였습니다. 하나는 자신의 일을 더욱 열심히 한 것입니다. 요셉은 총리로 임명되자마자 바로 자신의 임무를 수행하기 위해 순찰을 시작했습니다. 45절 끝부분을 보십시오.

요셉이 나가 애굽 온 땅을 순찰하니라.

두 아들의
이름에 담긴 뜻

그리고 다른 하나는 자기 아내가 흉년이 오기 전에 낳은 두 아이의 이름을 의미 있게 지은 일입니다. 고대인들은 자식의 이름을 통해 자신의 마음을 표현하는 경우가 많았습니다. 요셉은 큰아들의 이름을 '므낫세' 라고 지었는데, 이것은 '잊는다' 는 뜻입니다. 그리고 둘째 아들의 이름을 '에브라임' 이라고 지었는데, 이것은 '결실한다' 는 뜻입니다.

이것을 보면 요셉이 결혼을 해서 첫아이를 낳기까지 애굽이 얼마나 생소하게 느껴졌으며 가나안의 자기 집을 얼마나 잊지 못하고 있었는지를 알 수 있습니다. 그리고 그가 그 과정에서 겪은 배신과 고통과 비참한 생활의 기억을 떨쳐 버리지 못한 채 계속 가슴아파하고 있었다는 것을 알 수 있습니다. 그는 큰아들을 낳았을 때 이 모든 과거를 정리했습니다. 그리고 둘째 아들이 태어났을 때 이제야말로 본격적으로 애굽에서 열매 맺는 생활을 하기로 작정했습니다.

요셉이 두 아이를 낳고 난 후에 가나안 땅에 있는 아버지 집을 잊고 본격적인 애굽인이 되기로 한 데 대해, 그가 편해지면서 가나안 땅에 있는 식구들을 잊어버리고 신앙적으로 타락하여 교회를 완전히 잊고 세상적인 삶에 빠지게 되었다고 생각하는 사람도 있습니다. 그러나 이것은 요셉이 진짜 애굽인이 되기로 작정했다는 의미가 아닙니다.

그는 지금까지 자기가 왜 애굽에 있어야 하는지 이해하지 못했습니다. 물론 큰 관점에서는 하나님의 뜻을 믿고 그의 인도하심을 인정하지만, 그럼에도 불구하고 구체적으로 자기가 왜 애굽까지 흘러와 있는지, 왜 여전히 여기 머물러 있어야 하는지 이해가 안 되는 거예요. 아무래도 뭔가가 잘못된 것만 같습니다. 그런데 그는 두 아이를 낳고 나서 애굽에 대한 비전, 애굽에 대한 하나님의 뜻을 깨닫게 되었습니다. 그래서 뼈아픈 과거는 하나님께 맡기고, 주어진 처지에서 최선을 다해 열매를 맺기로 결심한 것입니다.

예를 들어 집안이 몰락해서 대충 짐을 꾸려 서울에 올라온 사람이 있다고 합시다. 그는 서울생활에 잘 적응하지 못합니다. 서울역에서 내렸을 때 처음 본 뿌연 회색빛 풍경이 마음 속에 남아서 사라지질 않습니다. 게다가 서울의 겨울은 왜 그리 춥습니까? 고향 가는 고속버스만 봐도 눈물이 좍 흘러내리고, 기차 소리만 들려도 고향 생각이 간절해집니다. '도대체 내가 왜 서울까지 흘러왔을까. 이건 분명히 뭔가 잘못된 거야. 내 인생의 어느 부분이 한순간에 틀어져서 여기까지 오게 된 거야' 하는 생각이 절로 듭니다. 물론 하나님이 나와 함께하시지요. 그래도 내가 여기 있는 것은 무언가 잘못된 일인 것만 같습니다.

그런데 이런 일들이 마음에 정리가 되면서 이제부터는 열매를 맺으며 살겠다는 마음이 드는 순간이 있습니다. 예를 들어 결혼을 해서 아내의 사랑을 느끼게 될 때, '이것이 주님의 뜻이구나. 이제 나는 서울 사람이다' 하면서 고생스러웠던 과거를 잊고 그 때부터 열심히 살겠다고 결심하게 되는 순간이 있어요. 요셉의 경우가 그와 같은 것입니다.

　　요셉은 바로의 친절을 개인적인 친절로 생각하지 않았습니다. 하나님께서 자신을 사랑하시는 증표라고 생각했습니다. 그는 바로의 말과 행동을 통해 하나님의 음성을 들었고 하나님의 손길을 느꼈습니다. 지금까지도 하나님께서 말씀을 통해 수없이 사랑하신다고는 했지만, 이렇게 바로를 통해서 눈으로 볼 수 있고 손으로 만질 수 있게 확인해 주시니 더 좋았습니다.

　　하나님은 그 사랑하는 자에게 말씀을 주십니다. 그러나 우리는 말씀만으로는 만족할 수 없을 때가 많습니다. 왜냐하면 우리는 몸을 가지고 있는 인간이기 때문입니다. 말씀만으로는 부족합니다. 돈이 있으면 더 좋을 것 같아요. 하나님이 사랑한다고 말씀해 주시는 것도 기쁘지만, 돈도 생기면 더 기쁩니다. 예수님은 광야에서 40일 동안을 굶주리시면서도 풍성하실 수 있었지만, 만약 우리가 40일 동안 굶으면서 설교만 들어야 한다면 굉장히 비참한 생각이 들 겁니다. 제발 설교 좀 그만하고 먹을 것 좀 달라고 간청하게 될 거예요. 물론 하나님께서 우리를 구원해 주신 것은 정말 감사한 일입니다. 그런데 때로는 이 구원에 추가해서 직장도 주시고 집도 주시고 아이도 주셨으면 할 때가 있습니다.

　　여러분, 하나님께서는 그런 것들을 우리에게 주십니다. 구원을 대신해서 주시는 것이 아니라, 구원이 얼마나 풍성한가를 체험하게 하시기 위해서, 우리가 누리는 구원이 단지 설교만 듣고 찬송만 부르고 눈물만 흘리게 하는 것이 아니라 우리의 삶을 풍성하게 해 주는 구체적인 것임을 경험하게 하시기 위해서 우리에게 가정을 주시기도 하고 직장을 주시기도 하며 아이를 주시기도 합니다.

그럴 때 우리는 그것을 이 세상이 주는 선물로 생각하면 안 됩니다. 그러면 타락하게 됩니다. 우리는 그것을 하나님이 나를 사랑하시는 증표로 생각해야 합니다. 세상 사람들이 나를 칭찬할 때, '하나님이 이런 방법으로 나를 위로하시는구나' 라고 생각해야 해요.

요셉이 실권을 잡고 난 뒤에 한 일이 무엇입니까? 그는 기쁨에 잠겨 있거나 정치적인 보복을 하려 들지 않았습니다. 사람들은 실권을 잡으면 꼭 '손을 봐야 할 사람' 이 몇 명 있다고 하면서 보복을 하려고 합니다. 그러나 요셉은 아무에게도 보복하려고 하지 않았습니다. 하나님께서 자기에게 이렇게 큰 은혜를 베풀어 주셨는데 무슨 보복을 하겠습니까? 그 중에 백분의 일, 천분의 일이라도 다른 사람과 나누어 가지는 것이 이 은혜에 조금이라도 보답하는 길이지요. 그래서 그는 보디발이나 술 맡은 관원장에게 보복할 생각을 전혀 하지 않았습니다.

하나님께서 놀라운 은혜를 베푸셨을 때 어떻게 하는 것이 그 은혜에 제대로 반응하는 것입니까? 과거에 나에게 아픔을 주고 나를 배신했던 사람을 관대하게 용서하는 것이 제대로 반응하는 것입니다. 흘러간 과거는 돌이킬 수가 없습니다. 그 과거는 그대로 하나님께 맡기고 그를 용서해야 합니다. 또 지금 내 마음에 들지 않는 사람이 있다면 그를 좀더 관대하게 대해야 합니다. 하나님이 나에게 베풀어 주시고 있는 이 은혜의 백분의 일, 천분의 일이라도 남에게 흘려 보내야 할 것 아닙니까? 국물이라도 좀 나누어 주어야 할 것 아닙니까?

그리스도인에게 자존감은 굉장히 중요한 것입니다. 물론 이것이 하나님과의 관계에 무슨 영향을 주는 것은 아닙니다. 그러나 다른 사람을 대하는 데에는 대단히 중요하게 작용합니다. 예를 들어 자존감이 회복되지 않은 사람은 누군가가 칭찬을 해 주어도 그 칭찬을 있는 그대로 받아들이지 못하고, 다른 사람이 한마디만 해도 쉽게 오해하거나 화를 냅니다. 이런 사람은 비참해야 마음이 편합니다. 굶어야 기뻐요. 욕을 바가지로 얻어먹어야 마음에 안식이 오고, 다른 사람의 결점을 지적해야 자기가 정직해지는 것 같습니다. 무슨 일이든지 일단은 '못한다' 고 해야 좋아요. 이것은 일종의 병적인 경건입니다.

그리스도인들 중에서 가난을 예찬하는 사람들을 가끔 보게 됩니다. 물론 성경은 여러 곳에서 부(富)가 얼마나 위험하며 사람을 잘못되게 만들 수 있는지 경고하고 있습니다. 그러나 그렇다고 해서 가난이 곧 경건은 아닙니다. 만일 모든 그리스도인들이 가난하다면, 그래서 예배 후에 전부 깡통 차고 "필승! 목사님, 더 많이 얻어오겠습니다!" 하면서 거리로 나간다면, 사람들은 그리스도인들이 이 세상에 사는 이유를 이해하지 못할 것입니다. 이 세상에서 남을 섬기려면 돈도 필요하고 학식도 필요하고 기술도 필요합니다. 다만 그것은 어디까지나 구원에 따라오는 선물이지 그 이상의 것은 될 수 없습니다.

그러면 우리는 어떻게 건강한 자아상을 회복할 수 있습니까? 우선 중요한 것은 때가 되면 하나님께서 회복시켜 주신다는 사실을 아는 것입니다. 이 세상에도 때가 있지만 하나님께는 특히 이 '때' 라는 것이 굉장히 중요합니다. 하나님께서는 그 때가 되었을 때 주위에 있는 사람들을 설득하고 감동시켜서 나에게 칭찬과 명예를 돌리게 하시고 아름다운 말을 하게 하십니다. 내 속에 있는 숨어 있던 아름다움을 보게 하시고 인정하게 하십니다. 그것은 하나님이 하시는 일입니다. 우리 눈에는 사람이 하는 일처럼 보이지만, 사실은 하나님께서 나를 회복시키시고 만지시며 치료하시는 과정입니다.

그뿐만 아니라 우리는 우리에게 일어나는 모든 일들을 하나님의 주권 아래서 보는 훈련을 해야 합니다. 사람들은 모두 사용된 종에 불과하며 나의 삶을 책임지시는 분은 결국 하나님이심을 인정하게 된다면, 형편이 좀 어려워도 비굴해지지 않으며 형편이 좀 좋아져도 교만해지지 않는 아주 아름다운 모습을 가질 수 있습니다.

여러분, 이런 인격이야말로 작품입니다. 높은 자리에 올라가도 겸손하며 어렵고 궁핍해도 비굴해지지 않는 인격은 놀라운 작품이고 예술이에요. 이런 사람을 만드는 것이 하나님의 놀라운 능력입니다. 그분은 형편없는 흙 한 덩어리로 천사보다 나은 작품을 만들어 내시는 분입니다.

주위의 상황이 변해서 좋은 옷을 입고 좋은 차를 타고 좋은 대접을 받을 때 "이러면 안 됩니다. 이러면 타락합니다. 금목걸이는 가져가시고, 내 죄수복이나 돌려주세요" 하면서 애써 뿌리칠 필요 없습니다. "하나님께서 또 이런 방법으로 나를 위로하시는구나. 하나님, 감사합니다" 하면서, 그가 베풀어 주신 작은 부분이라도 관대함으로 다른 사람과 나누면 되지요.

하나님께서는 자기 백성들을 훈련시키신 후에 이 세상으로 다시 복귀시키십니다. 그 때 불시착하지 않으려면 끝까지 하나님을 바라보아야 합니다. 가난을 고집하거나 감옥으로 돌아가려고 할 필요가 없습니다. 그것이 더 경건하다고 주장하는 것은 병적인 태도입니다. 주님은 우리를 풍성하게 하려고 오셨습니다. 그러나 그 풍성함은 하나님의 손길을 느끼며 그것을 다른 사람에게 나누어 주는 풍성함입니다. 남에게 아무리 풍성하게 나눈다 해도 하나님께서 주신 것의 천분의 일, 만분의 일도 안 돼요. 내세우기도 부끄럽습니다. 그러나 그렇게라도 하는 것을 하나님은 굉장히 기뻐하십니다.

이스라엘 백성들은 40년 간의 광야생활을 통해 훈련을 받았습니다. 그들은 40년 동안 만나만 먹었습니다. 그러다가 마침내 가나안 땅에 들어가서 건포도떡을 보았을 때, 그들은 불시착하고 말았습니다. 그 떡을 하나님의 선물이요 사랑의 확인으로 생각하지 않고 가나안 땅이 주는 것으로 생각했기 때문입니다. 그들은 하나님께서 혹시 이 축복을 빼앗아가실까 봐 그분을 멀리했습니다.

똑같이 고급 차를 타고 다니면서도 하나님의 은혜를 누리는 사람이 있는가 하면 죄를 짓는 사람이 있습니다. 똑같이 좋은 집에 살면서도 그 집을 누리면서 사는 사람이 있는가 하면 죄짓는 사람이 있습니다. 그 차이가 어디에서 옵니까? 그 좋은 차나 집이 어디에서부터 왔는가에 대한 생각이 근본적으로 다른 데서 옵니다.

나에게 주어진 것을 하나님의 구체적인 사랑의 확인으로 생각하는 사람은 부요하면서도 당당합니다. 그러나 그것을 하나님의 선물로 생각하지 않고 이 세상에서 자기 힘으로 얻은 것으로 생각하는 사람은 상대적인 빈곤감으로 더 인색해질 것입니다. 이 세상에 있는 모든 것을 주님이 주관하신다는 것을 인정하며, 그것이 나에게 주어지면 하나님의 선물로 감사히 받고 주지 않으셔도 나를 사랑하시기 때문에 주지 않으시는 것으로 믿을 때, 우리는 상황에 상관없이 아름답게 살 수 있습니다.

돈이 많을 때 쓰기가 쉬운 것 같습니까, 없을 때 쓰기가 쉬운 것 같습니까? 없을 때 쓰기가 쉽습니다. 왜냐하면 돈은 생길수록 힘을 갖게 되고 목표를 갖게 되기 때문입니다. 천만원이 모이면 일억을 목표로 삼습니다. 일억이 모이면 십억을 목표로 삼습니다. 그렇게 돈은 모일수록 힘이 강력해져서 나를 지배해 버립니다. 그러나 돈을 단순히 돈으로 보지 않고 하나님이 주신 선물로 생각하는 사람은 하나님의 구원도 누리고 돈도 제대로 사용하면서 다른 사람을 풍성히 섬길 수 있습니다.

3. 요셉의 행정

요즘 정치하는 사람들에게도 가장 어려운 것은 농업 정책입니다. 농산물은 수요와 공급을 정확하게 조절하기가 어렵기 때문입니다. 공산품이야 공장 가동만 통제하면 수급을 조절할 수 있지만, 농산물은 생산에도 일 년 이상이 걸릴 뿐 아니라 남으면 관리하기가 힘들고 모자라면 굶는 사람들이 생깁니다.

김천 지역을 지나면서 길가에 양파가 굉장히 많이 쌓여 있는 것을 본 적이 있습니다. 그런데 그 양파더미가 몇 달 후에 지나갈 때에도 그대로 있었습니다. 양파 농사를 지으면 돈을 번다고 하니까 너도 나도

농업 정책의
어려움

양파를 재배했다가 결국 공급량이 너무 많아져서 처치할 수 없게 된 것입니다. 그래서 전국에 양파 썩는 냄새가 진동을 했습니다. 배추나 고추 같은 것도 마찬가지입니다. 꼭 필요한 만큼 생산이 되어야지 너무 많이 생산되면 결국 버리는 수밖에 없습니다. 이처럼 농산물은 저장하기도 쉽지 않지만 유통도 문제입니다. 한쪽에서는 남아돌고 다른 쪽에서는 바닥이 나 있다면 남는 쪽에서 부족한 쪽으로 수송을 해야 하는데, 그 중간 상인들의 횡포가 보통 문제가 아닙니다.

그런데 요셉의 행정을 보면 수요와 공급, 유통 문제까지 한꺼번에 해결하는 것을 볼 수 있습니다. 46절부터 49절까지 보십시오.

요셉이 애굽 왕 바로 앞에 설 때에 30세라.
그가 바로 앞을 떠나 애굽 온 땅을 순찰하니
일곱 해 풍년에 토지 소출이 심히 많은지라.
요셉이 애굽 땅에 있는 그 7년 곡물을 거두어
각 성에 저축하되 각 성 주위의 밭의 곡물을
그 성중에 저장하매 저장한 곡식이 바다 모래같이
심히 많아 세기를 그쳤으니 그 수가 한이 없음이었더라.

요셉은
탁월하게
해결했다

사실 농산물에서 가장 어려운 것은 저장 문제입니다. 그냥 두면 썩어 버리기 때문입니다. 아마도 요셉은 애굽 사람들한테 농사를 짓되 될 수 있으면 잘 썩지 않는 곡식을 중심으로 농사를 지으라고 했을 것입니다. 그리고 생산된 것은 저장 가능한 상태로 가공해서 저장하게 했을 것입니다. 그는 유통이나 수송의 부담을 줄이기 위해 성마다 곡식 저장소를 둠으로써, 불필요한 성의 건축을 막고 저축이나 분배를 용이하게 했습니다. 이처럼 애굽의 농업 정책은 7년 흉년에 대비하여 일사불란하게 이루어졌습니다.

요즘 민심이 정권에서 이완된 가장 큰 이유는 농업 정책의 실패에 있다고 할 수 있습니다. 농업 정책은 단순한 수출 수입의 문제가 아니라 국민들의 사활을 결정하는 가장 중요한 문제입니다. 그런데 우리나라 농업 정책이 실패만 거듭하는 이유가 어디에 있습니까? 책상에 앉아서 펜대로만 정책을 짜기 때문입니다. 책상 위에서 생각한 것을 실제로 실천에 옮기려 들면 미처 예기치 못한 요소들이 얼마나 많이 생기는지 몰라요. 그래서 이런 정책을 세우려면 발로 뛰어다녀야 합니다.

요셉은 가만히 책상에 앉아서 보고서나 읽는 사람이 아니었습니다. 그는 끊임없이 전국을 순찰하면서 실제적인 상황을 살폈고 그 상황에 맞는 정책을 폈습니다. 하나님이 주신 것은 전체적인 그림입니다. 요셉은 그것을 구체적이고 효과적으로 이루기 위해 전국을 발로 뛰어다니면서 계속 확인하는 정책을 폈습니다.

책상에 가만히 앉아서 남의 보고만 받으며 일하는 사람은 너무 이상적이고 비현실적이어서 많은 사람들을 설득해 나갈 수가 없습니다. 사실 보고서와 현실 사이에는 굉장한 차이가 있습니다. 반면에 실제로 발로 뛰는 사람은 남들이 가지고 있지 못한 현실감을 가지고 있으며 구체적인 사정을 잘 알기 때문에 실정에 맞는 정책을 펼 수가 있습니다.

요셉은 바로의 칭찬을 감상하면서 사무실에 앉아 있지 않았습니다.

그는 과거에 자기에게 아픔을 주었던 사람들의 명단을 작성해서 한번 손을 봐 주겠다고 작정하지도 않았습니다. 그는 자기가 애굽에 종으로 팔려 온 이유를 알았습니다. 그것은 바로 이 7년 대흉년 동안 사람들을 먹여 살리는 것이었습니다. 그는 이 일에 전적으로 헌신했습니다.

오늘날 사람들은 자기가 하고 싶은 일을 하는 사람이 복되다고 말합니다. 그러나 그보다 더 복된 일은 하나님께서 자기를 이 땅에 살게 하신 이유를 깨닫고, 그 일에 전적으로 헌신하며 사는 것입니다. 자기가 지금 이 문제 많은 땅에 살아야 하는 이유가 무엇인지 아는 사람은 복된 사람입니다.

우리는 여기서 왜 요셉을 만난 사람들마다 그에게 자신의 모든 것을 다 맡겼는지 알 수 있습니다. 야곱은 요셉에게 자신의 전권을 주어 그 형들에게 보냈습니다. 시위대장 보디발은 자기 집의 모든 일을 요셉에게 맡겼습니다. 간수는 감옥의 모든 일을 요셉에게 맡겼고, 바로는 애굽의 모든 일을 요셉에게 맡겼습니다. 아버지가 보기에 아들들이 하는 일은 아무래도 엉성하게 마련입니다. 사장이 보기에 부하 직원들 중에 완전히 믿을 만한 사람은 거의 없을 것입니다. 대통령이 보기에 장관들 중에 정말 마음에 쏙 들게 일하는 사람은 거의 없을 것입니다. 왜냐하면 사람들마다 가지고 있는 관점이 다르기 때문입니다. 그러나 요셉을 만난 사람들은 전부 기꺼이 요셉에게 자신의 모든 것을 맡겼고 그 결과는 항상 성공적이었습니다. 그 이유가 어디에 있을까요?

사람들은 언제나 자기 욕구가 다 채워져야 비로소 다른 사람의 일에 관심을 가집니다. 그러니까 다 '보통 사람'으로 사는 것이지요. 그러나 요셉은 항상 '나는 왜 여기 있는가? 나를 보낸 사람이 의도하는 것

 은잔의 테스트

은 무엇인가?' 를 생각했습니다. 그는 자기를 보낸 사람의 목적에 충실했고 자기에게 맡겨진 그 사람들을 사랑했습니다.

사람들은 무언가 자기에게 이익이 되니까 충성하는 것이지, 아무 이익도 없는데 회사나 다른 사람에게 충성하지 않습니다. 그러나 요셉은 그렇게 했고 그 결과 아주 아름다운 삶을 살았습니다. 나를 보낸 사람에게 충실하면서도, 그에게 잘 보이기 위해서가 아니라 진짜 거기 있는 사람들을 사랑하는 마음으로 최선을 다하는 것, 그것이 진짜 아름다운 삶이요 천사보다 뛰어난 삶이지요.

이런 점에서 요셉은 너무나도 그리스도를 닮았습니다. 그리스도는 자신을 보내신 아버지의 의도에 끝까지 충성하셨고, 이 세상에 있는 죄인들을 사랑하셨습니다. 그래서 그리스도에게만은 우리의 모든 삶을 다 맡길 수 있고, 또 그래야만 안전한 것입니다.

사회생활을 하다 보면 정신적으로 어린 사람들을 만나게 됩니다. 가진 것도 많고 직책도 높은데 하는 짓을 보면 자기밖에 모릅니다. 지적으로는 뛰어난데 정서적으로 보면 완전히 어린아이예요. 왜 그렇습니까? 여러 이유가 있겠지만 한 가지 분명한 점은 그가 다른 사람의 처지를 이해하는 능력을 가지지 못했다는 것입니다. 즉 다른 사람과의 관계에서 자라지 못한 것입니다.

그 증상이 가장 심하게 나타나는 것이 자아 도취입니다. 저 잘난 맛에 사는 사람들은 다른 사람의 처지를 이해하지 못합니다. 그런 사람들에게 일을 맡기면 모든 것을 제멋대로 처리해 버립니다. 우리 그리스도인들이 가장 빠지기 쉬운 병이 바로 이 자아 도취입니다.

요셉은 이 단단한 자아의 껍질이 깨진 사람이었습니다. 그래서 남의 필요를 한 발 앞서서 채워 줄 수 있었습니다. 그리스도인은 남이 말하기 전에 그의 필요를 간파할 수 있어야 합니다. 그런 사람이야말로 이 세상이 필요로 하는 사람입니다.

4. 드디어 흉년이 닥치다

요셉의 흉년 시나리오는 결코 가상 시나리오가 아니었습니다. 실제로 흉년이 닥쳤을 때, 사람들은 다시 한 번 그의 선견지명을 깨닫게 되었습니다. 53절부터 57절까지 보십시오.

애굽 땅에 일곱 해 풍년이 그치고 요셉의 말과 같이
일곱 해 흉년이 들기 시작하매 각국에는 기근이
있으나 애굽 온 땅에는 식물이 있더니 애굽 온 땅이
주리매 백성이 바로에게 부르짖어 양식을
구하는지라. 바로가 애굽 모든 백성에게 이르되
"요셉에게 가서 그가 너희에게 이르는 대로 하라"
하니라. 온 지면에 기근이 있으매 요셉이 모든 창고를
열고 애굽 백성에게 팔새 애굽 땅에 기근이 심하며
각국 백성도 양식을 사려고 애굽으로 들어와 요셉에게
이르렀으니 기근이 온 세상에 심함이었더라.

예언의 성취   요셉의 말은 그대로 성취되었습니다. 왜냐하면 그것은 요셉의 말이 아니라 하나님의 말씀이었기 때문입니다. 우리의 삶에 가장 중요한 것은 하나님의 말씀을 우리 삶에 구체적으로 적용하는 것입니다. 그렇게 삶에 적용되는 말씀을 '예언'이라고 합니다. 우리는 할 수 있는 대로 하나님의 말씀에서 그 뜻을 풍성하게 길어와 내 생활에 적용해야 합니다. 자기 혼자 믿어 버리는 것은 자기 신념이나 자기 확신에 불과합니다.

눈에는 보이지 않지만 우리 주위에는 사망의 음침한 골짜기들이 수없이 많이 있습니다. 한때 아무리 잘살았다고 해도 이런 골짜기에 한 번 빠지면 모든 것이 한순간에 날아가 버립니다. 어떻게 그렇게 순식간에 없어지는지 자기도 이해가 안 돼요. 그래서 지금 자기가 가지고 있는 약간의 돈이나 재산을 믿는 사람은 굉장히 어리석은 사람입니다.

그러나 하나님의 말씀이 있는 곳에는 풍성함이 있습니다. 다른 모든 곳에는 굶주림과 기아가 있었지만 말씀이 있는 애굽에는 양식이 있었습니다. 그래서 온 세상 사람들이 양식을 구하기 위해 애굽을 찾아 왔고 그 때 요셉의 진가는 제대로 나타나게 되었습니다. 그는 참으로 그의 애굽식 이름의 뜻 그대로 생명의 구원자가 되었습니다.

요셉은 창고를 열어서 사람들에게 곡식을 팔았습니다. 우리 생각으로는 이렇게 형편이 어려울 때에는 무상으로 분배해도 될 것 같은데, 요셉은 절대로 그렇게 하지 않았습니다. 자기 목숨은 자기가 책임지라는 것입니다. 만약 무상 분배를 한다면 사람들의 마음이 흐트러져서 7년이나 버티지 못할 것입니다. 전부 도둑이 되거나 자기 목숨을 다른 사람의 책임 하에 두는 게으른 사람이 되고 말 거예요. 그래서 땅을 팔든지 뭘 팔아서라도 자기 목숨을 자기가 책임지게 했습니다. 그래야 7

년을 버틸 수가 있습니다. 정신을 해이하게 가져서 '요셉이 다 알아서 해 주겠지' 하는 식으로 생각하면 도저히 이 고난의 때를 넘길 수가 없습니다.

오늘 본문 말씀의 뜻이 무엇입니까? 하나님이 우리에게도 요셉과 같은 지혜를 주셔서 농림부 장관이나 재경원 장관이 되게 하시겠다는 것입니까? 유감스럽게도 오늘날은 하나님께서 요셉에게 하셨듯이 구체적으로 언제 무슨 일이 일어난다는 식으로 말씀하시지 않습니다. 그 대신 어떤 일이 일어나기 전에 도덕적으로 대비하게 하십니다.

사실 애굽의 7년 대흉년은 공연히 생긴 일이 아니었습니다. 이것은 하나님의 심판이요 징계였습니다. 요셉은 이 흉년에 대비하여 곡식을 준비하게 했지만, 우리는 하나님의 재앙과 심판에 대비하여 사람들의 도덕성을 회복시켜야 합니다. 사람들이 정신을 차리도록, 자기의 삶을 절제하도록, 겸손을 되찾도록 준비를 시켜야 하며, 사람들의 도덕적인 수준이 바닥으로 추락할수록 앞으로 있을 하나님의 징계를 대비하는 쪽으로 지혜를 모아야 합니다. 그래서 자기 개인적으로 하고 싶은 일이 있다고 해서 마음대로 할 것이 아니라, 어떻게 해서든지 자주 모여서 기도하고 말씀을 듣는 일에 열심을 내야 합니다. 그렇지 않으면 모든 것이 한순간에 날아갈 것입니다.

그리스도인들은 신앙 때문에 잃는 것이 많습니다. 친구도 잃고 세상적인 욕망도 잃고 때로는 자신의 계획도 포기해야 합니다. 하나님께서는 내 힘으로 할 수 있는 것이 아무것도 없다는 것을 깨닫고, 죽을 때까지 하나님을 떠날 수 없도록 만드십니다. 그러나 이것은 하나님의 백성으로 만들어지는 과정에서 받는 훈련입니다. 하나님께서 우리를 다시 이 세상에 보내어 남은 생애 동안 다른 사람들을 섬길 수 있게 하실 때가 옵니다.

그 때 세상으로 다시 진입하면서 불시착하지 않으려면 모든 것을 철저하게 하나님과의 관계에서 보아야 합니다. 좋은 것을 주시고 사람들에게 인정받게 하실 때 '이것은 하나님이 주신 선물이구나. 하나님이 나를 회복시키고 계시구나. 참 감사하다. 이것의 작은 부분이라도 다른 사람과 나누자. 그리고 과거에 있었던 섭섭했던 일들은 다 잊어버리자.' 이렇게 할 때 그 사람은 교만해지지 않을 수 있으며 예전의 순수한 맛을 잃지 않을 수 있습니다.

하나님이 주신 좋은 것이 있습니까? 구원의 풍성함을 체험하게 해 주시는 하나님의 선물이요 사랑의 증표로 여기고, 그분의 부르심에 더욱 충성하며 그분이 주신 것의 일부라도 다른 사람들과 나누십시오. 하나님이 부를 주셨습니까? 죄의식을 느끼지 말고 주님이 주신 풍성함을 나누며 함께 기뻐하는 기회로 삼으십시오.

결국 우리가 이 세상 사람들을 도울 수 있는 방법이 무엇입니까? 지혜입니다. 이 세상 사람들의 지혜가 아니라 모든 일이 하나님의 창조 원리대로 이루어질 것을 믿는 지혜입니다. 자기 중심적인 사람들은 이 지혜를 절대로 알 수가 없습니다. 바로 눈앞에 재앙이 기다리고 있는데도 그것을 몰라요. 오직 고난을 통과한 그리스도인들의 지혜로만 이들의 어려움을 도울 수 있습니다. 무언가 잘못된 것이 있을 때 임시 미봉책으로는 해결할 수 없습니다. 뿌리를 파헤쳐서 근본적인 것을 바로잡을 때 비로소 진정한 평화와 안식이 오는 것입니다.

5 진정한 화해

때에 야곱이 애굽에 곡식이 있음을 보고 아들들에게
이르되 "너희는 어찌하여 서로 관망만 하느냐?"
야곱이 또 이르되 "내가 들은즉 저 애굽에 곡식이
있다 하니 너희는 그리로 가서 거기서 우리를 위하여
사오라. 그리하면 우리가 살고 죽지 아니하리라"
하매 요셉의 형 10인이 애굽에서 곡식을 사려고
내려갔으나 야곱이 요셉의 아우 베냐민을 그 형들과
함께 보내지 아니하였으니 이는 그의 말이 "재난이
그에게 미칠까 두렵다" 함이었더라. 이스라엘의
아들들이 양식 사러 간 자 중에 있으니 가나안 땅에
기근이 있음이라. 때에 요셉이 나라의 총리로서 그
땅 모든 백성에게 팔더니 요셉의 형들이 와서 그
앞에서 땅에 엎드려 절하매 요셉이 보고 형들인 줄
아나 모르는 체하고 엄한 소리로 그들에게 말하여
가로되 "너희가 어디서 왔느냐?" 그들이 가로되
"곡물을 사려고 가나안에서 왔나이다." 요셉은 그
형들을 아나 그들은 요셉을 알지 못하더라. 요셉이
그들에게 대하여 꾼 꿈을 생각하고 그들에게 이르되
"너희는 정탐들이라! 이 나라의 틈을 엿보려고
왔느니라." 그들이 그에게 이르되 "내 주여,
아니니이다. 종들은 곡물을 사러 왔나이다. 우리는
다 한 사람의 아들로서 독실한 자니 종들은 정탐이
아니니이다." 요셉이 그들에게 이르되 "아니라!
너희가 이 나라의 틈을 엿보러 왔느니라." 그들이
가로되 "주의 종 우리들은 12형제로서 가나안 땅 한
사람의 아들들이라. 말째 아들은 오늘 아버지와 함께
있고 또 하나는 없어졌나이다." 요셉이 그들에게

이르되 "내가 너희에게 이르기를 '너희는
정탐들이라!' 한 말이 이것이니라. 너희는 이같이
하여 너희 진실함을 증명할 것이라. 바로의 생명으로
맹세하노니 너희 말째 아우가 여기 오지 아니하면
너희가 여기서 나가지 못하리라. 너희 중 하나를
보내어 너희 아우를 데려오게 하고 너희는 갇히어
있으라. 내가 너희의 말을 시험하여 너희 중에
진실이 있는지 보리라. 바로의 생명으로 맹세하노니
그리하지 아니하면 너희는 과연 정탐이니라!" 하고
그들을 다 함께 3일을 가두었더라. 3일 만에 요셉이
그들에게 이르되 "나는 하나님을 경외하노니 너희는
이같이 하여 생명을 보전하라. 너희가 독실한 자이면
너희 형제 중 한 사람만 그 옥에 갇히게 하고 너희는
곡식을 가지고 가서 너희 집들의 주림을 구하고 너희
말째 아우를 내게로 데리고 오라. 그리하면 너희
말이 진실함이 되고 너희가 죽지 아니하리라."
그들이 그대로 하니라. 그들이 서로 말하되 "우리가
아우의 일로 인하여 범죄하였도다. 그가 우리에게
애걸할 때에 그 마음의 괴로움을 보고도 듣지
아니하였으므로 이 괴로움이 우리에게 임하도다."
르우벤이 그들에게 대답하여 가로되 "내가 너희더러
그 아이에게 득죄하지 말라고 하지 아니하였느냐?
그래도 너희가 듣지 아니하였느니라! 그러므로 그의
핏값을 내게 되었도다" 하니 피차간에 통변을
세웠으므로 그들은 요셉이 그 말을 알아들은 줄을
알지 못하였더라. 요셉이 그들을 떠나가서 울고 다시
돌아와서 그들과 말하다가 그들 중에서 시므온을
취하여 그들의 목전에서 결박하고 명하여 곡물을 그
그릇에 채우게 하고 각인의 돈은 그 자루에 도로
넣게 하고 또 길 양식을 그들에게 주게 하니 그대로
행하였더라.

창 42:1-25

추석이나 설 같은 명절이 되면 부모와 형제를 만나기 위해 고향을 찾아 떠나는 대단히 긴 행렬을 보게 됩니다. 우리 나라에서는 명절에 대략 3,000만 명이 가족을 찾아 이동한다고 합니다. 그래서 어떤 분은 평소에 네다섯 시간 걸리던 길을 무려 열다섯 시간이나 걸려서 간신히 고향에 다녀왔다고 말하기도 합니다. 그 이유가 무엇입니까? 왜 사람들은 그렇게 엄청난 시간과 경비를 들여 가면서까지 고향을 찾아가는 것입니까?

바로 그 곳에 자신의 뿌리가 있기 때문입니다. 일 년에 한두 번 살아 계신 부모님을 만나는 것인데, 그것마저 가지 못하면 일 년 내내 마음이 불편하고 기분이 좋지 않습니다. 그것은 인간의 기본적인 도리라고 생각하기 때문이지요. 그러니까 아무리 힘이 들어도 부모님이 계신 고향을 찾아가는 것입니다.

한국의 가족을 하나로 묶는 것은 제사 제도입니다. 형제들은 '우리가 이렇게 잘살게 된 것은 조상님들의 음덕 때문'이라고 하면서 다 함께 모여 조상 앞에 절하고 술이나 음식을 나누어 먹음으로써 서로 하나임을 확인합니다. 이처럼 제사는 흩어진 형제들을 하나로 묶어 주는 대단히 중요한 의식입니다.

그러나 그리스도인들 중에는 이렇게 제사드리러 가는 명절이 즐거운 것이 아니라 고통스럽게 느껴지면서, '과연 이런 식으로 마음에 잔뜩 부담을 가지고 가서 굳이 부모님이나 형제를 만날 필요가 있을까'라는 생각을 하는 사람들이 많습니다. 신앙 없는 사람들에게는 제사를 중심으로 온 가족이 하나 되는 것이 너무나도 당연한 일입니다. 그러나 신앙을 가진 사람들에게는 이미 죽은 조상을 중심으로 하나 되는 것이 무슨 의미가 있으며, 이런 식으로 효도하고 이런 식으로 형제와 하나 되는 것이 정말 진정한 효도이며 우애인가 하는 회의가 생길 때가 많습니다.

우리 중에는 가족 가운데 자기 혼자 신앙생활을 하는 사람들이 많습니다. 그들의 마음 깊은 곳에는 부모님이나 형제들에 대한 애타는 사랑이 있습니다. 그러나 실제로 만나서 이야기를 나누어 보면 서로 생각하는 것이나 느끼는 것에 너무나 큰 거리가 있습니다. 그래서 마음속에 죄의식을 느낄 때가 많지요. 부모나 형제들을 만나면 늘 신앙 때문에 마음이 불편하니까 '피를 나누지 않은 교인들과는 가까이 지내고 할 말 못 할 말 다 하면서, 막상 나를 낳아 준 부모님이나 친형제들을 만나러 갈 때는 이렇게 억지로 가고 만나서도 불편함을 느끼는 것이 과연 옳은 일일까' 하는 죄의식을 느낄 때가 많습니다.

오늘 본문을 보면 양식을 찾아서 멀리 애굽 땅까지 찾아온 요셉의 형들이 드디어 요셉을 만나는 장면이 나옵니다. 이 형제들을 십수 년 만에 만나게 해 준 것은 흉년이었습니다. 요셉이 예측했던 대로 7년 대흉년은 어느 한 지역에만 국한된 것이 아니었습니다. 애굽 주위의 모든 나라에 심한 가뭄이 닥쳤기 때문에, 사람들은 양식을 찾아서 애굽으로 몰려들고 있었습니다. 그 행렬에 야곱의 열 아들이 포함되어 있었습니다. 요셉은 꿈에도 잊을 수 없었던 형들을 눈앞에서 보게 되었습니다. 요셉은 그들을 알아보았지만 그들은 요셉을 전혀 알아보지 못했습니다. 지난 20년 동안 요셉은 너무나 변해 있었습니다. 또 자기들이 노예로 팔아넘긴 동생이 애굽의 총리가 되어 있다는 것은 꿈에도 생각할 수 없는 일이었습니다.

이 때 요셉이 형들을 어떻게 대해야 그들을 바로 만나는 것일까요? 어떻게 대하는 것이 끊어졌던 형제 관계를 회복하는 길일까요? "형!" 하면서 달려들어 그들을 껴안고 울어야 합니까? 아니면 그들을 한 명씩 불러서 복수해야 할까요?

요셉은 이 둘 중 어느 방법도 취하지 않습니다. 그 대신 자신의 신분을 감추고 형들을 자꾸 심문하면서 지금 그들이 어떤 상태에 있는지 알아 내고자 합니다. 요셉의 선택 마침내 그는 아직 여기에 오지 않은 막내가 하나 더 있다는 자백을 받아 낸 후, 그를 데리고 오게 합니다. 요셉이 이렇게 한 이유는 무엇일까요?

1. 가고 싶지 않은 애굽

오늘 본문을 보면 양식이 없어서 상황이 너무나 어려운데도 애굽에 양식을 구하러 가지 않고 가만히 있는 아들들을 책망하는 야곱의 모습이 나옵니다.

> 때에 야곱이 애굽에 곡식이 있음을 보고 아들들에게
> 이르되 "너희는 어찌하여 서로 관망만 하느냐?"
> 야곱이 또 이르되 "내가 들은즉 저 애굽에 곡식이
> 있다 하니 너희는 그리로 가서 거기서 우리를 위하여
> 사오라. 그리하면 우리가 살고 죽지 아니하리라" 하매
> (42:1, 2)

이 말을 통해 알 수 있는 것은 야곱의 아들들은 누구라고 할 것도 없이 애굽에 가는 것을 대단히 꺼리고 있다는 사실입니다. 지금 양식이 다 떨어져 가고 있는데, 다행히 애굽에는 양식이 있다고 합니다. 그럼에도 불구하고 야곱의 아들들은 서로 눈치만 보면서 누구도 선뜻 애굽에 가서 양식을 구해 오겠다고 나서지 않았습니다. 그 이유가 무엇이겠습니까?

아들들이 애굽행을 꺼린 이유

대략 두 가지로 생각해 볼 수 있습니다. 첫째는, 그들이 애굽으로 가는 길 자체를 대단히 위험하게 생각했다는 것입니다. 즉 애굽으로 가는 길목에 강도나 도둑들이 득실거렸다든지, 애굽 사람들이 외국인들을 상당히 좋지 않게 대했다든지 하는 이유가 있었으리라는 것입니다. 아마도 그들은 아브라함이 흉년을 피해 애굽으로 갔다가 큰 욕을 보았던 사실을 알고 있었을 것입니다. 아브라함은 애굽 사람들이 아내 사라를 빼앗고 자기를 죽일 것을 두려워하였습니다. 그러다가 애굽 왕 바로에게 진짜 사라를 빼앗기는 일이 벌어졌습니다. 물론 하나님의 도

우심으로 겨우 빠져나오기는 했지만, 그 후에도 애굽은 아브라함의 자손들에게 마치 '사자의 입' 같은 의미로 남아 있었을 수 있습니다.

또 다른 이유는, 애굽이 그들에게 구린내 나는 곳이었다는 점에서 찾아볼 수 있습니다. 그들이 십수 년 전에 동생 요셉을 노예로 팔아 넘긴 곳이 어디입니까? 바로 애굽 아닙니까? 그들은 아직까지 그의 생사조차 모르고 있습니다. 그들에게 애굽은 자신들의 범죄를 생각나게 하는 곳이었습니다. 그래서 아마도 야곱의 아들들 사이에서는 어느 누구도 애굽의 이야기를 꺼내지 말기로 묵계가 성립되어 있었던 것 같습니다. 그런데 하필 그 애굽으로 양식을 구하러 가야 한다니, 누가 선뜻 나서려고 했겠습니까?

제가 생각하기에는 이 두 가지 이유가 다 성립되는 것 같습니다. 야곱은 열 아들을 다 보내면서도 막내인 베냐민은 보내지 않았습니다. 그 때 야곱이 드는 이유를 보면 애굽으로 가는 길이나 애굽 사람들 자체가 외국인들에게 대단히 거칠고 위험한 존재였음을 알 수 있습니다.

애굽은
위험하다

요셉의 형 10인이 애굽에서 곡식을 사려고 내려갔으나
야곱이 요셉의 아우 베냐민을 그 형들과 함께 보내지
아니하였으니 이는 그의 말이 "재난이 그에게 미칠까
두렵다" 함이었더라(42:3, 4).

야곱이 양식을 사기 위하여 한두 명의 아들을 보내지 않고 열 명을 한꺼번에 보낸 것이나, 그러면서도 막내 베냐민만큼은 그들과 함께 보내지 않은 것은, 야곱 자신도 애굽을 상당히 위험한 곳으로 생각했기 때문일 것입니다.

두번째 이유가 성립된다고 보는 근거는 야곱의 열 아들이 애굽에서 총리를 만나게 되었을 때 하는 말에서 찾을 수 있습니다. 애굽의 총리를 만나는 자리에서 일이 잘 풀리지 않고 계속 어렵게 꼬이자, 형제들은 과거에 그렇게 애원하던 요셉을 무자비하게 팔아먹었던 사건을 기억하면서 이것을 '핏값'이라고 말합니다. 다시 말해서 야곱의 열 아들들의 기억 속에 애굽은 대단히 위험하며 외국인에게 배타적인 곳이었을 뿐 아니라 자기들의 동생을 노예로 팔아 버린 끔찍한 곳, 그래서 어느 누구도 가고 싶지 않은 곳이었습니다.

이것을 볼 때 사람 안에 있는 나쁜 기억이나 죄의식은 아무리 세월이 흘러도 쉽게 없어지지 않는다는 것을 알 수 있습니다. 그들이 요셉을 팔아 넘긴 후 무려 20년의 세월이 흘렀습니다. 그러나 그들의 마음 속에는 과거에 지은 그 죄의 기억이 없어지지 않고 남아 있었습니다. 누군가 '애굽'이라는 말만 꺼내도 자신도 모르게 등에 식은땀이 흐르면서, 누군가 자기들의 죄를 들추어 내지는 않을까 하는 두려운 마음이 들었습니다.

예를 들어 어떤 슈퍼마켓에서 도둑질을 한 적이 있는데, 하필 그 곳으로 심부름을 가야 한다고 생각해 보십시오. 아마 자기도 모르게 등에 식은땀이 흐를 것입니다. 죄라는 것은 시간이 오래 지나간다고 해서 없어지는 것이 아닙니다. 죄는 그 죄를 지은 사람의 기억 속에 고스란히 살아 있습니다. 그래서 그 죄를 지었던 곳, 그 죄와 연관되는 상황에 처하게 되면 옛날의 죄가 그대로 다 생각나는 것입니다. 요셉을 죽이려고 하다가 노예로 판 사람들이 요셉을 팔아 넘겼던 바로 그 곳에 가는데 어떻게 옛날의 죄가 생각나지 않을 수 있겠습니까?

　죄는 무조건 묻어 버린다고 없어지는 것이 아닙니다. 내가 알고 있고 하나님이 알고 계시기 때문에 세월이 오래 흐른다고 해서 절대 없어지지 않습니다. 특히 우리가 알아야 할 것은 우리가 짓는 모든 죄는 하나님께 대하여 짓는 죄라는 사실입니다. 누군가를 죽이는 것은 그 사람에 대한 죄일 뿐 아니라 그 사람에게 생명을 주시고 자신의 형상을 주신 하나님께 대한 죄입니다. 마찬가지로 다른 사람의 물건을 훔치거나 빼앗는 것은 모든 사람에게 소유를 주신 하나님께 죄를 짓는 것이며, 다른 사람의 아내나 남편을 가로채는 것은 모든 사람을 남녀로 지으시고 짝지워 주신 하나님께 죄를 짓는 것입니다.

　그래서 죄를 처리하려면 항상 이중적인 조치를 해야 합니다. 하나는 자기가 죄를 지은 그 사람을 찾아가서 죄값을 갚는 것입니다. 그리고 또 하나는 하나님 앞에 가서 용서를 받는 것입니다. 율법을 보면 죄를 해결할 때 반드시 이중적으로 하게 되어 있습니다. 죄를 지은 사람은 하나님께 나아가서 속죄제를 드려야 합니다. 그리고 율법이 정한 바에 따라 피해를 입은 자에게 자기가 지은 죄에 해당되는 보상을 해야 합니다. 말로만 미안하다고 해서 죄값이 없어지는 게 아니에요.

　예를 들어 도둑질을 한 자는 자기가 훔친 것의 네 배를 물어주게 되어 있었습니다. 왜 하필 네 배냐고 할지 모르겠습니다. 아마 거기에는 정신적인 고통의 대가도 포함되어 있을 것입니다. 또 그렇게 하지 않으면 도둑질하는 죄의 습성이 없어지지 않기 때문이기도 할 것입니다. 그리고 다른 사람을 유괴하거나 납치한 사람은 반드시 사형을 당하게 되어 있었습니다. 그렇게 해야 그런 죄가 이 세상에서 없어질 것이기

때문입니다. 설사 하나님 앞에 자신의 죄를 고백한다 해도, 그 사람은
죽어야 했습니다. 이것이 율법의 정신이었습니다. 오늘날 사람들은 속
으로만 '미안한데……' 하면서 아무 값도 치르지 않고 넘어가려 하기
때문에 죄가 해결되지 않습니다.

2. 형들이 요셉 앞에 머리를 숙이다

요셉의 형들은 가장 가기 싫은 곳 애굽에 드디어 도착했습니다. 그
들은 애굽의 총리인 요셉 앞에 머리를 숙여 절을 했습니다.

때에 요셉이 나라의 총리로서 그 땅 모든 백성에게 팔더니
요셉의 형들이 와서 그 앞에서 땅에 엎드려 절하매
요셉이 보고 형들인 줄 아나 모르는 체하고 엄한 소리로
그들에게 말하여 가로되 "너희가 어디서 왔느냐?"
그들이 가로되 "곡물을 사려고 가나안에서 왔나이다"
(42:6, 7).

대면　　요셉을 죽이려고 음모했고 결국 그를 애굽에 노예로 팔았던 형들이
드디어 요셉 앞에 섰습니다. 그들은 자기 앞에 서 있는 사람이 누구인
지 모른 채 곡식을 팔라고 부탁하고 있습니다. 이들이 요셉 앞에 서게
된 것은, 아마도 외국인은 먼저 총리의 허락을 받아야 했기 때문이었
는지도 모르겠습니다. 혹은 요셉이 언젠가는 형들이 곡식을 사러 올

줄 알고 기다리고 있었을지도 모르겠습니다. 이유가 어떻든 간에 그들
은 지금 요셉의 눈앞에 서 있습니다.

요셉은 모든 권력을 가진 자로서 얼마든지 그들을 죽일 수도 있고
살릴 수도 있습니다. 예전에 읽은 책 중에, 우여곡절 끝에 크게 성공한
어떤 사람이 옛날의 원한 관계를 갚기 위해 일곱 명의 원수를 외딴 별
장에 초청하는 추리소설이 있었습니다. 그는 그렇게 불러모은 사람들
을 한 명씩 한 명씩 죽여 나갑니다. 사람들은 같이 있던 이들이 이유도
없이 하나씩 죽어 가는 것을 보면서, 옛날에 자기들이 지었던 죄를 떠
올리며 두려움과 공포에 떱니다.

요셉은 지금 애굽의 모든 권한을 다 가지고 있습니다. 그의 한마디
에 형들은 한순간에 죽임을 당할 수도 있고 종신형에 처해질 수도 있
습니다. 그런데 이 결정적인 순간에 요셉은 무엇을 생각했습니까?

요셉이 그들에게 대하여 꾼 꿈을 생각하고
그들에게 이르되 "너희는 정탐들이라!
이 나라의 틈을 엿보려고 왔느니라"(42:9).

요셉은 이 결정적인 순간에 꿈을 생각했습니다. 요셉이라고 해서 화
도 낼 줄 모르고 천사처럼 용서만 하는 사람으로 생각하면 안 됩니다.
그의 마음 속에도 분노와 정욕과 보복하려는 마음이 있었습니다. 그러
나 그는 그 결정적인 순간에 하나님의 말씀을 생각했습니다. 그것은
옛날에 자기가 꾸었던 꿈이었습니다. 어떤 꿈입니까? 형들과 함께 곡
식을 베는데 자기 단은 서 있고 형들의 단이 일어서서 절하는 꿈입니

이 순간 무엇을
생각할 것인가?

다. 그 의미가 무엇입니까? 앞으로 흉년이 들 때 하나님께서 요셉의
곡식을 통하여 형들을 먹여 살린다는 것입니다. 즉 요셉은 하나님께서
자신을 이 곳에 보내신 것은 곧 자신의 가족을 구원하기 위해서라는
사실을 생각한 것입니다.

이처럼 요셉은 형들을 만났을 때 복수를 하려고 하거나 섣불리 화해
하려고 하는 대신, 말씀을 생각했습니다. '내가 오늘까지 오게 된 근
본 원인이 어디 있는가? 하나님의 계획에 있다. 하나님의 계획은 기근
가운데 이들을 살려 내는 것이다. 나는 이들 중에 한 명도 죽게 하면
안 된다.' 이것이 요셉의 생각이었습니다.

결정적인 순간에 어떤 생각이 나느냐에 따라 운명이 달라집니다. 위
기에 처했을 때 실패했던 과거나 용납할 수 없는 일들이 생각나면 그
대로 무너져 버립니다. 그런데 하나님의 백성들은 결정적인 순간에 말
씀이 생각납니다. 그러면 살아나게 되어 있습니다.

요셉이 형들을 보았을 때 지난 시절의 원한과 고통이 생각나지 않은
것이 아닙니다. 그러나 그의 중심을 잡게 해 준 것은 하나님의 말씀이
었습니다. '하나님께서 나를 이 곳에 보내신 것은 형제들에게 보복하
게 하시기 위해서가 아니라, 그들을 구원하고 살리기 위해서이다' 라
는 것이 생각났어요. 그래서 그는 자기의 신분을 드러내서 그들에게
보복하려고 하거나 인간적으로 화해하려고 하지 않았습니다. 그 대신
어떻게 하면 이 열 명의 형제들과 남은 식구들을 이 곳에 데리고 와서
앞으로의 흉년을 피해 살게 할 것인가를 생각했습니다.

그런데 어려움이 무엇입니까? 이들은 자기들이 필요로 하는 양식을
한 번 사 가지고 떠나면 그만입니다. 그러나 흉년은 앞으로도 수년 동

안 계속될 것입니다. 그들은 이 애굽으로 와야만 7년 흉년에 살아남을 수가 있습니다. 그런데 무슨 재주로 가족들을 이 곳으로 데려오며 특히 아버지와 베냐민을 데려올 수 있겠습니까?

게다가 이 열 명의 형들은 믿을 수 없는 사람들입니다. 예전에 그들을 전적으로 믿었다가 쓰라린 배신을 당한 적이 있지 않습니까? 이들을 통해서 아버지와 동생과 가족들을 구원하긴 해야 할 텐데 어떻게 그들을 믿을 수 있겠습니까? 만약 "내가 요셉입니다"라고 자기 신분을 쉽게 드러냈다가는 형들이 혼비백산해서 도망친 후 다시는 오지 않을지도 모릅니다. 여기에 또 오느니 가나안에서 그냥 순교하려 들지도 몰라요. 아버지한테 요셉이 살아 있다는 말은 꺼내지도 않을 테고, 어쩌면 동생 베냐민까지 노예로 팔아먹을지도 모릅니다. 문제는 어떻게 이들을 믿으며 어떻게 이들을 통해서 아버지와 동생을 애굽으로 데려오느냐 하는 것이었습니다.

요셉이 지금 고민하고 있는 것은 어떻게 하면 이들에게 멋진 복수를 하느냐가 아닙니다. 그가 고민하고 있는 것은 어떻게 이들을 잘 설득해서 자기가 있는 이 곳으로 데려와 이 흉년의 재앙을 피하게 하느냐입니다. 애굽의 총리가 자기라는 것을 밝히면 형들은 다시는 애굽으로 오려 하지 않을 것입니다. 그러면 아버지와 동생을 건질 수가 없습니다. 그래서 요셉은 형들을 심문하기 시작합니다.

"너희는 정탐들이라! 이 나라의 틈을 엿보려고
왔느니라"(42:9 하).

아마 그 당시에 워낙 양식이 없었기 때문에 할 수만 있으면 애굽의
양식을 탈취해 가려는 자들이 많았던 것 같습니다. 요셉은 이들이 한
꺼번에 많은 양식을 사러 온 걸 보니 개인의 자격으로 온 것이 아니라
어떤 나라의 첩자로 온 것이 분명하다고 하면서 그들을 심문했습니다.
"너희들은 정탐이다. 곡식을 훔쳐 가려고 온 떼도둑들이다. 곡식을 사
려고 왔다면 왜 열 명씩이나 왔느냐? 너희들은 정탐이 분명해!" 물론
형들은 이 사실을 극구 부인했습니다.

그들이 그에게 이르되 "내 주여, 아니니이다.
종들은 곡물을 사러 왔나이다. 우리는 다 한 사람의
아들로서 독실한 자니 종들은 정탐이 아니니이다."
요셉이 그들에게 이르되 "아니라! 너희가
이 나라의 틈을 엿보러 왔느니라"(42:10-12).

형들의 자백　　　이들의 설명이 부족하다고 생각한 요셉은 그들을 계속 간첩으로 몰
아갔습니다. 그랬더니 그들의 입에서 아주 중요한 대답이 나왔습니다.
13절을 보십시오.

그들이 가로되 "주의 종 우리들은 12형제로서
가나안 땅 한 사람의 아들들이라. 말째 아들은
오늘 아버지와 함께 있고 또 하나는 없어졌나이다."

자신들이 정탐이 아니라는 것을 증명하려면 사실을 있는 그대로 말

하는 수밖에 없었습니다. 그래서 원래는 열두 형제였는데 그 중에 하나는 없어지고 하나는 아버지와 함께 가나안 땅에 있다고 대답했습니다. 물론 형제들은 사실대로 말하지 않을 수 없어서 마지못해 한 말이었지만, 이것이 요셉에게는 아주 중요했습니다. 왜냐하면 아버지와 동생 베냐민이 아직 살아 있다는 사실을 알게 되었기 때문입니다.

형제들은 자기들 열 명이 형제의 전부라고 우기고 싶었을 것입니다. 그러나 총리가 워낙 무섭게 다그치니까 사실대로 털어놓을 수밖에 없었습니다. 그들이 말하기 가장 고통스러웠던 것은 '하나가 없어졌다'는 것입니다. 그들은 차마 자신들이 팔아먹었다고는 말할 수가 없었습니다. 그래서 그냥 '하나가 없어졌다' 라고만 말합니다. 물론 그들은 그 없어진 '하나' 가 바로 지금 그들을 심문하며 다그치고 있는 그 사람이라는 사실을 모르고 있습니다.

요셉은 이 말을 들으며 자기 가족들을 구원할 방법을 하나 생각해 요셉의 방책
냈습니다. 그것은 막내 아우를 데려오게 하는 것이었습니다. 베냐민이 오면 아버지는 오게 되어 있고, 아버지가 오면 다른 식구들은 다 따라오게 되어 있습니다. 그래서 요셉은 베냐민을 데려오라고 하면서 그때까지 형제들을 잡아 놓겠다고 합니다.

요셉이 그들에게 이르되
"내가 너희에게 이르기를 '너희는 정탐들이라!' 한 말이
이것이니라. 너희는 이같이 하여 너희 진실함을 증명할
것이라. 바로의 생명으로 맹세하노니 너희 말째 아우가
여기 오지 아니하면 너희가 여기서 나가지 못하리라.

너희 중 하나를 보내어 너희 아우를 데려오게 하고
너희는 갇히어 있으라. 내가 너희의 말을 시험하여
너희 중에 진실이 있는지 보리라. 바로의 생명으로
맹세하노니 그리 하지 아니하면 너희는 과연 정탐이니라"
하고 그들을 다 함께 3일을 가두었더라(42:14-16).

요셉의 목적은 어떻게 해서든지 남은 가족들을 안전하게 애굽으로 데려와서 앞으로 남은 흉년을 피하게 하는 것입니다. 그래서 일단은 그들을 다 붙들어 놓고 막내를 데려오게 했습니다. 막내가 오면 결국 아버지도 올 것입니다. 베냐민은 하나님의 은혜에서 도망치지 못하도록 이들을 붙들어 매어 놓는 끈이었습니다.

하나님께서 우리에 대해 일하시는 방식도 이와 비슷합니다. 우리는 하나님 앞에서 내가 원하는 것만 딱 얻으면 도망쳐 버리려고 합니다. 그래서 재수할 때는 성경도 읽고 교회도 다니던 사람이 대학만 들어가면 다시는 나타나지 않습니다. 자녀나 부모가 병들었을 때는 그렇게 열심히 기도하던 사람이 병만 나으면 다시는 보이지 않습니다. 실업자로 있을 때는 교회의 모임이란 모임은 다 참석하던 사람이 직장이 생긴 다음부터는 교회에 발걸음도 하지 않습니다. 이제 대학도 들어가고 아픈 식구 때문에 걱정할 필요도 없어졌고 직장도 생겼으니 헬스도 다녀야 하고 운전도 배워야 하고 컴퓨터도 배워야지요. 신앙생활 할 틈이 어디 있습니까?

한번은 예수님께서 열 명의 문둥병자들을 말씀으로 치료하셨습니다. 그들은 예수님의 말씀대로 제사장에게 몸을 보이려고 가는 길에 문둥병이 치료되었다는 사실을 알게 되었습니다. 자기들의 몸이 나았다는 것을 안 순간 그들은 바빠지기 시작했습니다. 세상에서 버림받았을 때에는 마음에 여유가 있었어요. 그런데 세상으로 복귀할 가능성이 보이자마자 그들은 너무나도 바빠지기 시작했습니다.

결국 예수님 앞에 나아와서 감사한 사람은 누구였습니까? 사마리아 출신 문둥병자뿐이었습니다. 그는 사마리아인이었기 때문에 문둥병이 나아도 여전히 그 사회에서는 소외 계층이었습니다. 그래서 문둥병이 나았다고 해서 급히 가야 할 곳도 없었고 바빠질 일도 없었습니다. 예수님께 감사하기 위해 나아온 그는 결국 자기 삶 전체를 치료받았습니다. 예수님은 그의 육신만 치료해 주신 것이 아니라 그의 죄를 사해 주셨고 그 영혼과 인격과 삶 전체를 치료해 주셨습니다.

오늘날 많은 사람들은 복음을 가난이나 무지나 질병으로부터의 해방으로 생각합니다. 그래서 병 낫기 위해 교회에 오고 무언가 배우기 위해 교회에 오고 물질적인 축복을 구하기 위해 교회에 옵니다. 그런 사람들은 자기가 원하던 것을 얻으면 더 이상 교회에 다닐 이유를 찾지 못합니다. 물론 무지나 가난이나 질병은 우리가 극복해야 할 필요가 있는 문제들로서, 그 상태 그대로는 결코 풍성한 삶을 살 수가 없습니다.

그러나 하나님과의 관계가 회복되지 않는 이상 완전한 행복은 있을 수 없습니다. 왜냐하면 이 세상에 고난이 한두 가지만 있는 것이 아니기 때문입니다. 산 너머 산이에요. 마치 요셉의 형들이 한 번 양식을 사서 도망친다 해도 또다시 이 기근의 문제에 부딪쳐야 하는 것과 같습니다. 그들이 요셉과 진정으로 화해하지 않는 이상, 다시 말해서 그들이 과거에 지은 죄를 용서받지 못하는 이상, 그들은 기근의 문제를 해결할 수 없으며 완전한 안식을 누릴 수가 없습니다.

그래서 요셉은 그들이 이 은혜에서 도망치지 못하도록 자꾸 구실을 찾고 있고 중요한 한 부분을 붙들고 있습니다. 요셉이 이렇게 계속 질문하고 구실을 찾고 문제에 파고드는 이유는 이 20년의 공백을 메우는 일이 쉽지 않기 때문입니다. 자기를 죽이려고 했다가 노예로 팔아먹은 형들에 대한 불신을 한순간에 극복한다는 것은 결코 쉽지 않은 일이었습니다. 그리고 겨우 양식이나 주고 끝낸다면 이 문제는 결코 해결될 수가 없었습니다. 그들은 또 오든지, 아니면 굶어 죽어야 했습니다.

하나님은 우리의 결정적인 문제를 잡고 늘어지십니다. 건강이 좋지 않은 사람은 완전히 회복시키지 않고 조금만 고치십니다. 가난한 사람에게는 돈을 조금만 주십니다. 무식한 사람에게는 공부를 조금만 하게 하십니다. 다 주면 그 때부터 자기 멋대로 돌아다닌다는 것을 아시기 때문입니다. 그 뒤로는 도저히 얼굴을 볼 수가 없어요. 그래서 우리의 결정적인 부분을 딱 붙들어서, 어쩔 수 없이 도망치지 못하고 하나님 주위에서 맴돌게 하십니다.

3. 요셉의 위로와 형들의 뉘우침

요셉은 형들이 심하게 위축될까 봐 그들을 가둔 지 3일 후에 풀어 주면서 위로합니다.

> 3일 만에 요셉이 그들에게 이르되
> "나는 하나님을 경외하노니 너희는 이같이 하여
> 생명을 보전하라. 너희가 독실한 자이면 너희
> 형제 중 한 사람만 그 옥에 갇히게 하고 너희는
> 곡식을 가지고 가서 너희 집들의 주림을 구하고
> 너희 말째 아우를 내게로 데리고 오라. 그리하면
> 너희 말이 진실함이 되고 너희가 죽지 아니하리라."
> 그들이 그대로 하니라(42:18-20).

요셉은 형제들에게 해결의 실마리를 보여 주고 있습니다. 그 실마리가 무엇입니까? 그것은 자기도 하나님을 경외한다는 것입니다. 이 말 한마디는 마치 어둠 가운데 비취는 빛과 같았습니다. 조금 전까지만 해도 바로의 이름으로 맹세를 한다고 하니 '하나님을 모르는 이 사람을 어떻게 대해야 할까' 절망스러웠는데, 그도 하나님을 경외한다는 것입니다. 다시 말해서 이 말은 '너희가 진심으로 하나님을 믿는다면 겁낼 것 없다'는 뜻과 같습니다.

요셉은 원래 이들을 다 가둬 놓고 한 명만 보내서 베냐민을 데려오게 할 작정이었습니다. 그런데 그렇게 하면 가족들이 너무 굶주리게 된다는 것을 알았습니다. 그래서 한 명만 붙들어 놓고 나머지 아홉 명을 보내 줍니다. 즉 이 붙들린 한 명은 그들이 다시 오지 않으면 안 되게 만드는 인질인 셈입니다.

원래도 애굽에 오기 싫었는데 일이 이렇게 복잡하게 꼬이자, 형제들 사이에서 자연스럽게 자신들 안에 있는 죄에 대한 고백이 나오게 되었습니다. 21절과 22절을 보십시오.

그들이 서로 말하되 "우리가 아우의 일로
인하여 범죄하였도다. 그가 우리에게 애걸할 때에
그 마음의 괴로움을 보고도 듣지 아니하였으므로
이 괴로움이 우리에게 임하도다."
르우벤이 그들에게 대답하여 가로되
"내가 너희더러 그 아이에게 득죄하지 말라고 하지
아니하였느냐? 그래도 너희가 듣지 아니하였느니라.
그러므로 그의 핏값을 내게 되었도다" 하니

뉘우침   지금까지 형제들은 요셉의 이야기를 아무도 입 밖에 내지 않았던 것 같습니다. 그러나 애굽의 총리로부터 정탐일지도 모른다는 의심을 받고 생사가 위태로워지자, 그 옛날 요셉을 팔 때 마음 속에 양심의 가책이 있었는데도 불구하고 그를 노예로 판 것이 기억나면서 '이 일은 그 죄값' 이라는 말이 나오게 된 것입니다. 그들에게도 양심은 있었습니다. 동생을 살려 주고 싶은 마음이 있었어요. 그런데도 그 마음을 억누르고 팔아먹은 것입니다. 이 이야기를 할 때에도 가장 용감한 사람은 역시 그 때 요셉을 살리려고 했던 르우벤이었습니다.

그들은 요셉과 자기들 사이에 통역관이 있었기 때문에 요셉이 이 말을 알아듣지 못할 것이라고 생각했지만, 그는 그 말을 듣고 나가서 울었습니다.

요셉이 그들을 떠나가서 울고 다시 돌아와서
그들과 말하다가 그들 중에서 시므온을 취하여
그들의 목전에서 결박하고 (42:24)

요셉이 울음을 참고 있다가 다른 곳에 가서 운 다음 다시 아무렇지도 않은 모습으로 돌아온 것은, 그가 얼마나 자신의 감정을 자제하고 절제했는가를 보여 줍니다. 사람은 자기가 가장 어렵고 비참했던 시절의 이야기를 들을 때 감정이 북받쳐오르고 울음을 참지 못하는 법입니다. 그러나 요셉은 그것을 누른 채 사람들 앞에서 눈물을 보이지 않았습니다. 그는 아직도 형들을 믿을 수 없었을 뿐 아니라 여기서 섣불리 정체를 드러내는 것은 하나님의 뜻을 이루는 데 전혀 도움이 되지 않는다는 사실을 알고 있었기 때문입니다.

회개는 요셉의 형들처럼 단순히 과거를 뉘우치는 것이 아닙니다. 이 형제들 사이에서는 아직도 서로에게 책임을 전가시키려는 모습이 나타나고 있습니다. 이것은 진정한 의미의 회개가 아닙니다. 진정한 회개는 삶의 방식을 고치는 것입니다. 자신의 길을 바꾸는 것입니다. 생각과 가치관과 생활 습관을 뜯어고치는 것입니다.

요셉은 아직도 형들을 믿을 수가 없었습니다. 과거를 이야기하면서 뉘우치고는 있지만, 아직 무엇이 달라졌는지는 확인할 수가 없었습니다. 그래서 그는 감정을 절제하면서 자신의 신분을 여전히 감춘 채 일단 그들을 돌려보냅니다. 그리고 베냐민을 데려오느냐를 보고 그들의 진심을 확인하고자 합니다.

그러면 형들이 어떻게 해야 진정한 회개가 되겠습니까? 자신들이 동생을 팔아먹은 죄인임을 인정하고 기꺼이 그 죄를 짊어져야 합니다. 요셉을 팔게 만든 근본 원인은 하나님의 말씀을 인정하지 못하는 시기심에 있었습니다. 그러므로 그들이 진정으로 회개한다면 자신을 주장하려는 지금까지의 자세를 버리고 말씀으로 돌아와야 합니다. 말씀이 살리든지 죽이든지 거기에 전적으로 자신을 맡겨야 합니다.

오늘 본문이 우리들에게 말씀하고 있는 것이 무엇입니까? 참된 신앙을 가진 사람은, 신앙이 없거나 혹은 신앙이 있다 하더라도 말씀대로 살지 않는 부모나 형제 사이에서 분리와 갈등을 겪을 수 있다는 것입니다. 그런데 여기서 중요한 문제는 우리가 그들을 도울 수 없다는 데 있습니다. 요셉과 그의 형제들은 서로 다른 환경에서 별개의 삶을 살았습니다. 무려 20년 동안 요셉은 형제들을 도울 수 없었습니다. 그리고 사실은 그들을 돕기는커녕 요셉이 오히려 더 비참하게 살았습니다. 형들은 다 풍족하게 살았는데 유독 요셉만 노예와 죄수로 살았어요. 그런데 어떻게 형들을 돕습니까? 자기 앞가림도 못 하는 주제에 어떻게 부모를 도울 수 있고 형제들을 도울 수 있습니까?

그러나 하나님께서 그 백성들을 이렇게 낮추시고 가까운 식구들로부터 무시당하게 하시는 것은 그들을 진정으로 사랑하시기 때문입니다. 이들을 미리 고난으로 훈련시켜서 절대로 하나님을 떠나는 일이 없도록 미리 다져 놓으시는 것입니다. 하나님은 그 후에 형제들과 친척들과 예전에 생각이 달라서 헤어졌던 신앙의 동지들을 반드시 만나

 은잔의 테스트

게 하십니다. 언제 만나게 하십니까? 인생의 위기가 닥쳤을 때 만나게
하십니다.

우리의 인생에 한두 번은 반드시 그런 위기가 찾아오게 되어 있습니
다. 하나님께서는 그 위기 가운데 자기 백성을 통해 그들을 도우십니
다. 그 때 우리에게 생각나야 하는 것이 무엇입니까? 만약 20년, 30년
전의 섭섭했던 감정들이 살아난다면 큰일입니다. 그러면 그 중요한 순
간에 마음이 닫히게 되고, 다시는 그와 같은 기회가 오지 않을 것입니
다.

그 때 우리에게 생각나야 하는 것은 말씀입니다. 하나님이 우리를
세상에 보내신 것은 이 세상을 심판하기 위해서가 아니요 구원하기 위
해서라는 주님의 말씀이 생각나야 합니다. '심판과 보복은 나에게 달
린 것이 아니라 아버지께 속한 것이고, 내가 보냄을 받은 것은 남의 잘
못을 지적하고 공격하고 심판하기 위해서가 아니라 그들을 돕고 구원
하기 위해서이다' 라는 생각이 나야 합니다.

요셉은 이 일이 쉽지 않다는 것을 알았습니다. 형제들이 원하는 것
은 요셉과 화해하는 일이 아닙니다. 그들은 곡식만 얻으면 됩니다. 그
래서 요셉은 결정적인 순간에 베냐민이라는 담보를 요구했습니다. 형
들이 하나님의 은혜에서 달아나지 못하게 하기 위해서였습니다. 곡식
만 얻고 달아나 버린다면 그 동안의 고생이 무슨 소용이 있겠습니까?

오늘날 많은 사람들이 교회에 올 때의 심정이 이런 것입니다. 세상
이 워낙 믿을 만하지 못하다 보니 교회도 믿을 수가 없습니다. 그래서
절대로 교회에 붙들리지 않을 결심을 아예 하고 와요. 교회에 약간이
라도 의심가는 구석이 있거나 상처받을 가능성이 있거나 자기에게 부

담을 주려고 하는 부분이 있는 것 같으면 다시는 오려고 하지 않습니다.

교회가 처음 교회를 찾아오는 사람들에게 요구할 수 있는 담보는 무엇일까요? 아무것도 없습니다. 교회는 여러분에게 아무것도 요구하지 않습니다. 그러나 주님은 여러분의 삶 전체를 요구할 것입니다. 그분은 중요한 어떤 부분을 붙잡으시고, 절대로 여러분 마음대로 결정하지 못하게 하실 것입니다. 중요한 것을 끝까지 물고 늘어져서 하나님의 은혜 주위를 맴돌다가 결국은 하나님의 백성이 되게 하시고야 말 것입니다. 결혼의 문제가 있는 사람한테는 결혼을 물고 늘어질 겁입니다. 공부의 문제가 있는 사람한테는 공부를 물고 늘어질 것입니다. 또 병이 있는 사람은 완치시켜 주지 않으실 것입니다. 그렇게 하시지 않으면 이 세상에서 예수 믿을 사람이 아무도 없습니다.

요셉이 철저하게 자신의 감정을 절제하는 모습을 보십시오. 인간적인 정이나 눈물은 사람들의 마음만 약하게 만들 뿐, 아무것도 해결해 주지 못합니다. 그래서 사랑하면 사랑할수록 더 감정을 절제해서, 결국 그가 하나님 앞에서 바른 모습을 회복하게 해야 합니다. 사람들끼리는 눈물 흘리고 기뻐했는데 하나님께는 등을 돌리고 돌아가 버린다면 그 눈물이 무슨 소용이 있으며, 그 기쁨이 무슨 유익이 있습니까?

우리가 연단받는 동안 믿지 않는 가족들을 위하여 아무것도 할 수 없다는 사실을 가슴아파하며 스스로 비관하게 될 수 있습니다. 그러나 비관하지 마십시오. 그들과 참으로 화해하고 하나 되는 길은 내가 하나님께 가까이 가는 것입니다. 내가 하나님께 가까이 가기만 하면 언젠가는 다 하나가 되게 되어 있어요. 아무리 서로 오해하고 욕하고 틀어졌더라도 결국은 다 하나가 되게 되어 있습니다.

그러면 우리는 그런 때가 올 때까지 제사 모임이나 가족들의 만남을 전적으로 부정하고 그들과의 관계를 완전히 단절해야 합니까? 그럴 필요는 없습니다. 절은 하지 않아도 음식 만드는 것은 도와 줄 수 있습니다. 옛날에는 음식 만드는 것까지 교회에서 금지했지만, 그렇게까지는 하지 않아도 됩니다. 그러나 그것이 진정한 화해나 형제 우애는 아니라는 사실은 알 필요가 있습니다. 때로는 그렇게 제사를 잘 지내던 형제가 금전적인 문제로 얽혀 원수처럼 되는 경우도 있어요.

신앙 없는 식구들은 신앙 가진 사람들과 근본적으로 다를 수밖에 없습니다. 왜냐하면 그들은 앞으로 닥칠 하나님의 심판을 모르기 때문입니다. 신앙 없는 식구들이나 우리가 매일 겪는 여러 가지 어려움들은 앞으로 있을 대심판의 예고편입니다. 우리는 그들의 마음이 이런 어려움들로 낮아져 있을 때 주 안에서 그들을 끌어안고 사랑해야 하며, 우리가 살아 있을 때 하나 되는 귀한 축복이 올 수 있도록 기도해야 합니다.

저에게는 한때 신앙의 차이로 사이가 멀어졌던 사람들이나 단체가 있었습니다. 굳이 어떤 이유가 있어서라기보다는 서로 미숙하기 때문에 오해도 하고 좋지 않은 감정이 생기기도 하면서 멀어진 것입니다. 그러나 시간이 지나고 하나님과 좀더 가까워졌을 때, 하나님께서는 우리 모두를 하나 되게 하셨고 예전보다 더 가까워지게 하셨습니다. 물론 감정적인 앙금들이 남아서 걸림돌이 될 때도 있었지만, 하나님께서는 그 모든 것을 뛰어넘어 아름답게 화해하게 하셨습니다.

그리고 저의 친형제들 중에도 신앙적으로 갈라져서 만나지 않은 지

몇 년씩 되는 분들이 있습니다. 저는 언젠가는 하나님께서 그분들과도 귀한 만남의 시간을 주시리라 확신하고 있습니다. 하나님께서는 믿는 형제들을 통해서 다른 형제들에게 그분의 사랑이 전해지기를 원하시기 때문입니다. 우리가 마음만 닫지 않고 있다면, 언젠가는 그런 아름다운 순간이 올 것입니다. 요셉도 무려 20년 동안이나 가족을 만나지 못한 채 하나님을 생각하면서 그분의 뜻을 행하니까, 결국 하나님께서 하나 되게 하시지 않았습니까? 인간적인 방법으로 억지로 하나가 되려고 신앙도 버리고 감정도 절제하지 못할 때, 오히려 우리는 그들에게 도움이 되지 못할 것입니다.

사랑하는 성도 여러분, 하나님께 가까이 가는 것이 하나 되는 길입니다. 부부 사이에서도 하나님께 가까이 나아가는 것이 하나 되는 길이고, 형제 사이에서도 하나님께 가까이 가는 것이 하나 되는 길입니다. 친구들 사이의 진정한 우정도 마찬가지입니다. 언젠가는 그 기쁨의 날이 올 것입니다. 언젠가는 그 결정적인 순간에 우리 안에 있는 진실을 그들이 보게 될 날이 올 것입니다.

오늘 말씀을 통해서 우리가 깨닫게 되는 것이 무엇입니까? 하나님의 말씀은 반드시 성취되고야 만다는 것입니다. 무려 20년이 흘렀지만 결국 요셉의 꿈은 성취되었고 그 모든 영광은 하나님의 말씀을 붙든 자의 것이 되었다는 것을 잊지 마시기 바랍니다.

 은잔의 테스트

싸우면서 가는 길

요셉이 그들을 떠나가서 울고 다시 돌아와서
그들과 말하다가 그들 중에서 시므온을 취하여
그들의 목전에서 결박하고 명하여 곡물을 그
그릇에 채우게 하고 각인의 돈은 그 자루에 도로
넣게 하고 또 길 양식을 그들에게 주게 하니
그대로 행하였더라. 그들이 곡식을 나귀에 싣고
그 곳을 떠났더니 한 사람이 객점에서 나귀에게
먹이를 주려고 자루를 풀고 본즉 그 돈이 자루
아구에 있는지라. 그가 그 형제에게 고하되 "내
돈을 도로 넣었도다. 보라, 자루 속에 있도다."
이에 그들이 혼이 나서 떨며 서로 돌아보며
말하되 "하나님이 어찌하여 우리에게 이 일을
행하셨는고?" 하고 그들이 가나안 땅에 돌아와
그 아비 야곱에게 이르러 그 만난 일을 자세히
고하여 가로되 "그 땅의 주, 그 사람이 엄히
우리에게 말씀하고 우리를 그 나라 정탐자로
여기기로 우리가 그에게 이르되 '우리는 독실한
자요 정탐이 아니니이다. 우리는 한 아비의 아들
12형제로서 하나는 없어지고 말째는 오늘 우리
아버지와 함께 가나안 땅에 있나이다' 하였더니
그 땅의 주, 그 사람이 우리에게 이르되 '내가
이같이 하여 너희가 독실한 자임을 알리니 너희

형제 중 하나를 내게 두고 양식을 가지고
가서 너희 집들의 주림을 구하고 너희 말째 아우를
내게로 데려오라. 그리하면 너희가 정탐이 아니요
독실한 자임을 내가 알고 너희 형제를 너희에게
돌리리니 너희가 이 나라에서 무역하리라'
하더이다" 하고 각기 자루를 쏟고 본즉 각인의
돈뭉치가 그 자루 속에 있는지라.
그들과 그 아비가 돈뭉치를 보고 다 두려워하더니
그 아비 야곱이 그들에게 이르되
"너희가 나로 나의 자식들을 잃게 하도다.
요셉도 없어졌고 시므온도 없어졌거늘 베냐민을
또 빼앗아 가고자 하니 이는 다 나를 해롭게
함이로다!" 르우벤이 아비에게 고하여 가로되
"내가 그를 아버지께로 데리고 오지 아니하거든
나의 두 아들을 죽이소서. 그를 내 손에 맡기소서.
내가 그를 아버지께로 데리고 돌아오리이다."
야곱이 가로되 "내 아들은 너희와 함께 내려가지
못하리니 그의 형은 죽고 그만 남았음이라.
만일 너희 행하는 길에서 재난이 그 몸에 미치면
너희가 나의 흰 머리로 슬피 음부로 내려가게
함이 되리라."

창 42:24-38

전에 한 번도 가 본 적이 없는 길을 버스를 타고 가거나 직접 차를 운전해서 가야 할 때, 지금 자기가 바른 길을 제대로 가고 있는지, 아니면 잘못된 길을 들어섰는지 알 수 없어서 불안한 경우가 있습니다. 다시 말해서 바른 길을 가고 있으면서도 확신이 없어서 불안해하거나, 함께 가는 사람과 심하게 다투는 때가 있다는 것입니다. 그런데 나중에 알고 보면 그 길은 바른 길입니다. 단지 목적지가 생각보다 늦게 나타났을 뿐입니다.

가끔 부부들도 이런 일을 경험합니다. 생전 가 본 적이 없는 길을 운전하면서 부부가 함께 갑니다. 앞에 갈림길이 나왔는데, 아내가 한 길을 가리키며 "저 길이 맞을 것 같네" 합니다. 그래서 그 길로 들어섰는데 가도 가도 목적지가 나오지 않습니다. 그러면 부부간에 다툼이 시작되지요. 남편은 아내에게 "왜 잘 알지도 못하면서 이 길로 들어오자고 한 거야? 당신은 매사가 이런 식이야!" 하고 구박합니다. 아내도 지지 않고 "당신이 하도 모른다고 해서 도우려고 했을 뿐인데, 왜 화를 내고 그래?" 하면서 항의합니다. 그러면 남편은 또 다른 핑계를 대면서 계속 화를 내지요. 그래서 사실은 바른 길을 가고 있으면서도 확신이 없어서 계속 싸우고 다투면서 갈 때가 있습니다. 사실 그 길이 바른 길이라는 보장도 없지만 꼭 그 길이 틀렸다는 증거도 없어요. 그러나 불안하기 때문에 기왕 주어진 길인데도 서로 다투고 불평하면서 가는 것입니다.

오늘 본문에서 우리는 야곱과 그의 아들들이 애굽에 다시 양식을 사러 가는 문제를 두고 두려워하며 심하게 다투는 모습을 볼 수 있습니다. 그들이 애굽에 양식을 사러 가는 것은 이미 하나님께서 오래 전에 정해 놓으신 바른 길입니다. 하나님께서는 아주 심한 흉년이 임할 줄 알고 미리 요셉을 애굽에 보내서 그 길을 준비해 놓으셨습니다. 그러나 그들은 하나님이 예비해 놓으신 축복의 길을 가면서도 서로 싸우고 다투고 원망하며 상처를 주었습니다.

그 이유가 무엇입니까? 이 길이 하나님이 예비하신 길이라는 확신이 없었기 때문입니다. 그래서 그들은 감사해야 할 일을 오히려 두려워했고, 기뻐해야 할 일로 오히려 서로 원망했습니다.

1. 왜 하필 우리에게 이런 일이 일어났을까?

우리는 가족 가운데 한 명이 교통사고를 당했다든지 부모님이 금방 회복될 수 없는 무서운 병에 걸려서 자리에 눕게 될 때 "왜 하필 우리에게 이런 일이 일어나는지 모르겠다"는 말을 할 때가 많습니다. '이 세상에 수많은 사람들이 있는데 왜 하필이면 나에게, 우리 아버지에게 이런 사고가 일어나고 이런 병이 찾아오는지 모르겠다' 는 것입니다.

오늘 본문에서 요셉의 형들은 자기들이 지불한 곡식값이 도로 곡식 부대 자루 안에 들어 있는 것을 보고 너무 두려운 나머지 "하나님이 어찌하여 우리에게 이 일을 행하셨는고?" 하면서 벌벌 떨고 있습니다.

이 본문의 내막은 이렇습니다. 요셉은 형들이 자기 이야기를 하는 것을 듣고 울음을 참을 수가 없었습니다. 그래서 그 자리를 떠나 다른 곳에서 울고 다시 돌아왔습니다. 그리고 조금 전에 자신이 말했던 대로 시므온을 그들이 보는 앞에서 결박해서 묶은 다음, 나머지 형제들에게 곡식을 주어 보냈습니다. 그는 형들이 지불한 곡식값을 도로 자루 안에 넣었습니다. 이것은 그들에 대한 요셉의 애정 표현이었습니다. 그렇지 않아도 흉년에 쪼들릴 텐데 곡식값까지 내고 가면 얼마나 더 어렵겠습니까? 그래서 그들을 조금이라도 도울 생각으로 아무 소리 없이 돈을 각자의 자루 속에 도로 넣어 준 것입니다.

그런데 이 돈 때문에 문제가 생겼습니다. 집으로 돌아가는 도중에 형제들 가운데 한 사람이 객점에서 나귀에게 먹이를 주려고 자루를 풀다가 돈이 들어 있는 것을 발견했습니다. 그는 다른 형제들에게 이 사실을 알렸고, 그들은 너무나도 놀란 나머지 거의 혼이 떠날 지경이 되었습니다. 그들은 "하나님이 어찌하여 우리에게 이 일을 행하셨는고?"라고 말하며 벌벌 떨었습니다.

우리가 보기에는 야곱의 아들들이 돈을 보고 이렇게 놀라는 것이 잘 이해되지 않을 수도 있습니다. 돈이 도로 들어와 있으면 어쨌든 좋은 것 아닙니까? 우리 같으면 일단 쓰고 보지 않을까요?

은행에서는 돈이 모자라는 것도 문제지만 돈이 남으면 더 큰 문제입니다. 은행원들은 은행 문이 닫힌 뒤에도 밤 늦게까지 남아서 입금과 출금을 맞추는데, 그 액수가 십원 단위까지 정확하게 맞아야 합니다. 돈이 모자라면 자기 돈으로 채워 넣기라도 하겠지만, 돈이 남으면 정말 큰일입니다. '어떻게 이런 일이 나에게 일어났을까! 많은 은행원이 있는데 왜 하필이면 나한테 이런 일이 생긴 걸까!' 하는 생각이 들면서 벌벌 떨려요. 돈이 남는다는 것은 자기가 모르는 사이에 어디에선가 중요한 사무착오가 생겼다는 의미이기 때문입니다.

지금 야곱의 아들들이 돈이 도로 들어 있는 것을 보고 그렇게 두려워하고 놀라는 이유가 무엇입니까? 왜 거의 죽게 된 사람들처럼 "하나님이 어찌하여 우리에게 이 일을 행하셨는고?"라고 중얼거리는 것입니까? 자기들이 알지 못하는 가운데 무언가 중요한 일이 잘못되었다고 느꼈기 때문입니다. 지금 눈앞에는 많은 돈이 남아 있습니다. 그러나 중요한 것은 돈이 이렇게 남아 있다는 사실 그 자체가 아닙니다. 중요한 것은 이 남아 있는 돈이 무엇을 의미하느냐를 자신들이 모르고 있다는 것입니다.

그들이 곡식을 나귀에 싣고 그 곳을 떠났더니
한 사람이 객점에서 나귀에게 먹이를 주려고
자루를 풀고 본즉 그 돈이 자루 아구에 있는지라.
그가 그 형제에게 고하되 "내 돈을 도로 넣었도다.
보라, 자루 속에 있도다." 이에 그들이 혼이 나서 떨며
서로 돌아보며 말하되 "하나님이 어찌하여 우리에게
이 일을 행하셨는고?" 하고 (42:26-28)

요셉의 형들은 돈이 도로 돌아온 것을 보면서 무슨 생각을 했을까
요? 그들은 애굽 땅의 총리를 매우 악한 사람으로 생각했습니다. 아마
도 다른 나라 사람들에게 생트집을 잡아서 그들을 죽이고 재산을 강탈
하는 사람으로 생각했던 것 같습니다. 그런데 돈이 자루 안에 도로 들
어 있는 것을 보게 되자, '이제 너희 차례다' 하는 경고로 받아들인 것
입니다.

애굽에 곡식을 사러 온 사람들은 비단 야곱의 아들들만이 아닙니다.
주위에 있는 수많은 나라 사람들이 곡식을 사기 위해 애굽으로 몰려들
었습니다. 그런데 하필 왜 자신들이 애굽 총리의 눈에 잘못 보여서 재
앙의 대상이 된 것입니까? 그들은 그 악한 총리가 이 일을 빌미 삼아
자신들을 모두 잡아죽일 계획을 가지고 있는 것으로 생각했습니다. 그
들이 보기에 이 돈은 '이제 너희들은 다 죽은 목숨인 줄 알라' 는 애굽
총리의 통보였습니다.

세계적으로 유명한 테러 집단이 있다고 합시다. 그들은 어떤 사람을
암살하기 전에 반드시 예고를 합니다. 이를테면 자기들의 문장(紋章)이
새겨진 카드를 그 사람의 집에 남기는 식입니다. 그런데 어떤 사람이
회사에 출근해 보니 자기 책상 위에 그 카드가 놓여 있었다고 합시다.
그 사람이 얼마나 두렵겠습니까? 아마 자기는 이미 죽은 거나 다름없
다고 생각하면서 "왜 하필 나에게 이런 일이 일어난단 말인가!"라고
탄식할 것입니다. '이 세상에 사람들이 얼마나 많은데, 하필이면 내가
재수없이 그 테러단한테 찍혀서 이렇게 죽음을 면치 못하게 되었느
냐' 는 것이지요.

지금 요셉의 형들은 일종의 추측을 하고 있습니다. 그들은 애굽 총

리가 매우 엄하고 지독하며 더욱이 자기들에게는 거의 적대적이기까지 한 인물이라고 생각했습니다. 그런데 그 사람에게 준 돈이 도로 자루 안에 들어와 있다는 것은, 결국 그가 자기들과 거래할 생각이 없으며 자기들을 죽이려 한다는 표시로밖에는 보이지 않았습니다. 그들은 마치 바로 등 뒤에서 애굽 군대가 추격해 오는 것처럼 두려워하며 떨었습니다.

요셉의 형들이 이런 상태에 빠지게 된 이유가 어디에 있습니까? 그들의 마음 속에 확신이 없었기 때문입니다. 만일 그들의 마음 속에 애굽에서 양식을 구하는 것이 하나님의 뜻이라는 확신만 있었다면 이 정도로 심하게 놀라거나 충격을 받지는 않았을 것입니다. 그러나 그들은 확신 없이 애굽에 왔고 확신 없이 곡식을 사서 가나안으로 돌아가는 길이었습니다. 그러던 중에 자신들이 예측하지 못한 일이 생기자 "우리가 모르는 가운데 엄청난 음모가 일어나고 있구나. 우리는 이제 죽은 목숨이다. 하나님은 어째서 우리에게 이런 일을 당하게 하시는가?" 하면서 놀라지 않을 수 없었던 것입니다. 왜 그들에게 이렇게 확신이 없었습니까? 이미 오래 전부터 하나님의 말씀을 붙들지 않고 살아왔기 때문입니다.

요셉은 지금까지 오직 하나님의 말씀 하나만 붙들었습니다. 그는 어렸을 때 하나님이 주신 꿈을 한 번도 잊은 적이 없습니다. 물론 노예가 되고 죄수가 되었을 때에는 그도 두려웠습니다. 그러나 지금 이 형들만큼은 아니었습니다. 그는 그 어려움 속에서도 결코 자포자기하지 않았습니다. 그런데 지금 이들은 하나님이 예비하신 복된 길을 가면서도, 이 귀한 선물을 받고서도, 마치 이 돈이 자기들을 죽이려는 최후의 통첩인 양 추측함으로써 거의 죽기 직전의 상태에 이르렀습니다.

이것을 볼 때 우리가 이 세상에서 하루하루 살아가는 데 가장 중요한 것은 돈이 많이 생기느냐 아니냐, 일이 잘 되느냐 아니냐가 아니라, 자신이 지금 바른 길을 가고 있다는 확신이라는 사실을 알 수 있습니다. 마음 속에 확신만 있다면 아무리 예기치 못한 일이 일어나도 기다릴 수 있으며, 좋은 일이 일어날 때는 또 그 때대로 감사하는 마음으로 찬송하며 살아갈 수 있습니다.

사실 우리는 요셉의 형들과 같은 삶을 매일 살아가고 있습니다. 우리는 어떤 일이 일어났을 때 그 일이 좋은 일인지 아니면 멸망의 징조인지를 알지 못해서 이런 저런 추측과 고민을 거듭하는 가운데 사실은 좋은 일임에도 불구하고 절망에 사로잡힐 때가 많습니다. 그러나 나타나는 현상보다 중요한 것은 그 현상 안에 들어 있는 의미입니다. 돈이 자루 안에 들어 있다는 사실 그 자체보다 더 중요한 것은 그 사실 안에 들어 있는 의미입니다.

제가 생각하기에 사람이라면 누구나 요셉의 형들처럼 하는 것이 정상적인 반응 같습니다. 왜냐하면 사람들은 눈에 보이는 이면의 사실을 알지 못하기 때문입니다. 애굽의 총리가 자기 동생이며 아직 자기들에게 애정을 가지고 있다는 사실만 알면 아무 문제 될 것이 없습니다. 그러나 사람이 어떻게 그런 것까지 알 수 있겠습니까?

요셉이 돈을 도로 넣어 준 것은 자기 본심을 밝힌 것입니다. 겉으로는 그들을 심하게 대했을지 모르지만 그의 마음 속 깊은 곳에는 아직 그들에 대한 애정이 남아 있다는 뜻이에요. 그러나 형제들 중에는 그것을 해석할 수 있는 능력을 가진 자가 없었습니다. 그래서 그들은 호

의를 받으면서도 오히려 자기들을 해치려는 음모로 생각해서 두려워
떤 것입니다.

　여기서 우리가 알 수 있는 것이 무엇입니까? 나타나는 현상보다 중
요한 것은 그 안에 들어 있는 의미라는 것입니다. 돈이 자루 안에 도로
들어 있다는 사실보다 더 중요한 것은 그 안에 들어 있는 의미입니다.
다시 말해서 그 돈이 자루에 들어 있다는 사실이 형제들을 죽이겠다는
경고냐, 아니면 호의의 표시냐를 판단하는 일이 중요한 거예요.

　우리에게 중요한 문제는 하루하루 일어나고 있는 일들의 의미입니
다. 그래서 저는 신문에서도 시사 평론을 가장 재미있게 읽습니다. 단
순히 우리 사회 안에 어떤 사건이 발생했는가보다 그 사건의 발생이
우리들에게 주는 의미가 무엇인가에 관심이 있기 때문입니다. 그 사건
은 우리가 이미 극복할 수 없는 병적 상태에 빠져 있다는 징후인가, 아
니면 우리 안에 있는 문제들의 일부에 불과하냐 하는 것이지요.

　그렇다면 이 모든 것을 평가할 수 있는 기준은 무엇일까요? 어떤 이
들은 그 기준을 문화의 확산 원리에서 찾습니다. 결국 인간의 문화는
퍼지게 되어 있기 때문에 외국에서 일어난 경향들은 반드시 우리 나라
에도 나타나게 되어 있다는 것입니다. 예를 들어 외국에서 펑크족이
오토바이를 타고 다니면 몇 년 후에 우리 나라에도 펑크족들이 나타난
다는 식이지요. 그래서 어떤 기업가들은 신년만 되면 일본 도쿄에서
몇 주씩 보내면서 신년 구상을 한다고 합니다. 우리 나라 문화는 결국
몇 년 간격으로 일본을 줄기차게 따라가기 때문에 일본의 모습을 보면
서 미래의 한국을 미리 그려 보는 것이지요. 또 어떤 이들은 정치적인
파워 게임의 관점에서 그런 현상들을 해석하려 들기도 합니다. 누가

뭐라고 해도 결국 힘센 쪽으로 무게 중심이 기울게 되어 있다는 것입니다.

그러나 이런 것들은 모두 일반적인 원리일 뿐이지, 오늘 나에게 일어난 일이 무슨 의미를 가지고 있으며 그 일이 내가 오늘 먹고사는 문제와 무슨 관계가 있는지는 말해 줄 수가 없습니다. 그래서 사람들이 점쟁이나 무당을 찾는 것입니다. 자기에게 어떤 일이 일어났는데 그 의미가 무엇이냐, 그 일이 앞으로 자기 일생에 좋게 작용하겠느냐 나쁘게 작용하겠느냐를 알고 싶은 것이지요.

우리에게 일어나는 모든 일은 신앙적인 의미를 가집니다. 다시 말해서 우리에게 일어나는 모든 일 중에서 하나님의 허락 없이 일어나는 일은 아무것도 없습니다. 예수님은 "참새 다섯이 앗사리온 둘에 팔리는 것이 아니냐? 그러나 하나님 앞에는 그 하나라도 잊어버리시는 바 되지 아니하는도다"(눅 12:6)라고 말씀하셨습니다. 원래 앗사리온은 화폐의 단위로서, 한 앗사리온으로 참새 두 마리를 살 수 있었습니다. 그런데 두 앗사리온을 주면 한 마리를 더 끼워서 다섯 마리를 살 수 있었습니다. 그만큼 참새는 가치가 없었어요. 그런데 그 보잘것없는 참새를 하나님이 잊지 않으신다는 것입니다. 이 세상에서 일어나는 모든 일은 그것이 좋은 일이든 나쁜 일이든 하나님의 허락 없이는 결코 일어날 수 없습니다.

그래서 나에게 일어나는 일의 의미를 파악하는 기준은 곧 나의 신앙이요 신학입니다. 즉 내가 하나님께 대하여 믿고 있는 바가 나에게 일어나는 모든 일을 해석할 수 있는 근거가 된다는 뜻입니다. 평소에는 돈이 많으면 위로가 됩니다. 그러나 위기의 순간이 되면 돈 많은 것이

해석의 기준은
나의 신앙

그렇게 위로가 되지 않습니다. 중요한 것은 오늘 나에게 일어난 일에 대한 신앙적인 해석입니다.

사람들은 정보를 수집하고 다른 사람들의 말을 듣는 데 대단히 재빠릅니다. 그러나 중요한 것은 그 모든 정보나 소문에 대한 평가와 해석입니다. 우리는 그 해석에 따라 확신을 얻을 수도 있고 절망에 빠질 수도 있습니다.

이 해석의 기준이 되는 신앙은 성경에서 나오게 되어 있습니다. 우리는 성경을 통해 '하나님께서 오늘까지 이렇게 일하셨다면 앞으로도 이렇게 하실 수밖에 없다' 는 확신을 얻습니다. 이것을 예수님은 '마음의 빛' 이라고 말씀하셨습니다.

예수께서 또 일러 가라사대 "나는 세상의 빛이니
나를 따르는 자는 어두움에 다니지 아니하고
생명의 빛을 얻으리라"(요 8:12).

예수님이 "나는 세상의 빛"이라고 말씀하실 때의 '빛' 과 "생명의 빛을 얻으리라" 하실 때의 '빛' 은 같은 것이 아닙니다. 예수님은 참된 빛의 근원으로서 '빛' 이십니다. 다시 말해서 그는 이 혼탁한 세상 가운데서 하나님의 진리를 실현해 나가시는 분입니다. 예수님은 역사를 주관하며 악의 세력을 억제하여 악이 진리를 이기지 못하게 막음으로써 결국 하나님의 뜻이 이루어지게 하시는 진리의 주체로서 '빛' 입니다.

반면에 우리가 얻는 '빛' 은 이 혼탁한 세상에서 하나님의 선한 뜻을 분별해서 확신을 가지고 살아가는 힘을 말합니다. 그런 분별력을 가진 사람은 결코 망하지 않는다는 점에서 그는 "생명의 빛"을 얻은 것입니다. 마음 속에 하나님이 주시는 확신을 가지고 사는 사람은 멸망하지 않습니다. 그리고 그 사람을 따라가는 사람도 멸망하지 않습니다. 그러나 눈앞에 일어난 현상만 보면서 이 사람 저 사람 말에 솔깃해하며 이 생각 저 생각 사이에서 정처없이 떠도는 사람은 '어두움' 가운데 있습니다. 그는 결국 그 어두움 속에서 방황하다가 죽을 것입니다.

하나님 백성들의 마음 속에는 빛이 있습니다. 그 빛은 '내가 보기에는 정처없이 길을 가고 있는 것 같지만 하나님께서는 나의 걸음을 정확하게 인도하고 계신다' 는 확신입니다. 나는 방황하고 있는 것 같지만 사실은 이게 직진 코스라는 거예요. 나는 헤매고 있는 것 같지만 사실은 너무나도 정확하게 하나님이 예비해 놓으신 길을 걸어가고 있다는 것입니다. 이 확신, 이 빛이 모든 두려움을 내어쫓습니다.

확실한 길을 가고 있다는 확증도 없지만 그렇다고 확실히 틀린 길이라는 확증도 없다면, 그렇게까지 두려워하거나 호들갑을 떨 필요가 없는 것 아닙니까? 그러나 야곱의 아들들은 이 빛이 꺼져 있었기 때문에 축복의 길을 가고 있었음에도 불구하고, 요셉이 아주 귀한 선물을 주었음에도 불구하고 두려워하며 떨었습니다.

결정적인 순간에 처했을 때 사람들에게 필요한 말은 단 한마디입니다. 그것은 바로 '너는 망하지 않는다' 는 말입니다. 이 말만 사실이라면 어떤 고난이나 역경도 극복할 수 있습니다. 사람들은 이것이 없기 때문에 늘 놀란 토끼처럼 불안한 눈으로 살아가는 것입니다.

2. 아들들의 딜레마

거의 혼비백산이 되어서 겨우 가나안 땅으로 돌아온 야곱의 아들들은 애굽에서 일어난 일들을 비교적 소상하게 아버지에게 보고합니다.

그들이 가나안 땅에 돌아와 그 아비 야곱에게 이르러
그 만난 일을 자세히 고하여 가로되(42:29)

아들들이 애굽에서 일어난 일을 아버지에게 소상하게 말하지 않을 수 없었던 것은, 이것이 그들의 사활을 결정하는 너무나도 중요한 문제였기 때문입니다. 성경 저자는 이 아들들의 입을 빌어 우리가 이미 알고 있는 내용을 다시 한 번 반복하고 있습니다.

우리가 이미 살펴본 바와 같이 여기에는 이 내용에 좀더 깊은 관심을 기울이라는 뜻이 담겨 있습니다. 성경을 옛날이야기 다루듯이 흥미 위주로 읽지 말라는 것입니다. 반복되는 내용에 다시 주목함으로써 그 속에 있는 의미를 한 번 더 생각해 보라는 것입니다. 우리는 옛날이야기 듣듯이 새로운 사실들을 흥미진진하게 듣고 싶어합니다. 그러나 성경 저자는 등장인물들의 입을 통해 이미 알고 있는 내용을 다시 한 번 길게 반복해서 설명함으로써 그러한 호기심의 발목을 잡습니다.

그들이 가나안 땅에 돌아와 그 아비 야곱에게
이르러 그 만난 일을 자세히 고하여 가로되
"그 땅의 주 그 사람이 엄히 우리에게 말씀하고

우리를 그 나라 정탐자로 여기기로 우리가 그에게
이르되 '우리는 독실한 자요 정탐이 아니니이다.
우리는 한 아비의 아들 12형제로서 하나는 없어지고
말째는 오늘 우리 아버지와 함께 가나안 땅에 있나이다'
하였더니 그 땅의 주 그 사람이 우리에게 이르되
'내가 이같이 하여 너희가 독실한 자임을 알리니
너희 형제 중 하나를 내게 두고 양식을 가지고 가서
너희 집들의 주림을 구하고 너희 말째 아우를 내게로
데려오라. 그리하면 너희가 정탐이 아니요 독실한
자임을 내가 알고 너희 형제를 너희에게 돌리리니
너희가 이 나라에서 무역하리라' 하더이다" 하고
각기 자루를 쏟고 본즉 각인의 돈뭉치가 그 자루
속에 있는지라. 그들과 그 아비가 돈 뭉치를 보고
다 두려워하더니 (42:29-35)

여기서 성경 저자가 힘주어 강조하고 있는 것이 무엇입니까? 지금 요셉의 형들은 자기들 스스로의 힘으로는 도저히 풀 수 없는 깊은 함정에 빠져 있다는 것입니다.

한번 생각해 보십시오. 한쪽에는 막강한 힘을 가진 애굽의 총리가 버티고 있습니다. 그는 시므온을 잡아 놓고 말째 아우를 데리고 오기 전까지는 절대로 양식을 주지 못한다고 합니다. 그는 자기들의 힘으로는 도저히 감당할 수 없는 절대적인 권력을 가진 자입니다. 그런데 그렇게 막강한 힘을 가진 자가 자기들을 스파이로 의심하면서, 그 혐의를 벗고 양식을 사고 싶으면 막내를 데려오라는 것입니다. 또 다른 한 쪽에는 아버지가 버티고 있습니다. 아버지는 절대 베냐민을 내놓지 않을 것입니다. 아버지는 요셉을 잃고 난 후 더더욱 그를 자기 생명처럼 여기고 있습니다. 절대 그를 내놓을 리가 없어요. 그런데 애굽의 총리는 바로 그 막내를 데려와야 한다는 것입니다. 형제들은 두 사람 사이에 끼어 있고, 흉년은 계속되고 있습니다.

이들의 보고를 들으면 이 좌절과 절망이 은연중에 나타나는 것을 느낄 수 있습니다. 이들은 지금 자기들의 능력으로는 풀 수 없는 깊은 수렁에 빠져 있습니다. 애굽의 총리를 자기들 힘으로 움직인다는 것을 불가능한 일입니다. 그는 굉장히 엄한 사람입니다. 또 아버지는 아버지대로 아주 완강한 사람입니다. 그런데 이런 사람들이 양쪽에서 베냐민을 내놓으라는 것입니다. 게다가 곡식 자루를 풀어 보니 돈까지 도로 돌아와 있습니다.

이럴 때 도대체 어떻게 해야 합니까? 이 일을 해결할 수 있는 방법은 무엇입니까? 그들이 살 수 있는 길은 무엇입니까? 그들의 힘으로 기근을 이길 수는 없습니다. 그렇다고 애굽 총리의 눈을 속일 수도 없습니다. 엉뚱한 종을 데리고 가서 막내라고 속일 수 있을지도 모르지만, 그 예리한 총리는 한두 번의 질문만으로도 금방 그가 진짜 동생인지 아닌지 알아 낼 것입니다. 또 아버지는 아버지대로 절대 베냐민을 내놓지 않을 것입니다. 그러면 도대체 어떻게 해야 합니까? 그들은 이럴 수도 없고 저럴 수도 없는 딜레마에 빠져 있었습니다.

이 때 그들이 할 수 있었던 유일한 일은 오직 정직하게 모든 것을 아버지에게 말씀드리는 것뿐이었습니다. 물론 아버지 야곱은 아들들의

보고를 듣고 불같이 화를 냈습니다. 그럼에도 불구하고 이 방법 외에
는 이 난관에서 빠져 나갈 길이 없었습니다. 그들은 자기들이 애굽에
서 한 말, 즉 '우리는 모두 한 아버지의 열두 형제들인데 하나는 없어
졌고 말째는 아버지와 함께 있다' 는 말을 아버지에게 그대로 전했습
니다. 이것은 야곱도, 그 아들들도 가장 입에 올리고 싶지 않은 말이었
습니다.

멀쩡하게 잘 자라던 아이가 없어졌을 때 그 아이를 잃은 부모의 삶
이 어떻게 되겠습니까? 멀쩡하던 애는 없어지고 피 묻은 옷만 남았어
요. 언제라도 그 아이가 "엄마!" 하면서 문을 열고 들어올 것만 같습니
다. 그래서 전화번호도 못 바꾸고 이사도 못 가면서 그 아이 또래의 아
이들만 보면 혹시 내 아이가 아닌가 다시 보게 됩니다. 저도 한번 생각
해 보았습니다. '혹시 내 아이를 잃는다면 살 수 있을까?' 못 삽니다.
부모가 아이를 잃고 어떻게 눈을 뜨고 살 수 있겠습니까?

그런데 아들들은 바로 그 이야기를 아버지 앞에서 다시 해야 하는
것입니다. 차마 "하나는 죽었고"라고 말을 못 합니다. 물론 "하나는 팔
아 버렸고"라고는 더더욱 못하지요. 그래서 "하나는 없어졌고"라고 합
니다. 이것은 그들의 양심이 얼마나 고통스러웠는지를 보여 줍니다.

하나님의 백성들이 죄를 지으면 결국 그 죄를 자기 입으로 토해 내
야 할 때가 옵니다. 자기 입으로 토해 내지 않으면 하나님께서 다른 사
람의 입을 통하여 토해 내지 않으면 안 되게 만드십니다. "하나는 없
어졌고"라는 말을 몇 번씩 하지 않을 수 없도록 하나님이 쥐어짜십니
다. 아마 아들들은 이 말을 하면서 속으로 울었을 것입니다. 그들은 결
국 "그 하나는 우리가 노예로 팔아먹었습니다. 우리 동생인데도 미워

해서 우리가 죽였습니다. 우리는 모두 없어진 그 하나에 책임이 있습니다. 우리는 지금 벌을 받고 있습니다"라는 말을 토해 내기까지 이 없어진 한 형제에 대해 계속 말하지 않을 수 없게 될 것입니다.

우리가 이미 알고 있는 동일한 사건이 성경에 반복되어 기록되고 있는 이유가 무엇입니까? 잠자고 있는 양심을 깨우려는 것입니다. 죄 없는 동생 하나가 없어진 것은 그냥 넘어갈 수 있는 문제가 아니라는 것입니다. 아무 죄 없는 사람 하나가 어느 날 갑자기 없어졌다는 것은 말이 안 되는 일이에요. 반드시 그에 대한 해명이 있어야 합니다. 지금 성경은 이 없어진 한 사람에 대해 계속 이야기함으로써 이미 죽어 있는 아들들의 양심을 일깨우고 있는 것입니다. 그들은 모두 속으로 울고 있습니다. 그러나 아직도 정신을 제대로 차리지는 못하고 있습니다.

우리는 할 수 있는 대로 진실을 은폐하고 대충 넘어가려고 합니다. 그러나 같은 이야기가 반복되면 결국 실토하지 않을 수가 없습니다. 얼마 전에 어떤 특이한 이름을 가진 여자아이가 유괴되었을 때 그 아이를 아는 모든 사람들이 그 아이를 찾는 전단을 학교와 동네 주위에 뿌렸습니다. 사람들이 잊어버려야 범인이 양심을 속일 수 있을 텐데 온 세상이 이 없어진 아이 하나를 찾았습니다. 범인이 그 전단이나 광고를 볼 때마다 얼마나 마음이 뜨끔하고 놀랐겠습니까?

의인 한 명이 없어졌다면 절대 그냥 넘겨서는 안 됩니다. '그럴 수도 있겠지' 하고 가만히 있으면 안 돼요. 지금 성경이 하고 있듯이 계속 떠들어 댐으로써 범인들이 자기 입으로 "하나는 없어졌고"라는 말을 수없이 반복하게 만들어야 합니다. 그래서 그들의 잠자던 양심을 일깨워야 합니다. 죄를 지어서 경찰에 끌려가면 그 때부터 하는 일이 무엇입니까? 경찰이나 검찰이나 재판관 앞에서 자기가 지은 죄를 수 없이 반복해서 이야기하는 것입니다.

제가 군에 있을 때 군 교도소를 일주일에 한 번씩 방문해서 예배를 드렸습니다. 그 때 죄수들의 방 앞에는 계급과 이름과 죄명이 붙어 있었습니다. 거기서는 사람을 이름으로 부르지 않고 죄목으로 불렀습니다. "야, 사기꾼아", "강도야", "살인범아"라고 불렀어요. 그들은 죄값을 다 치를 때까지 그 죄를 지은 자로 불리워져야 했습니다.

야곱의 아들들이 이 수렁에서 빠져 나갈 수 있는 유일한 길은 무엇입니까? 정직하게 모든 것을 다 이야기하는 것입니다. 지금이라도 자기들에게 주어진 상황에서 모든 것을 정직하게 대하는 것입니다. 그들은 지금 그렇게 하고 있습니다. 그리고 결국 그것이 그들을 살려 주었습니다.

때로 이유를 알 수 없는 함정에 빠진 것 같은 경우가 있습니다. 이쪽으로도 갈 수 없고 저쪽으로도 갈 수 없는 경우가 있어요. 한 사람은 너무 강하고 다른 한 사람도 너무 완강합니다. 나는 이들을 설득시킬 수 없고 그들의 요구는 내가 들어 주기에 너무 벅찬 것들입니다. 그럴 때 어떻게 해야 합니까? 하나님께로 도망쳐야 합니다. 잔꾀를 부리면 안 됩니다. 그 때 잔꾀를 부리면 끝장이에요. 어려운 시험에 빠졌을 때 잔꾀를 부리는 것은 완전한 자살 행위입니다. 만약 아들들이 베냐민 비슷하게 생긴 종을 한 명 요셉에게 데려가서 막내라고 했다면, 정말 큰일이 벌어졌을 것입니다.

잔꾀를 부리면 안 됩니다. 그리스도인은 일이 엉키면 엉킬수록 있는 그대로 이야기해야 합니다. 그냥 다 불어 버리는 거예요. 그러면 이상하게 문제가 간단하게 해결되는 것을 볼 수 있습니다. 비록 욕을 얻어먹고 아버지를 섭섭하게 한다 하더라도 모든 것을 정직하게 말하는 것만이 이 난관에서 빠져 나갈 수 있는 유일한 길입니다.

3. 아들들의 말에 대한 야곱의 반응

야곱은 곡식을 구하러 애굽에 다녀온 아들들로부터 엄청난 이야기를 들었습니다. 그것은 그 곳의 실력자가 자기 아들들을 스파이로 의심했고, 결국 시므온을 결박해서 감옥에 가두었으며, 자기가 가장 사랑하는 막내아들 베냐민을 데려오지 않으면 시므온을 죽이겠다고 했다는 것입니다. 자식들이 곡식 자루를 쏟았을 때 한결같이 들어 있던 돈은 아들들의 말이 사실임을 증명하고 있었습니다. 애굽 총리가 보낸 돈은 '너희가 내 돈을 떼어먹고 어디로 도망칠 수 있을 것 같으냐? 빨리 돌아오지 않으면 너희는 전부 죽은 목숨이다' 라는 최후 통첩으로 보였습니다.

야곱의 분노   이 모든 말을 들은 야곱은 어떤 반응을 보였습니까? 그는 자신의 감정을 주체하지 못할 정도로 큰 분노와 절망에 빠졌습니다. 36절을 보십시오.

그 아비 야곱이 그들에게 이르되
"너희가 나로 나의 자식들을 잃게 하도다.

요셉도 없어졌고 시므온도 없어졌거늘 베냐민을 또
빼앗아가고자 하니 이는 다 나를 해롭게 함이로다!"

야곱은 시므온이 돌아오지 않은 것을 보고서 그가 애굽에서 죽임을
당했다고 생각했습니다. 만일 베냐민을 그들과 함께 보내면 베냐민도
죽을 것 같았습니다. 그래서 그의 입에서는 자식들을 향한 원망과 불
평이 터져 나왔습니다. "요셉도 죽고 없는 이 상황에서 너희는 뭘 잘
못했길래 시므온까지 잡히게 하고 그것도 모자라서 베냐민까지 데려
가서 죽이려는 게냐!"

지금 야곱은 어떤 상태에 있습니까? 자신의 감정을 주체할 수 없는
상태에 있습니다. 그의 마음은 무너지고 있고 도저히 절망감을 이겨
낼 수가 없습니다. 지금 그에게서는 신앙의 흔적을 찾아볼 수가 없습
니다. 그의 마음 속에서는 아들들에 대한 불 같은 미움과 원망이 터져
나오고 있습니다.

이것을 통해서 볼 수 있는 것이 무엇입니까? 야곱의 가정은 영적으
로 곪을 대로 곪아 있다는 것입니다. 겉으로는 정상적인 교회로 보일
지 몰라도 속으로는 썩어 문드러지고 있었습니다. 사실 요셉이 죽고
난 후부터 야곱의 집에서는 정상적인 의사소통이 이루어지지 않았습
니다. 야곱은 요셉을 잃고 난 후 더더욱 자식들을 불신했을 뿐 아니라
거의 원수처럼 생각했던 것 같습니다.

오늘 말씀을 보면 야곱의 불신이 어느 정도였는지 짐작할 수 있습니
다. 물론 아들들이 요셉을 죽였다는 증거는 없습니다. 그러나 그들이
평소에 요셉을 미워했기 때문에, 그의 실종과 그들의 미움 사이에 무

언가 연관이 있을지도 모른다는 의심은 했을 수 있습니다. 그는 지금 아들들에게 마구 소리를 지르고 있습니다. "도대체 시므온을 왜 두고 온 거냐? 시므온과 같이 올 수 없었다면 너희도 거기 다 같이 있어야지! 저희들만 살겠다고 온 주제에 무슨 낯짝으로 베냐민까지 내놓으라고 하는 거냐?"

여러분, 그리스도인이 성령 충만하지 않으면 어떻게 됩니까? 안 믿는 사람보다 훨씬 못하게 됩니다. 그 사람한테서 입에 담을 수 없는 저주의 말이 나옵니다. 그래서 그리스도인이 성령 충만하지 않은 것은 죄짓는 것입니다. 대충 자기 기질대로 신앙생활 하는 것이 본인한테는 괜찮을지 몰라도, 자기도 모르는 사이에 가족들을 저주하고 입에 담을 수 없는 말로 상처를 주게 됩니다. 안 믿는 사람들은 이렇게까지는 하지 않아요.

르우벤의
잘못된 제안

그 다음에 르우벤이 하는 말도 야곱의 집이 더 이상 정상적이지 않다는 것을 보여 줍니다. 37절을 보십시오.

르우벤이 아비에게 고하여 가로되
"내가 그를 아버지께로 데리고 오지 아니하거든
나의 두 아들을 죽이소서. 그를 내 손에 맡기소서.
내가 그를 아버지께로 데리고 돌아오리이다."

이것은 아들이 아버지에게 할 수 있는 말이 아닙니다. 신하가 왕에게나 하는 말이지요. 할아버지가 어떻게 친손자를 죽일 수 있다고 두 아들을 담보로 삼겠다는 것입니까? 요셉이 죽은 후 야곱의 집은 자기 아들들을 아버지에게 인질로 내세울 정도로 사랑이 식어 있었습니다. 자기가 베냐민을 무사히 데려오지 못하면 자기 두 아들을 죽이라는 겁니다. 아버지가 두 아들을 잃으면 자기도 두 아들을 잃겠다는 거예요.

야곱은 르우벤의 정신나간 제안을 거부합니다.

> 야곱이 가로되 "내 아들은 너희와 함께 내려가지
> 못하리니 그의 형은 죽고 그만 남았음이라.
> 만일 너희 행하는 길에서 재난이 그 몸에 미치면
> 너희가 나의 흰 머리로 슬피 음부로 내려가게 함이
> 되리라"(42:38).

야곱은 베냐민을 르우벤의 두 아들과 바꿀 수 없다고 합니다. 왜냐하면 이 아들은 요셉 대신 야곱의 생명과 같은 존재가 되었기 때문입니다.

우리가 오늘 본문에서 깨닫게 되는 것이 무엇입니까? 하나님께서 예비해 놓으신 복된 길을 간다 해도 마음 속에 확신이 없으면 절망에 빠지고 두려워하며 서로 공격하고 원망하고 심한 상처를 주게 된다는 것입니다. 하나님이 우리 길을 예비해 놓으셨는데도 그 목적지가 금방 나타나지 않는다고 해서, 내가 생각한 기한에 그 응답이 빨리 오지 않는다고 해서 계속 싸우면서 그 길을 가는 것, 이것이 우리의 모습입니다.

하나님께서는 앞으로 닥칠 재난에 대비해서 이미 오래 전에 요셉을 애굽에 보내어 그들을 구원하게 하셨습니다. 그러므로 그들이 애굽에 가서 양식을 구하고 요셉을 만나는 것은 그들을 구원하시려는 하나님의 뜻을 제대로 이루는 길이었습니다. 그러나 그들은 이 바른 길을 가면서도 심한 두려움과 절망에 빠진 채 입에 담을 수 없는 말을 서로에게 퍼붓고 있습니다.

이런 일이 우리들의 삶에서 얼마나 자주 일어납니까? 하나님께서 친히 예비한 길로 우리를 인도하시면서도 어려움을 주실 때가 있습니다. 정들었던 사람과 헤어지게도 하시고 원하던 직장에 취직이 되지 않게도 하십니다. 때로는 양쪽의 상충되는 요구 사이에서 절망을 느끼게 하시는 경우도 있습니다. 그러나 결국 하나님께서는 이 모든 것이 합력해서 선을 이루게 하시며, 우리를 선한 길로 인도하십니다. 하나님은 그런 분이십니다. 우리가 아무리 서로 싸우고 욕해도 결국은 우리를 구원하시고 선을 이루는 분이십니다.

그러나 우리는 확신이 없기 때문에, 그리고 우리 안에 아직 청산되지 못한 죄가 있기 때문에 하나님의 축복된 길을 가면서도 불안해하고 두려움에 빠지게 되기 쉽습니다. 그래서 나중에 보면 하나님은 승리하셨고 영광을 거두셨는데, 우리는 피투성이가 되어 있을 때가 많습니다. 그 선이 이루어지는 과정에서 서로 너무 심한 말을 해 버렸고 자신의 치부와 연약함과 불신앙을 너무 드러내 버렸어요. 그래서 좋은 결과가 나타났는데도 기뻐하지 못합니다.

우리가 알아야 할 것이 무엇입니까? 결국 우리에게 중요한 것은 하나님과의 바른 관계이며, 그 하나님이 나의 삶을 주관하심으로써 내가 지금 제대로 된 길로 가고 있다는 확신이라는 것입니다. 하나님이 함께하시면 아무리 절망스러운 상황이라도 잠시 후에 그 놀라운 뜻이 드러나게 되어 있습니다. 그러나 믿음이 없으면 선물을 받았으면서도, 좋은 길을 가고 있으면서도, 서로 다투고 미워해서 결국 사라지지 않는 앙금이 모두에게 남고 맙니다.

성경은 하나님께서 우리를 사랑하심으로써 모든 것이 합력하여 선을 이루게 하신다고 말씀하고 있습니다. 그는 결국 우리를 살리실 것이고 풍성한 삶을 주실 것입니다. 그렇게 하시려고 우리를 사망의 음침한 골짜기로 데려가시는 것입니다. 그런데 우리는 그 과정에서 부부 사이나 목회자와 교인 사이에, 혹은 같은 신앙의 동지들 사이에 씻을 수 없는 상처와 아픔을 남길 때가 많습니다.

결국 우리는 같은 길을 걷느냐가 중요한 것이 아니라 어떻게 걷느냐가 더 중요하다는 사실을 발견하게 됩니다. 우리가 성령 충만하지 못할 때, 감사하지 못할 때, 자기 기질을 다스리지 못할 때, 하나님이 주신 길을 함께 가면서도 서로 싸우고 해치고 미움의 말을 하게 될 것입니다.

야곱의 아들들이 애굽의 총리에게 아무리 어려운 일을 당했더라도 믿음으로 받아들였다면 이 정도까지 되지는 않았을 것입니다. 야곱을 보십시오. 그는 지금까지 잘 참아 왔습니다. 무려 20년이나 잘 참아 왔어요. 이제 끝이 얼마 남지 않았습니다. 몇 주만 더 참으면 엄청난 영광을 보게 될 것입니다. 그런데 9회말 투아웃까지 와서 하지 말아야 할 말을 쏟아내 버린 것입니다. 조금만 더 참고 생각을 해 보았더라면 이 정도의 말까지는 나오지 않았을 거예요. 그런데 평소에 이 아들들을 신뢰하지 않고 있었기 때문에 마지막 순간에 모든 좋지 않은 말이

다 터져 나오고 말았습니다. 중간까지 아무리 잘 참았더라도 마지막 순간에 그 동안 참고 못 했던 말을 다 퍼붓는다면, 그 참아 온 세월이 아무리 긴들 무슨 소용이 있습니까?

결국 우리가 해야 할 일이 무엇입니까? 다시 우리에게 말씀을 비추어 달라고 기도하는 것입니다. 우리 마음 속에 있는 무지와 불안과 어두움을 쫓아낼 하나님의 영광스러운 빛을 비춰 달라고 간구하는 것입니다. 자신의 기질을 믿지 마십시오. 자신의 기질을 믿으면 다른 사람을 정죄하게 되어 있고 죽이게 되어 있습니다. 불신자는 생각도 못 하는 말을 마구 합니다. 얼마나 무서운지 몰라요.

말씀을 듣고서도 아무것도 하지 않고 가만히 있는 사람은 반드시 실패하게 되어 있습니다. 그 말씀을 적용해서 내 속에 있는 의심이나 불안과 싸워 이겨야 합니다. 말씀을 듣고서도 의심하면 실패할 수밖에 없습니다. 또한 다른 말들이 내 마음에 들어오지 못하게 해야 합니다. 교회에서는 설교 듣고 밖에서는 옆집 아줌마 말 듣는 사람은 아무것도 할 수가 없습니다. 그런 사람은 안 믿는 사람보다 훨씬 파괴적인 결과를 맞게 됩니다.

가만히 있지 마십시오. 서로 사이에 불신이 제거될 수 있도록 노력하십시오. 자기는 가만히 있으면서 다른 사람이 알아서 맞추어 주기를 기다리는 것은 상대방을 절망에 빠뜨리는 일입니다. 상대방이 나한테 조금이라도 의심을 품을 여지가 있으면 먼저 찾아가서 의심을 제거해 주고 끝까지 진실하게 대할 때 어려움이 해결됩니다.

오늘 본문은 확신이 얼마나 중요한지, 믿음 없이 행하는 것이 얼마나 파괴적인 결과를 가져오는지에 대해 말씀해 주고 있습니다. 주님이 우리 마음 속에 빛을 비추시도록 기도합시다. 무엇을 하든지 의심하고 두려워하면서 마지못해 하는 것이 아니라, 확신을 가지고 할 수 있도록 기도합시다.

그 땅에 기근이 심하고 그들이 애굽에서 가져온
곡식을 다 먹으매 그 아비가 그들에게 이르되
"다시 가서 우리를 위하여 양식을 조금 사라."
유다가 아비에게 말하여 가로되 "그 사람이
엄히 우리에게 경계하여 가로되 '너희 아우가
너희와 함께하지 아니하면 너희가 내 얼굴을
보지 못하리라' 하였으니 아버지께서 우리
아우를 우리와 함께 보내시면 우리가 내려가서
아버지를 위하여 양식을 사려니와 아버지께서
만일 그를 보내지 않으시면 우리는 내려가지
아니하리니 그 사람이 우리에게 말하기를
'너희 아우가 너희와 함께하지 아니하면 너희가
내 얼굴을 보지 못하리라' 하였음이니이다."
이스라엘이 가로되 "너희가 어찌하여
너희에게 오히려 아우가 있다고 그 사람에게
고하여 나를 해롭게 하였느냐?"
그들이 가로되 "그 사람이 우리와 우리의
친족에 대하여 자세히 힐문하여 이르기를
'너희 아버지가 그저 살았느냐? 너희에게
아우가 있느냐?' 하기로 그 말을 조조이 그에게
대답한 것이라. 그가 '너희 아우를 데리고
내려오라' 할 줄을 우리가 어찌 알았으리이까?"
유다가 아비 이스라엘에게 이르되
"저 아이를 나와 함께 보내시면 우리가 곧 가리니

그러면 우리와 아버지와 우리 어린것들이
다 살고 죽지 아니하리이다. 내가 그의 몸을
담보하오리니 아버지께서 내 손에 그를 물으소서.
내가 만일 그를 아버지께 데려다가 아버지 앞에
두지 아니하면 내가 영원히 죄를 지리이다.
우리가 지체하지 아니하였더면 벌써 두 번
갔다 왔으리이다.”
그들의 아비 이스라엘이 그들에게 이르되
“그러할진대 이렇게 하라. 너희는 이 땅의
아름다운 소산을 그릇에 담아가지고 내려가서
그 사람에게 예물을 삼을지니 곧 유향 조금과
꿀 조금과 향품과 몰약과 비자와 파단행이니라.
너희 손에 돈을 배나 가지고 너희 자루 아구에
도로 넣여 온 그 돈을 다시 가지고 가라. 혹 차착이
있었을까 두렵도다. 네 아우도 데리고 떠나 다시
그 사람에게로 가라. 전능하신 하나님께서 그 사람
앞에서 너희에게 은혜를 베푸사 그 사람으로 너희
다른 형제와 베냐민을 돌려보내게 하시기를
원하노라. 내가 자식을 잃게 되면 잃으리로다.”
그 사람들이 그 예물을 취하고 갑절 돈을
자기들의 손에 가지고 베냐민을 데리고 애굽에
내려가서 요셉의 앞에 서니라.

창 43:1-15

얼마 전 한 대권주자는 자신의 생애에서 가장 어려운 문제를 풀어야만 했습니다. 그것은 대학입시도 아니고 사법고시도 아니었습니다. 사랑하는 아들의 병역 문제였습니다. 그의 두 아들이 군 복무를 하지 않았다는 사실이 야당에 의해 폭로되면서 그의 인기는 급락했고, 여권에서도 대권 후보를 바꿔야 한다는 말이 공공연하게 나돌았습니다. 결국 그가 기자회견을 통해 아들의 병역 문제는 아무런 법적 하자가 없는 것이라고 해명을 했음에도 불구하고, 그 말을 곧이곧대로 받아들이는 사람은 아무도 없었습니다. 결국 그는 자기 아들을 소록도 나환자들을 위한 자원봉사자로 보낸 후에야 이 어려운 덫에서 겨우 빠져 나올 수 있었습니다.

우리는 오늘 본문에서 야곱과 그의 아들들이 이와 비슷한 문제에 빠져 있는 것을 보게 됩니다. 그들은 이 세상에 태어나서 어려운 문제들을 수없이 겪었지만, 이번처럼 해답을 찾기 어려운 경우는 없었습니다. 야곱의 식구들은 수백 년 만에 찾아오는 대기근으로 대단히 어려운 처지에 빠져 있었습니다. 이 세상에 양식이 있는 곳이라고는 애굽밖에 없었는데, 아들들은 그 애굽에 양식을 구하러 갔다가 큰 곤욕을 치러야 했습니다.

　애굽의 총리는 아주 무서운 사람이었습니다. 그는 야곱의 아들들을 스파이로 지목하고 그들을 심문했으며, 결국 양식은 주었지만 형제들 중 한 명을 잡아 놓고 아버지와 함께 있는 막내를 데려와서 그들이 스파이가 아니라는 것을 증명하라는 엄한 명령을 내렸습니다. 그들은 양식을 구해 오기는 했지만, 이 무서운 애굽 총리에게 걸려들었고 그에게 찍힌 것이나 다름없는 처지가 되었습니다. 그런데 그렇게 어렵게 구해 온 양식은 얼마 지나지 않아 다 떨어져 버렸습니다. 이제 그들은 다 굶어 죽을 판입니다. 시므온은 애굽에 잡혀 있고 베냐민은 데려갈 수가 없습니다. 아버지는 설사 다 굶어 죽더라도 베냐민은 데려가지 못한다고 버티고 있습니다. 이들이 모두 죽지 않고 살아남을 수 있는 해법은 어디에 있겠습니까?

물론 우리는 이미 답을 알고 있기 때문에 이 문제를 쉽게 생각할 수도 있습니다. 그러나 오늘 분문을 이해하려면 요셉의 정체를 몰라야 합니다. 답을 미리 보고 문제를 풀면 안 되지요. 그러면 성경을 읽으나 마나입니다. 지금 애굽에는 아주 무서운 총리가 있는데 형제들은 그 총리한테 찍힌 상태입니다. 그런데 시므온을 찾아 오고 양식도 구해 오면서 베냐민은 살릴 수 있는 해법이 과연 있겠습니까?

우리가 이 문제를 풀어야 하는 이유는 우리 자신이 현실에서 바로 이런 류의 문제들을 겪고 있기 때문입니다. 예를 들어 어떤 형제가 몇 년 만에 한 번 올까 말까 하는 불경기에 어렵게 취직을 했다고 합시다. 그런데 그의 상관은 너무나도 거칠고 까다로운 사람입니다. 도저히 그 직장에서 버틸 수가 없어요. 더구나 그의 업무는 정부나 그 밖의 기관을 찾아가서 굽실거리며 허가를 받아 내야 하는 일입니다. 아마 그의 마음 속에서는 이 직장을 때려치우고 싶은 생각이 하루에도 몇 번씩 올라올 것입니다. 하지만 당장 직장을 그만두면 이 어려운 때에 어디서 생활비를 벌겠습니까? 그런데 실제 자기가 처한 상황은 단 하루도 견디기 어렵습니다.

그럴 때 마음 속에 파고드는 유혹이 무엇입니까? '일단 사표 내고 나면 어떻게든 되겠지', '다 때려치우고 시골에 내려가 소나 키우며 살지' 하는 식의 생각입니다. 그러나 그게 그렇게 생각대로 안 됩니다. '어떻게든'은 무슨 '어떻게든'입니까? 그만두고 나도 뾰족한 수가 없습니다. 이것은 그렇게 쉬운 문제가 아니에요.

또 다른 예를 들어 봅시다. 어떤 그리스도인 부부가 시부모님을 모실 수밖에 없는 형편이 되었습니다. 그런데 아내는 죽어도 시어른을 모실 자신이 없다고 합니다. 부모님들 성격이 워낙 강해서 함께 살다가는 자기가 먼저 숨막혀 죽는다는 것입니다. '나 죽는 꼴 보려면 시부모님 모시라'는 거예요. 그래서 부부가 이 문제만 나오면 서로 다툽니다. 아내는 "왜 하필 당신은 이런 무서운 부모님 밑에 태어난 거야?"라고 몰아세웁니다. 그러면 남편은 "어떤 부모 밑에서 태어날지 내가 결정하는 거냐?"고 반박합니다.

오늘 그리스도인들은 바로 이런 문제들에 당면해 있습니다. 양식은 애굽에만 있는데 애굽의 총리는 아주 무섭습니다. 그런데 그 무서운 사람이 한 형제는 붙들어 놓고 아버지가 생명처럼 여기는 또 다른 한 형제를 데려오라는 거예요. 어떻게 하면 붙들린 형제를 찾아 오고 양

우리의 삶은
문제의 연속

식도 구해 오면서 베냐민도 무사하게 지킬 수 있겠습니까? 어떻게 하면 직장의 까다로운 상관 밑에서 살아남을 수 있겠습니까? 어떻게 하면 아내도 살리고 부모님도 섬길 수 있겠습니까?

이런 실제적인 문제에 비하면 학교에서 수학 문제 풀고 영어 답안 쓰는 것은 아무것도 아닙니다. 우리 그리스도인들이 이 세상에서 산다는 것은 바로 이런 어려운 문제들을 날마다 직면한다는 것입니다. 여러분은 그 해답을 어떻게 찾겠습니까?

1. 버티기 작전

43장 1절과 2절을 보십시오.

그 땅에 기근이 심하고 그들이 애굽에서 가져온
곡식을 다 먹으매 그 아비가 그들에게 이르되
"다시 가서 우리를 위하여 양식을 조금 사라."

버티는 것은 해결책이 아니다

이 어려운 문제에 대해 야곱과 그의 아들들이 보인 태도는 시간을 질질 끌면서 어떻게 하든지 끝까지 버티는 것이었습니다. 버틸 때까지 버티다가 그 때 가서 생각해 보자는 것입니다. 당장은 먹을 것이 있었기 때문에, 그들은 이 문제에 정면으로 대응하지 않고 시간을 끌면서 갈 데까지 가 보았습니다. 그러나 시간이 흘러도 변한 것은 하나도 없었습니다. 양식만 바닥났지 변한 것은 아무것도 없었어요. 이렇게 도저히 버틸 수 없는 시점까지 왔을 때에야 비로소 야곱은 아들들에게 다시 애굽에 가서 양식을 구해 와야 하지 않겠느냐고 말을 꺼내고 있습니다.

어려운 시련이 닥쳤을 때 꾹 참고 시간이 지나기를 기다리면 그 어려움이 저절로 해결될 때가 많이 있습니다. 예를 들어서 어떤 사람과 일시적으로 감정적인 충돌이 생겼을 때에는 아무 반응을 하지 않고 꾹 참고 있는 게 상책입니다. 입 벌려 봐야 득될 것이 하나도 없어요. 또 하나님께서 나에게 어려운 시간을 주셔서 나의 믿음을 연단하실 때에는 내가 아무리 몸부림을 쳐 봐야 아무 소용이 없습니다. 그 때도 꾹 참고 기다리는 것이 최고의 방책입니다.

그러나 구조적인 문제가 생겼을 때에는 마냥 참는다고 해서 그 문제가 해결되지 않습니다. 몸에 생기는 병을 예를 들어서 생각해 봅시다. 감기 몸살이 들었을 때는 약도 먹어야겠지만 꾹 참고 몸조리를 잘하면 낫게 되어 있습니다. 그러나 몸 안에 암처럼 심각한 병이 퍼지고 있을 때에는 참으면 참을수록 시간만 버립니다. 버티면 버틸수록 손해 봐요. 그런 병은 결코 저절로 해결되지 않습니다.

야곱은 지금까지 어려움이 생길 때마다 꾹 참는 형이었습니다. 왜냐하면 모든 일에 하나님의 때가 있으며 그 때가 오기 전에는 아무리 몸부림을 쳐 봐야 안 된다는 인식이 그의 머리 속에 있었기 때문입니다. 그러나 그것은 어디까지나 그가 신앙적으로 어렸을 때의 일입니다. 지금 야곱이 당하고 있는 문제는 단순히 참기만 해서 해결될 성질의 것이 아니었습니다. 무언가 판단하고 결정해야 할 구조적인 문제였어요. 그럼에도 불구하고 그는 할 수 있는 한 결정을 유보하다가 마침내 더 이상 버틸 수 없는 막바지에 도달했습니다.

이것은 일종의 패배주의적 사고방식입니다. 그리스도인들이 배워야 할 것은, 자기가 할 수 없는 일을 해결하려고 나서서도 안 되지만 자기가 판단하고 책임져야 할 일이 저절로 해결되기를 마냥 기다려서도 안 된다는 점입니다. 그런 문제는 오히려 적극적으로 나서서 해결해야 합니다.

사실 신앙이 어릴 때에는 그냥 버티는 방법이 가장 좋습니다. 군대에서 신병훈련 받을 때 무조건 참고 있으면 언젠가는 끝나게 되어 있는 것과 같습니다. 아무리 산악훈련이 힘들고 유격훈련이 고되도 마냥 버티고 있으면 국방부 시계는 흘러가게 되어 있어요. 그러나 부하들이 생사의 기로에 처했을 때에도 끝까지 버티기만 하는 지휘관이 있다면, 그는 부하를 죽도록 내버려 두는 것과 같습니다. 그는 결정을 내려야 합니다. 전진하든지 후퇴하든지 결정을 내려 주어야 합니다.

신앙이 어릴 때는 그냥 갈 데까지 가도 돼요. 그러나 신앙이 어느 정도 성장하고 난 후에는 남이 뭐라고 하기 전에 먼저 상황을 판단해서 스스로 결정할 사항을 결정해야 합니다. 신앙이 어린 사람의 문제는, 눈앞에 닥치지도 않은 문제를 혼자 미리 상상해서 스스로 침체에 빠지는 경우가 많다는 것입니다. 그러나 신앙이 어느 정도 성숙한 사람의 문제는, 자기가 책임져야 할 위치에 있음에도 불구하고 눈앞에 닥친 문제도 외면하면서 누군가 다른 사람이 그 문제를 책임져 주지 않을까 기대하며 자기 책임을 회피하는 것입니다.

그래서 신앙이 어렸을 때와 성숙했을 때 의사 결정 방식이 다릅니다. '무조건 하나님의 때를 기다리자.' 이건 어릴 때 하는 겁니다. 구조적인 것이 문제될 때에는 마냥 기도하면서 기다리기만 한다고 해답이 나오지 않습니다. 그럴 때는 기도한다는 핑계로 책임을 회피하면 안 됩니다. 결정을 내려야 합니다.

그러면 어떤 어려움이 생겼을 때 참아야 할 문제인지, 아니면 스스로 판단해서 결정을 내려야 할 문제인지 어떻게 분별할 수 있습니까? 그 일이 내 책임 아래 있는 것인지 아닌지를 생각하면 됩니다. 다시 말해서 내가 지금 결정을 내릴 수 있는 사안이라면, 그것은 내가 감당해야 할 일입니다. 그러나 내가 결정할 수 있는 여지가 전혀 없는 사안이라면, 그것은 인내하며 기다려야 할 일입니다. 교통순경의 경우를 예로 들어 봅시다. 대통령이나 국회의원의 비리 같은 문제는 그가 해결할 수 있는 성질의 사안이 아닙니다. 그러나 그가 관할하고 있는 구역 안에서 교통위반을 단속할 때 뇌물을 받느냐 마느냐가 문제되었다면, 그것은 그가 감당해야 할 문제입니다. 그럴 때 "기도하면서 하나님의 뜻을 한번 기다려 봅시다"라고 하는 것은 죄짓는 거예요.

내 책임 아래
있는 일이라면

오늘날 사람들은 자신이 할 수 있는 일을 다른 사람에게 미룬 채, 자기가 할 수 없는 일을 놓고 떠들어 대거나 열을 올리면서 비난할 때가 많습니다. 그렇게 하는 것은 그 사람이 아직 정신적으로 어리기 때문입니다.

야곱은 스스로 책임을 져야 할 위기 상황에서 계속 시간을 끌었습니다. 양식이 다 떨어져서 버틸 수 없을 때까지 버텼습니다. 그러나 하나님께서는 이런 문제를 야곱에게 주심으로써 그의 신앙을 한 단계 더 높은 수준으로 끌어올리고자 하십니다.

2. 유다의 개입

　오늘 본문에서 가장 특징적인 것은 지금까지 소극적인 자세로 일관하고 있던 유다가 갑자기 나서서 야곱을 설득하는 모습입니다. 그는 애굽에 다녀오는 문제에 대해 형제들의 대변인 역할을 하면서, 베냐민을 보내 주면 자기가 그의 안전을 책임지겠다고 했습니다. 지금 집안에는 양식이 떨어져 가고 있습니다. 잘못하면 식구들이 다 굶어 죽을 판입니다. 그런데도 다른 형제들은 모두 입을 꾹 다물고 눈치만 보고 있습니다. 그 때 유다가 나선 것입니다.

　이것은 이스라엘의 역사에서 굉장히 중요한 의미를 갖는 사건입니다. 지금까지 유다는 형제들 사이에서 한 일이 아무것도 없었습니다. 그는 요셉을 팔 때 같이 있었고, 한때 타락해서 형제들을 떠나 이방 여인과 살았으며, 뭔가 잘못되는 바람에 며느리와 관계하여 자식을 낳기도 한 사람이었습니다. 그런데 그런 그가 야곱의 집이 가장 어려울 때, 죽느냐 사느냐 기로에 섰을 때, 아무도 이 문제를 책임지지 않으려고 눈치만 보고 있을 때, 전면에 나서서 아버지를 설득한 것입니다. 그는 결국 베냐민을 데리고 애굽에 가서 양식을 구해 옵니다.

　이 사건으로 유다는 일약 이스라엘의 장자로 주목받게 됩니다. 야곱은 죽기 전에 유다를 축복하면서 그 집에서 '치리자의 지팡이' 가 떠나지 않을 것이라고 예언했습니다. 이것은 이스라엘의 왕이 유다 지파에서 나온다는 뜻입니다. 어떻게 유다의 집에 이런 왕의 축복이 임하게 되었을까요?

　야곱의 집에 가장 큰 시련이 왔을 때 다른 형제들은 어떻게 해서든지 그 책임을 지지 않으려고 했습니다. 도전이 왔지만 아무도 응전하려고 하지 않았습니다. 그러나 유다는 이 결정적인 순간에 자신의 모든 인격을 걸고 앞으로 나서서 이 어려운 문제에 뛰어들었습니다. 유다의 이 헌신이 앞으로 그의 집안에서 다윗의 왕가가 나오게 되는 축복을 거머쥐게 한 것입니다.

물론 하나님의 놀라운 계획 안에는 유다가 이미 들어 있었을 것입니다. 그러나 하나님의 계획이라고 해서 항상 기계적으로 고정되어 있는 것은 아닙니다. 그분의 계획은 얼마든지 유동적입니다. 레위 지파가 언제 제사장의 직책을 붙잡게 되었습니까? 모세가 시내 산에 올라가서 십계명을 받아들고 내려왔을 때 거의 모든 이스라엘 백성들이 금송아지 앞에 절을 하며 술에 취해 있었습니다. 그 때 유일하게 맨 정신을 지킨 사람들이 바로 레위 지파 사람들이었습니다. 그들은 모세의 명령에 칼을 차고 나와서 술에 취해 망령된 짓을 하는 동족들을 찔러 죽였습니다. 바로 이것이 레위 지파에게 제사장직이 주어지는 계기가 되었습니다.

제사장의 자격은 누군가 하나님의 말씀을 거역할 때, 그가 아무리 자기와 가까운 사람이라 하더라도 그와 싸우고 논쟁하며 그를 향해 칼을 뽑을 수 있는 용기가 있느냐 하는 데 있습니다. 그 사람이 자기 어머니라도, 아내라도, 아들이라도 "안 돼!"라고 말할 수 있는 사람이 제사장이에요. 이 사람이 이렇게 말해도 "아, 그렇군요", 저 사람이 저렇게 말해도 "아, 그렇군요" 하는 사람은 제사장 자격이 없습니다.

그와 마찬가지입니다. 이스라엘의 왕은 단순히 위에서 군림하는 자가 아닙니다. 그는 목자입니다. 참된 지도자는 민족이 위기 상황에 처

왕의 자격

했을 때 자신의 몸을 던져서 그 어려움으로부터 백성들을 지키는 사람
이어야 합니다. 원래 이스라엘 사람들은 유목민이었기 때문에 목자와
양의 관계를 잘 알고 있었습니다. 목자는 양이 위험에 처해 있을 때 자
신의 온몸을 던져서 건져 내야 합니다. 그 과정에서 목자 자신이 다치
기도 하고 생명을 잃기도 합니다. 그렇기 때문에 양은 목자를 절대적
으로 믿는 가운데 그 목소리만 듣고서도 어디든지 따라갈 수 있는 것
입니다. 유다 지파에 왕의 축복이 오게 된 것은, 바로 이렇게 야곱의
집이 전부 죽게 되었을 때 유다가 나서서 자기의 온 생명을 걸고 가족
들의 생명을 지키고자 했기 때문입니다.

　하나님 나라의 지도자는 언제 나타납니까? 바로 가장 어려울 때입
니다. 그럴 때 자신의 모든 인격과 생명과 재산을 걸고 나서서 책임지
는 그 사람이 믿을 수 있는 사람입니다. 교회에 장로를 세우고 목회자
를 세울 때 바로 이 점을 보아야 합니다. 평소에는 말을 번드르하게 하
다가도 정작 어려운 일이 생겼을 때 뒤로 빠져 버리는 사람은 지도자
의 자격이 없습니다. 학벌이나 재산이나 사회적인 신분만 보고 직분을
맡기니까 교회에 문제가 많이 생기는 것입니다. 그 사람이 위기 때 자
기의 모든 것을 걸고 교회를 지킬 사람인가, 도망칠 사람인가를 간파
해야 합니다.

　유다는 부족한 점이 많은 사람이었습니다. 허물투성이였습니다. 한
때 신앙적으로 깊이 타락하기도 했습니다. 그러나 그는 야곱의 집이
가장 어려울 때 가만히 있지 않고 자신의 모든 인격과 생명을 걸고 그
어려움을 해결하려고 했습니다.

　역사학자인 토인비는 "도전이 와도 응전하지 않는 민족이나 문화는

망한다"고 했습니다. 그는 그 예로 그리스 문화를 들었습니다. 그리스 문화에 대한 최대의 도전은 로마 문화가 아니었습니다. 사실 로마 문화는 그리스 문화를 그대로 흡수한 문화였습니다. 그리스 문화에 대한 가장 무서운 도전은 복음이었습니다. 그들은 처음에 사도 바울의 설교를 듣고 엄청난 충격을 받았습니다. 왜냐하면 그는 죽은 자의 부활을 증거했기 때문입니다. 이것은 그들의 사고방식과 맞지 않는 주장이었고, 그리스 철학자들은 무반응으로 반응했습니다. 토인비는 바로 이것 때문에 그리스 문화가 더 발전하지 못하고 망할 수밖에 없었다고 주장합니다.

최근에 우리 나라가 미국과 자동차 협상을 하는 과정을 보면 지나치게 감정적으로 문제를 대하는 것이 아닌가 하는 생각이 듭니다. 논리적으로 이 문제를 설명하기보다는 '강대국이 약소국을 힘으로 밀어붙인다' 든지 '미국이 우방국인 우리에게 이런 식으로 나올 수 있느냐' 는 식으로 대응하는 것입니다. 이것은 도전에 응전하는 태도가 아니지요. 이것은 문제를 감정적으로 풀려 하는 것입니다. 그러니까 줄 것은 다 주면서도 얻을 것은 얻지 못하는 것입니다.

하나님의 백성은 그 일생에 몇 번은 이런 도전에 마주칩니다. 대단히 부담스러운 책임을 져야 할 순간이 와요. 그 때 남편이나 아내나 부모를 원망하는 것은 제대로 응전하는 것이 아니라 도피하는 것입니다. 물론 그 때 가만히 있어도 상관은 없습니다. 교회가 어렵고 주위가 어려울 때 가만히 있었다고 해서 지옥에 가는 것도 아니고 누가 뭐라고 비난하는 것도 아닙니다. 그러나 하나님의 백성들이 결정적으로 어려울 때 입을 다물고 있으면 영원한 엑스트라로 남을 수밖에 없습니다.

그 사람은 남이 해 주는 것이나 먹고 살아야 합니다. 그는 다시는 주인 공이 될 수 없습니다.

3. 유다의 개입 방식

그러면 유다는 어떤 식으로 이 문제에 개입을 했습니까? 유다는 세 가지 방향에서 이 문제에 개입했습니다. 우선 첫째로, 그는 야곱에게 현실을 있는 그대로 인정하게 했습니다. 3절과 4절을 보십시오.

유다가 아비에게 말하여 가로되
"그 사람이 엄히 우리에게 경계하여 가로되
'너희 아우가 너희와 함께하지 아니하면 너희가
내 얼굴을 보지 못하리라' 하였으니 아버지께서
우리 아우를 우리와 함께 보내시면 우리가 내려가서
아버지를 위하여 양식을 사려니와 아버지께서 만일
그를 보내지 않으시면 우리는 내려가지 아니하리니
그 사람이 우리에게 말하기를 '너희 아우가 너희와
함께하지 아니하면 너희가 내 얼굴을 보지 못하리라'
하였음이니이다. "

아마도 요셉은 형제들을 보내면서 '만일 너희 아우를 데려오지 않 으면 절대로 내 얼굴을 보지 못할 것' 이라는 말을 여러 번 강조했던 것 같습니다.

　그런데 유다의 말을 들어 보면 야곱은 어떻게 해서든지 자식들을 다시 보내서 양식을 사오게 하되 베냐민은 보내지 않으려고 했던 것으로 보입니다. 시일도 좀 지났고 혹시 애굽의 총리가 잊었을 수도 있으니까 두루뭉실하게 넘어가자는 식이지요.

　그러나 유다는 이것이 그렇게 간단한 문제가 아니라는 것을 알고 있었습니다. 애굽의 총리는 이상하게도 오지 않은 막내에게 비상한 관심을 가지고 있는 것이 분명했고, 그를 꼭 데려와야 한다는 점을 누누히 강조했기 때문입니다. 만약 이 문제를 적당히 넘어가려고 한다면 애굽에 가 보았자 아무 소용이 없을 것입니다. 그래서 유다는 적당히 이 어려움을 해결해 보려는 야곱에게, 식량 문제를 해결하려면 베냐민을 내놓아야 한다는 점을 다시 한 번 분명히 확인시키고 있습니다.

　여기서 우리가 알 수 있는 것이 무엇입니까? 야곱은 현실 가운데 가장 어려운 부분은 할 수 있는 한 건드리지 않고 슬쩍 넘어가려고 했다는 것입니다. 그러나 유다는 설사 아버지의 마음을 상하게 하는 일이 있더라도 현실을 현실로 인정하게 만들려는 생각을 가지고 있었습니다. 그래서 양식과 베냐민은 뗄래야 뗄 수 없는 하나의 문제라는 점, 그를 내놓지 않고 적당히 애굽에서 양식을 구할 생각을 하면 안 된다는 점을 분명히 밝혔습니다. 즉 야곱은 베냐민을 굳이 데려가지 않아도 애굽에 가기만 하면 어떻게든 문제가 해결되지 않겠느냐는 입장이었고, 유다는 이 문제는 그런 식으로 대충 넘어갈 문제가 아니며 분명히 할 것은 분명히 해야 한다는 입장이었습니다.

　이 두 사람의 태도 중에 어느 쪽이 더 온당한 것 같습니까? 우리 눈

야곱의 착각을
바로잡다

에는 유다가 너무 인정머리 없이 보일 수 있습니다. 그냥 적당히 넘어
갈 것이지, 그 사실을 꼭 밝혀서 다시 한 번 아버지의 마음을 상하게
하고 그 눈에서 눈물이 흐르게 해야 합니까? 그렇게 아프고 고통스러
운 부분은 할 수 있는 한 건드리지 말고 긍정적이고 좋은 쪽만 생각하
고 격려하는 편이 좋지 않을까요?

　대부분의 그리스도인들은 어려운 문제를 대할 때 이런 식의 생각을
할 때가 많습니다. 그러나 이것은 마치 곪아 있는 부분을 그대로 둔 채
그 위에 연고만 잔뜩 발라 주는 것과 같습니다. 누군가 불륜의 관계에
빠져 있을 때에는 아무리 상담을 많이 하면서 위로하고 격려해 봐야
소용이 없습니다. 그 잘못된 관계를 돌이키지 않는 이상 그는 치유될
수가 없습니다. 그러나 사람들은 '회개'라는 말을 싫어합니다. '치유'
나 '상담'은 좋아해도 '회개'는 좋아하지 않습니다. 회개는 의지적으
로 결단하는 것입니다. 잘못된 것이 있으면 그것을 청산하고 같은 일
이 재발하지 않도록 안전 장치를 하는 것입니다. 그러나 사람들은 회
개를 말하는 것이 고통에 빠진 사람을 더 고통스럽게 한다고 생각해서
할 수 있는 한 입에 올리려고 하지 않습니다.

　야곱의 아들들은 베냐민 이야기를 다시 꺼내는 것은 아버지를 죽이
는 일이나 마찬가지라고 생각했습니다. 그런데 유다는 서슴지 않고 베
냐민 이야기를 꺼냈습니다. 왜 그렇게 했습니까? 베냐민을 데려가지
않는 이상 애굽에 가는 것은 시간 낭비라는 것이 엄연한 현실이었기
때문입니다. 그를 데려가지 않는 것이 당장은 좋을지 몰라도, 아버지
가 "네 은혜를 잊지 않으마" 하면서 너무나 기뻐할지 몰라도, 그렇게
해서는 이 문제가 해결되지 않는다는 것을 그는 알았습니다.

믿음이란 현실을 외면한 채 무조건 모든 것을 하나님께 맡기는 것이 아니라는 사실을 알아야 합니다. 믿음의 위인들은 우리가 당면한 문제에 대해 전혀 생각도 하지 않고 무조건 기도만 많이 할 때의 위험을 경고하곤 했습니다. 혼란스러울 때 기도만 하려고 들면 안 됩니다. 그럴 때 기도는 도피의 수단이 될 수 있습니다. 우리가 무엇보다 먼저 해야 할 일은 정신을 차리고 생각하는 것입니다. 무조건 기도하는 대신, 자기가 지금 처해 있는 상황이 정확하게 어떤 것이며 문제의 핵심이 무엇인지 객관적으로 냉철하게 생각해 보아야 합니다. 그리고 나서 기도를 해야지요. 바위 붙들고 소리지르면서 기도만 한다고 해서 문제가 해결되는 것이 아닙니다. 그것은 어린아이처럼 눈 가리고 아옹 하는 것에 불과합니다.

유다는 현실을 현실로 보게 합니다. "아버지, 이것은 적당하게 넘어갈 문제가 아닙니다. 베냐민을 데려가지 않으면 절대 해결이 안 됩니다. 아버지가 아무리 화를 내셔도 이건 어쩔 수 없습니다. 이것이 현실입니다."

두번째로 유다는 야곱의 감정적인 분노에 잘 대처하고 있습니다. 6절을 보십시오.

유다의 감정 처리

이스라엘이 가로되

"너희가 어찌하여 너희에게 오히려 아우가 있다고

그 사람에게 고하여 나를 해롭게 하였느냐?"

드디어 자식들에 대한 야곱의 분노가 터졌습니다. 야곱의 이 말은 원망과 불평입니다. '왜 집에 막내가 하나 더 있다고 말해서 나를 이런 어려움에 빠뜨리느냐' 는 것입니다. 형제가 원래 열 명이라고 하면 애굽의 총리가 실제로 열한 명인지 열두 명인지 어떻게 알겠느냐는 거예요. 마치 빚쟁이 전화를 바꾸어 준 아이에게 부모가 역정을 내는 것과 같습니다. "엄마 아빠가 집에 없다고 해야지, 왜 있다고 해서 엄마 아빠를 힘들게 하냐"는 식과 똑같아요. '아무리 애굽의 총리가 꼬치꼬치 캐물어도 적당하게 둘러대야지, 어떻게 사실 그대로 말해서 나를 이토록 괴롭히느냐' 는 것입니다. '다른 때는 거짓말을 잘도 하더니 어떻게 그럴 때는 정직해져서 나를 이렇게 힘들게 하느냐' 는 것입니다.

　이런 식의 넋두리는 위기의 순간에 새로운 분쟁을 일으킬 가능성이 큽니다. 한 사람이 파괴적으로 분노를 터뜨리면 다른 사람도 "너만 성질 있냐? 나도 성질 있다!" 하면서 화를 낼 가능성이 아주 커요. 그러나 유다는 화를 내는 대신에 아버지를 설득했습니다.

> 그들이 가로되 "그 사람이 우리와 우리의 친족에
> 대하여 자세히 힐문하여 이르기를 '너희 아버지가
> 그저 살았느냐? 너희에게 아우가 있느냐?' 하기로
> 그 말을 조조이 그에게 대답한 것이라.
> 그가 '너희 아우를 데리고 내려오라' 할 줄을 우리가
> 어찌 알았으리이까?" (43:7)

　유다는 "아버지, 베냐민만 아들입니까? 다른 아들들도 살아야지요!" 하고 대들면서 화를 내는 대신 그 때의 상황을 자세히 이야기합

니다. 애굽의 총리가 그들의 가족사항에 대해 굉장히 집요하고 자세하
게 캐묻더라는 거예요. 처음에는 열 명이 전부인 것처럼 하고 얼렁뚱
땅 넘어가려고 했는데 그 사람이 너무 꼬치꼬치 묻는 바람에 꼼짝할
수가 없었다는 것입니다.

"형제가 열 명이라구? 원래 몇 명이 태어났는데?"

"……열두 명이요."

"그럼 두 명은 어떻게 된 거냐?"

"……하나는 없어지고 하나는 아버지 집에 있는데요."

게다가 동생을 데려오라고 할 줄은 정말 몰랐다는 것입니다. 하나님
이 아닌 이상 어떻게 그런 것까지 예측할 수 있겠느냐는 것입니다.

여기서 유다가 말하는 핵심은 지금 그 때의 잘잘못을 따져 봐야 아
무 소용이 없고, 중요한 문제는 애굽에서 양식을 얻어 오는 것이라는
점입니다. 8절을 보십시오.

무엇이 중요한지
알았으므로

유다가 아비 이스라엘에게 이르되
"저 아이를 나와 함께 보내시면 우리가 곧 가리니
그러면 우리와 아버지와 우리 어린 것들이 다 살고
죽지 아니하리이다."

"아버지, 지금 우리가 잘잘못을 따지는 것이 무슨 의미가 있습니까?
중요한 것은 시므온을 구해 오는 것이고 우리가 다 사는 것 아닙니까?
그러려면 그 때 왜 그런 말을 했느냐를 따질 것이 아니라 하루라도 빨
리 베냐민을 데리고 다녀와야 합니다. 상대는 애굽의 총리입니다. 어

떻게 그 사람을 설득시키느냐가 중요하지, 그 때 그런 말을 왜 했느냐
를 따지는 게 중요합니까?"라는 것입니다.

유다는 지혜롭게 이 문제를 넘기고 있습니다. 그는 어떻게 아버지와
똑같이 화를 내지 않을 수 있었습니까? 지금 중요한 문제는 아버지와
아들 중 누가 이기느냐가 아니라 현실적으로 베냐민을 데리고 가서 곡
식을 사오는 것이라는 점을 알고 있었기 때문입니다. 성질이 급한 사
람은 우선 화부터 내고 봅니다. 그래서 자기를 도와 줄 사람에게 오히
려 화를 내는 경우가 많아요. 지금 적은 애굽의 총리입니다. 자기들끼
리 왜 이랬느냐 왜 저랬느냐 싸워 봐야 아무 소용이 없습니다. 유다는
야곱의 분노를 철저하게 현실적인 인식으로 가라앉히고 있습니다.

셋째로 그는 자기 자신을 담보로 내놓았습니다.

"내가 그의 몸을 담보하오리니 아버지께서 내 손에

그를 물으소서. 내가 만일 그를 아버지께 데려다가

아버지 앞에 두지 아니하면 내가 영원히 죄를 지리이다.

우리가 지체하지 아니하였다면 벌써 두 번 갔다

왔으리이다"(43:9, 10).

"내가 그의 몸을 담보하오리니"라는 것은 무슨 일이 있어도 자기가
베냐민을 책임지겠다는 뜻입니다. 다시 말해서 혹시 무언가 잘못되어
베냐민이 애굽에서 잡히게 된다면, 자기가 그 대신 잡히고 베냐민은
돌아올 수 있게 하겠다는 것입니다. 여기서 나타나는 것이 바로 유다
의 목자 정신입니다. 유다는 말만으로는 아버지를 안심시킬 수 없다는

것을 알았습니다. 그래서 자신이 그를 담보할 테니 보내 달라고 합니다.

담보가 무엇인지 아시지요? 친구가 은행에서 돈을 빌리는 데 담보를 섰다면, 그가 그 돈을 갚지 못할 때 자기가 모든 책임을 뒤집어써야 합니다. 은행이 아무것도 없는 사람에게 돈을 수천만원씩 빌려 줄 리가 없습니다. 무언가 담보가 있으니까 빌려 주는 것이지요. 이렇게 담보를 서면 그 사람이 빚진 자의 모든 채무를 다 책임져야 합니다. 그래서 담보를 설 때는 이런 질문을 스스로 해야 합니다. "내가 저 사람 때문에 망해도 좋은가?" 담보는 그렇게 자신을 희생할 각오가 되어 있을 때 서는 것입니다.

유다는 왜 베냐민을 담보하겠다고 나섰습니까? 누군가 희생하지 않으면 이 어려운 문제가 해결되지 않는다는 것을 알았기 때문입니다. 아버지는 베냐민을 포기하지 않을 것입니다. 형제들 중에서 책임을 지겠다고 나설 사람도 없습니다. 애굽 총리의 마음이 바뀌었을 가능성은 더더욱 없습니다. 유다는 자기가 희생하지 않으면 이 집안을 살릴 수 없다는 것을 알았습니다. 그래서 자기의 모든 것을 걸고 가족들을 다 살릴 수 있다면 그렇게 하기로 했습니다. 이것은 하나님이 보시기에 진정한 왕의 모습이었습니다.

신앙적인 결정은 현실에서 무조건 도피하는 것이 아닙니다. 오히려 현실이 무엇인지 제대로 인식하고, 자기가 책임을 떠맡는 것입니다. 우리는 어려운 일일수록 무조건 잘되는 쪽으로 믿어 버리려는 경우가 많습니다. '하나님이 함께하시니까 다 잘될 거야', '기도했으니까 부모님의 병은 나을 거야' 하는 식으로 생각하거나 그런 말로 다른 사람을 위로하려 들 때가 많아요.

그러나 그것은 어디까지나 희망사항으로서, 그것이 곧 하나님의 뜻이 되는 것은 아닙니다. 희망사항이 이루어지길 바란다면 먼저 현실을 철저하게 알아야 합니다. 병이 들었다면 무조건 기도원에 가서 살려달라고 기도하기 전에 병원에서 정확하게 진찰을 해 보아야 합니다. 병명이 대체 무엇이고 지금 어디까지 진전되었는지를 정확히 알고, 수술할 것인지 입원할 것인지를 객관적으로 결정해야 합니다. 진찰도 안 해 보고 무조건 기도원에 가는 것은 어리석은 시간 낭비입니다. 그 어려움에서 내가 감당할 수 있는 사항이 무엇인가를 생각하고 결단을 내리는 것, 이것이 희망사항을 현실로 만드는 길입니다.

그러나 만약 책임을 지려고 하는 사람이 아무도 없고 희생하려고 하는 사람이 아무도 없다면, 희망사항은 어디까지나 희망사항으로만 남게 될 것입니다.

4. 야곱의 결단

지금까지 우리가 본 야곱의 모습은 자식들이나 원망하는 무력하고 나약한 노인의 모습이었습니다. 그러나 이제 야곱은 결단을 내립니다. 이 결단이 야곱이 위대한 믿음의 사람으로 남게 합니다.

야곱은 원래 부족한 점이 전혀 없는 완벽한 사람이 아니었습니다. 그는 어려운 일이 닥쳤을 때 책임을 회피하려고 했고 자식들을 원망했습니다. 그리고 마음 속에 결심이 서기까지 이러지도 저러지도 못하는 우유부단한 모습을 보였습니다. 그러나 현실에 직면하게 되었을 때, 더 이상 책임을 미룰 수 없고 바로 자신이 결단을 내려야만 한다는 것을 알았을 때, 그는 드디어 결단을 내립니다.

우리는 오늘 본문에서 위기를 극복하는 야곱의 방식을 보게 됩니다. 그는 일단 자식들의 모든 문제를 스스로 책임지고 해결하기 시작합니다. 우선 그는 엄한 애굽 총리의 마음을 누그러뜨릴 수 있는 선물을 준비하게 했습니다. 11절을 보십시오.

그들의 아비 이스라엘이 그들에게 이르되
"그러할진대 이렇게 하라. 너희는 이 땅의 아름다운
소산을 그릇에 담아 가지고 내려가서 그 사람에게
예물을 삼을지니 곧 유향 조금과 꿀 조금과 향품과
몰약과 비자와 파단행이니라."

여기서 우리는 야곱의 지혜를 볼 수 있습니다. 그는 강한 상대를 만났을 때 정면으로 맞서서 무리하게 승부하는 사람이 아닙니다. 그는 예물을 보내서 먼저 상대의 마음을 누그러뜨리는 방법을 썼습니다. 우리는 그가 에서를 만날 때에도 이 방법을 쓴 것을 알고 있습니다.

요즘 우리 사회는 뇌물을 주고받지 못하게 하는 운동을 벌이고 있습니다. 사실 공직 사회에서 뇌물이 통하고 있다는 것은 우리 사회가 얼마나 후진적인지를 보여 주는 증거입니다. 사람은 자기 일에 직업의식을 느끼지 못할수록 뇌물을 챙기려고 합니다. 즉 우리 사회에 뇌물이 통한다는 것은 얼마나 많은 이들이 자기 일에 보람을 느끼지 못하고 사명감 없이 일하고 있는지를 보여 줍니다.

그러나 사적인 관계에서는 인사나 선물이 아주 중요합니다. 특히 관계가 불편한 사람에게 선물을 주는 것은 '나는 적어도 당신을 적대적으로 대하고 있지는 않다' 는 표시가 될 수 있고, 다른 사람에게 상냥하게 인사를 하는 것은 '나는 적어도 당신을 싫어하거나 당신에게 화가 난 것은 아니다' 는 사인이 될 수 있습니다.

대인 관계에서 우리 믿는 사람을 가장 힘들게 하는 것은 쓸데없는 자존심입니다. '내가 하나님을 믿는 사람인데, 네까짓 과장이 뭐냐?' 는 식으로 나가니까 될 일도 안 되는 거예요. 그런 좋지 못한 자존심이 우리를 이 세상에 적응하지 못하게 합니다. 그리스도인들은 이 자존심을 버려야 합니다. 자존심을 가지고 있으면 절대로 적응하지 못합니다. 그래서 저는 목회자가 되기 전에 간과 쓸개를 빼 놓아야 한다는 말을 자주 합니다. 교인들도 마찬가지입니다. 처음에는 호감을 가졌던 사람들도 쓸데없는 자존심 앞에는 등을 돌리게 되어 있습니다.

그리스도인들이 좋은 결과만 이끌어내면 되는 것이지 굳이 자존심을 내세우거나 상대방에게 반드시 이길 필요까지는 없지 않습니까? 우리는 주님의 종인데, 종은 종으로서 자기에게 주어진 일만 다하면 되는 것이지 꼭 모든 사람들 위에 군림해야 하는 것은 아니지 않습니까? 야곱은 이 부분에서 지혜가 있었습니다.

둘째로 그는 혹시 문제가 생길까 봐 자루에 돌아온 돈을 전부 다시 가져가게 했습니다. 그리고 그것 때문에 불미한 일이 생길까 봐 돈을 배로 준비하게 했습니다. 야곱은 하나님을 믿는다고 해서 무작정 자식들을 보내지 않았습니다. 애굽에서 일어날 수 있는 상황을 머리 속에 그려보고 미리 그런 문제에 대비하게 했습니다.

우리가 어떤 일을 하는 데 가장 중요한 것은 전체적인 그림을 그리는 것입니다. 그렇게 전체적인 그림을 가지고 대비하면 일하는 것이 재미있고 신이 납니다. 그러나 그것이 없으면 일 하나 하나가 힘들고 어렵습니다. 공부를 하는 학생도 전체적인 그림 없이 무턱대고 외우려고 들면 공부가 그렇게 지겨울 수가 없어요. 그러나 전체적인 그림을 가지고 공부를 하면 어려운 문제가 생겨도 자기 나름대로 어떻게 풀어야 할지 감이 잡힙니다.

야곱은 자기가 마치 그 애굽의 총리를 직접 만난 것처럼 생각하면서 자기 수준에서 막을 수 있는 것은 최대한 막으려고 애를 씁니다. 그리고 나서 마지막으로 모든 것을 하나님의 손에 맡깁니다.

> "네 아우도 데리고 떠나 다시 그 사람에게로 가라.
> 전능하신 하나님께서 그 사람 앞에서 너희에게 은혜를
> 베푸사 그 사람으로 너희 다른 형제와 베냐민을
> 돌려보내게 하시기를 원하노라. 내가 자식을 잃게 되면
> 잃으리로다"(43:13, 14).

여기서 야곱은 위대한 결단을 내립니다. 그것은 하나님께서 그 곳에 함께 가셔서 시므온과 베냐민을 전부 돌려보내 주시기를 원한다는 것입니다. 야곱은 자기가 할 일을 다 한 후에, 최종적인 결과를 하나님의 손에 맡기면서 "내가 자식을 잃게 되면 잃으리로다"라고 말합니다.

야곱에게 베냐민은 무엇입니까? 아직도 포기하지 못한 유일한 영역

입니다. 그는 자기가 마지막으로 붙들고 있던 베냐민을 하나님 앞에서 포기하면서, 그럼으로써 시므온까지 살려 보내 주시기를 바라고 있습니다.

이런 구조적인 문제가 생겼을 때, 시간이 지나도 풀리지 않는 어려운 문제가 생겼을 때 우리가 알아야 할 것이 있습니다. 그것은 내가 마지막으로 붙들고 있는 욕심을 포기하지 않는 이상, 그 문제는 해결되지 않는다는 것입니다. 식량의 위기를 해결하는 열쇠는 베냐민을 포기하는 데 있었습니다.

물론 우리는 야곱을 이해할 수 있습니다. 베냐민은 그가 가장 사랑했던 아내 라헬의 아들입니다. 특히 요셉이 죽고 난 뒤 베냐민에 대한 야곱의 사랑은 거의 맹목적인 것이었습니다. 그는 베냐민이 눈에만 보이지 않아도 곧 죽을 것처럼 그에게 집착했습니다.

이러한 그의 태도는 요셉을 잃은 후 약 20년 간 그의 신앙이 정체 상태에 있었다는 것을 보여 줍니다. 그는 원래 이렇지 않았습니다. 요셉을 그 험한 곳에 혼자 보낼 정도로 하나님을 믿었습니다. 그러나 그 믿음의 결과가 요셉의 죽음으로 나타났을 때, 그는 이론적으로는 하나님을 믿었지만 실제적으로는 믿지 못했습니다. 이제는 믿을 수가 없어요. 하나님을 믿고 요셉을 혼자 보냈는데 피 묻은 옷만 돌아오지 않았습니까? 그러니까 베냐민은 항상 자기 눈앞에 있어야 합니다. 베냐민이 눈에 보이지 않으면 막 떨려요.

너무나 긴 세월 동안 야곱은 자신의 단단한 껍질 안에 스스로 파묻혀 있었습니다. 그는 일이 자기 뜻대로 되지 않으면 죽겠다는 소리만 하면서, 스스로를 학대하고 아들들을 원망했습니다. 그리스도인의 입에서 "죽을 거야"라는 말이 그렇게 쉽게 나오면 안 됩니다. 일이 좀 뜻대로 안 된다고 해서 죽겠다고 하면 됩니까? 그리스도인이 죽는다는 것은 그렇게 쉬운 일이 아니에요.

지금까지 야곱은 너무나도 외롭게 자신의 믿음을 지켜 왔습니다. 집에 있는 아들들은 성도인지 늑대인지 구별할 수가 없는 자들이었습니다. 그러나 그의 믿음은 거의 정신병적인 믿음이었습니다. 자신을 제외하면 아무도 믿지 않는 병든 믿음이었어요. 자신이 믿음으로 보낸 요셉은 잃었고, 다른 아들들은 믿을 수가 없었습니다.

그런데 유다가 진지하게 책임 있는 말을 하는 것을 들으면서, 오래 전에 잃었던 인간에 대한 신뢰가 되살아나기 시작했습니다. 유다의 책임 있는 말 한마디가 20년 동안 굳어 있던 야곱의 마음을 열고 다시 예전의 모습을 되찾게 만들었습니다. 아무리 믿음의 위인이라 하더라도 아무도 믿어 주는 사람이 없는 상태에서는 위대한 믿음이 나올 수가 없습니다. "종잇장도 맞들면 낫다"고, 유다의 작은 믿음의 결단이 20년 동안 닫혀 있었던 야곱을 그 단단한 껍질에서 나오게 했고, 옛날의 그 영광과 총기와 능력을 되찾게 했습니다.

여기서 우리가 보게 되는 것은 아무리 신앙이 좋은 사람이라 하더라도 자기 혼자서는 살아 움직이는 건강한 신앙을 유지하기가 힘들다는 것입니다. 신앙이 좋으면 좋을수록 다른 사람을 믿지 않는 병적인 믿음을 갖게 되기 쉽습니다. 겨우 한다는 말이 몇십 년 전에 교회에서 상처 받은 이야기나 목회자 욕이나 다른 사람에 대한 원망과 불신입니다. 왜 그렇게 되었습니까? 너무 오랫동안 자기의 껍질 안에 갇혀 있었기 때문입니다. 그 때 누군가 따끔하게 그에게 말해 주어야 합니다.

그의 생각이 얼마나 비현실적이고 한낱 꿈에 불과한지 깨닫게 해 주어야 합니다. 그것이 좋은 신앙이 아니요 수십 년 동안 곪을 대로 곪은 신앙이라는 것을 이야기해 주어야 합니다.

우리는 유다가 그렇게 많은 죄를 지었고 허물이 많았음에도 불구하고 하나님의 백성들이 고통당하고 있을 때 자신의 몸을 도사리지 않고 나섰을 때, 자신의 지파에서 영원히 홀(笏)이 떠나지 않는 축복을 받았다는 사실을 기억해야 합니다.

오늘 우리의 삶에 닥친 어쩔 수 없는 난관들을 어떻게 해결하겠습니까? 첫째로, 냉정하게 자신의 현실을 돌아보십시오. 현실을 인정하지 않는 신앙은 신앙이 아니라 배짱입니다. 현실을 냉정하게 바라보고 객관적으로 자기의 위치를 확인해 보아야 합니다. 내가 지금 하고 있는 일이 객관적으로 말이 되는지, 그 문제를 가지고 기도를 해야 할 것인지 수술을 해야 할 것인지 생각하고 결정해야 합니다. 아픈 부분을 그냥 덮어 놓고 무조건 잘될 거라고 생각하는 것은 버티기 작전에 지나지 않습니다. 아무리 시간이 지나도 그 문제는 해결되지 않을 것입니다.

또한 누군가 함께 책임을 져 주는 사람이 있어야 합니다. 신앙이 좋았던 사람이라도 한번 현실에서 충격을 받으면 자기 연민에 빠져서 정신병적인 믿음을 보이게 되기 쉽습니다. 그러나 유다의 작은 믿음의 격려가 20년 동안 닫혀 있던 야곱의 눈을 뜨게 했다는 것을 기억하십시오. 한마디에 불과하더라도 책임 있는 말을 들으면, 그것이 곧 믿음에 다시 불을 붙이는 기회가 될 수 있습니다.

 은잔의 테스트

다른 사람을 믿어 준다는 것이 얼마나 아름다운 일인지 모릅니다. 좀 부족하더라도 믿어 주는 것은 굉장히 중요한 일입니다. 사장이 직원들을 의심하면 일이 제대로 안 됩니다. 부족한 데가 있어도 믿어 줄 때 좋은 결과가 나오지요. "난 아무도 못 믿어. 끝끝내 베냐민을 데리고 가려면 날 죽이고 가!" 이것은 믿음의 사람이 할 말이 아닙니다.

가장 중요한 것은 아직도 붙들고 있는 그 마지막 영역을 포기하는 것입니다. 야곱이 붙들고 있던 마지막 영역이었던 베냐민을 포기했을 때 놀라운 구원의 역사가 나타나지 않았습니까? 그 마지막 것이 어떤 사람에게는 학위일 수도 있고, 어떤 사람에게는 자신의 생활방식일 수도 있습니다. '나는 죽어도 이것을 포기하지 못한다' 는 사람은 말이 통하지 않는 사람입니다.

여러분, 우리는 자신의 생활을 다 책임지지 못합니다. 자식이 아무리 소중하다 해도 24시간 늘 붙어 있을 수는 없습니다. 결국 결정적인 부분은 하나님의 손에 맡겨야 합니다. "내가 자식을 잃게 되면 잃으리로다!" 어차피 우리는 이 세상에 빈손으로 오지 않았습니까? 어차피 이 세상에 '나의 것' 이란 없습니다. 다 하나님의 것입니다. 하나님은 언제든지 그분의 것을 가져가실 수 있습니다.

사랑하는 성도 여러분, 이 어려운 때에 자신의 모든 것을 걸고 책임을 지려는 자세를 가지는 사람만이 이 세상에서 빛과 소금의 역할을 할 수 있으며, 위기 때 하나님의 구원의 빛을 비출 수 있다는 것을 잊지 마십시오.

8 진정한 일치

요셉이 베냐민이 그들과 함께 있음을 보고
그 청지기에게 이르되 "이 사람들을 집으로
인도해 들이고 짐승을 잡고 준비하라.
이 사람들이 오정에 나와 함께 먹을 것이니라."
그 사람이 요셉의 명대로 하여 그 사람들을
요셉의 집으로 인도하니 그 사람들이 요셉의
집으로 인도되매 두려워하여 이르되 "전일 우리
자루에 넣여 있던 돈의 일로 우리가 끌려드도다.
이는 우리를 억류하고 달려들어 우리를 잡아
노예를 삼고 우리의 나귀를 빼앗으려 함이로다"
하고 그들이 요셉의 청지기에게 가까이 나아가
그 집 문 앞에서 그에게 고하여 가로되
"내 주여, 우리가 전일에 내려와서 양식을
사가지고 객점에 이르러 자루를 풀어 본즉
각인의 돈이 본수대로 자루 아구에 있기로
우리가 도로 가져왔고 양식 살 다른 돈도 우리가
가지고 내려왔나이다. 우리의 돈을 우리 자루에
넣은 자는 누구인지 우리가 알지 못하나이다."
그가 이르되 "너희는 안심하라. 두려워 말라.
너희 하나님, 너희 아버지의 하나님이 재물을
너희 자루에 넣어 너희에게 주신 것이니라.
너희 돈은 내가 이미 받았느니라" 하고
시므온을 그들에게로 이끌어 내고 그들을
요셉의 집으로 인도하고 물을 주어 발을 씻게
하며 그 나귀에게 먹이를 주더라.
그들이 여기서 먹겠다 함을 들은 고로 예물을

정돈하고 요셉이 오정에 오기를 기다리더니
요셉이 집으로 오매 그들이 그 집으로 들어가서
그 예물을 그에게 드리고 땅에 엎드리어 절하니
요셉이 그들의 안부를 물으며 가로되
"너희 아버지, 너희가 말하던 그 노인이
안녕하시냐? 지금까지 생존하셨느냐?"
그들이 대답하되 "주의 종 우리 아비가 평안하고
지금까지 생존하였나이다" 하고 머리 숙여
절하더라. 요셉이 눈을 들어 자기 어머니의 아들
자기 동생 베냐민을 보고 가로되 "너희가 내게
말하던 너희 작은동생이 이냐?" 그가 또 가로되
"소자여, 하나님이 네게 은혜 베푸시기를
원하노라." 요셉이 아우를 인하여 마음이 타는
듯하므로 급히 울 곳을 찾아 안방으로 들어가서
울고 얼굴을 씻고 나와서 그 정을 억제하고
"음식을 차리라" 하매 그들이 요셉에게 따로 하고
그 형제들에게 따로 하고 배식하는 애굽
사람에게도 따로 하니 애굽 사람은 히브리 사람과
같이 먹으면 부정을 입음이었더라.
그들이 요셉의 앞에 앉되 그 장유의 차서대로
앉히운 바 되니 그들이 서로 이상히 여겼더라.
요셉이 자기 식물로 그들에게 주되 베냐민에게는
다른 사람보다 5배나 주매 그들이 마시며 요셉과
함께 즐거워하였더라.

창 43:16-34

수 년 전에 가톨릭의 지학순 주교가 남북 교류의 일환으로 여러 일
행과 함께 평양을 방문한 적이 있었습니다. 그는 거기서 수십
년 만에 자신의 친동생을 만나게 되었습니다. 어렸을 때 헤어진 그 여
동생은 어느새 할머니가 되어 있었습니다. 그런데 몇십 년 만에 만난
여동생은 오빠에게 이런 말을 했습니다. "오빠, 우리는 지금 김일성
수령님의 은혜로 너무나도 잘 살고 있어요. 오빠도 어서 그 지긋지긋
한 곳을 떠나 이 곳에서 우리와 함께 살아요." 여동생의 입에서 흘러
나오는 말은 모두 정치적인 선전뿐이었습니다. 늙은 주교는 아무 소리
도 하지 못하고 그저 그의 손을 잡은 채 하염없이 눈물만 흘릴 뿐이었
습니다.

저는 그 늙은 주교의 눈에서 눈물이 흘러내리는 그 사진을 신문에서
보았습니다. 그가 깨달은 것이 무엇입니까? 단순히 이런 식으로 몇십
년 만에 그리운 동생을 만나는 것은 진정한 통일이 아니라는 것입니
다. 그와 동생 사이에는 도저히 메울 수 없는 엄청난 이념의 차이가 가
로놓여 있었습니다. 그들의 만남은 진정한 회복이 아니라, 오히려 진

정한 회복이 얼마나 어려운 것인가를 다시 한 번 피부로 느끼게 해 주는 일이었습니다.

오늘 본문에는 흩어졌던 야곱의 열두 아들이 한자리에 모이는 장면이 나옵니다. 이들은 무려 20년 만에 다시 만나 자리를 함께하고 있습니다. 형제들은 요셉의 요구대로 아버지를 설득해서 베냐민을 데리고 왔고, 요셉은 갇혀 있던 시므온을 그들에게 돌려주었습니다. 이것을 보면 마치 무슨 포로 교환을 하는 것 같습니다. 그러나 20년 만에 만난 형들과의 관계가 단순한 공적 거래로 끝날 수는 없었습니다.

요셉은 형들을 자신의 집으로 초청했습니다. 그것은 단순히 곡식을 구하러 온 요셉의 형들에게는 충격 그 자체였을 뿐 아니라 대단히 불안한 일이기도 했습니다. 그들이 원하는 것은 양식을 얻고 형제들을 챙겨서 한시라도 빨리 이 지긋지긋한 애굽을 떠나는 것입니다. 그런데 애굽의 총리는 그들을 그냥 보내지 않고 자기 집으로 초청해서 친절하게 대접했습니다.

그런데 이상한 점은 그러면서도 그가 끝까지 자신의 정체를 밝히지 않았다는 것입니다. 그는 철저하게 자신의 신분을 감춘 채 그들을 만났습니다. 그 이유가 무엇일까요? 무엇이 20년 만에 형제들을 만나고서도 자신을 밝히지 못하게 하고 서로 하나 되지 못하게 만들고 있는 것입니까?

오늘 본문은 이스라엘의 열두 아들들이 단순히 한자리에 모였다는 그 사실만으로는 다시 연합되었다고 말할 수 없음을 보여 줍니다. 그들에게는 더 필요한 것이 있었습니다. 그것은 그들의 마음이 하나 되고 그들의 정신이 일치되는 것이었습니다.

　우리에게도 다시 회복해야 할 깨어진 관계들이 있습니다. 그 중에서 가장 심각한 것이 우리 민족의 분단입니다. 사실 오늘 본문을 읽으면서 그 때와 오늘의 상황이 너무나도 비슷한 데 놀라지 않을 수 없습니다. 요셉의 형들은 굶주림을 피해 양식을 구하려고 애굽을 찾아갔습니다. 오늘 북한에서도 식량이 없어서 많은 사람들이 굶어 죽고 있습니다. 북한 어린이들의 사진을 보면 한결같이 제대로 자라지 못한데다가 피골이 상접해 있습니다. 우리는 그들에게 양식을 보내려고 애를 쓰고 있지만, 안타깝게도 그 양식을 군량미로 쓴다거나 양식을 실어간 배의 선원들을 억류하는 식의 일들 때문에 불신이 조장되었습니다. 그러나 우리가 보낸 양식으로 북한 사람들이 주린 배를 채우고 남북한이 한 팀이 되어 월드컵 본선에 진출한다고 해서 우리가 모두 하나 되었다고 말할 수는 없습니다. 왜냐하면 우리 사이에 패인 불신의 골짜기가 너무나도 깊기 때문입니다.

　때로는 가족들 사이에 의리가 갈라져서 오래 만나지 않는 경우도 있습니다. 그래서 어쩌다 명절 때 자리를 함께하게 되어도 기쁨이 되기보다는 오히려 생각의 차이를 확인하는 서글픈 기회가 될 때가 많이 있습니다. 이것은 같은 기독교 신앙을 가진 사람들 사이에서도 일어날 수 있는 일입니다. 하나가 되려고 자리를 함께 했는데, 오히려 서로의 의견 차이가 얼마나 심한가를 확인하는 데 그치는 경우들이 있습니다.

　우리가 하나 된다는 것이 왜 이렇게 어렵습니까? 우리의 진정한 모습을 털어놓고 교제하기가 왜 이렇게 어렵습니까? 어떻게 해야 우리 민족이나 교회나 형제들은 진정으로 하나가 될 수 있습니까?

1. 애정과 진실 사이에서

우리는 오늘 본문에서 요셉이 애정과 진실 사이에서 심한 갈등을 겪고 있는 모습을 볼 수 있습니다. 요셉은 형들이 베냐민을 데려온 것을 보고 형제들을 자신의 집에 초청했습니다. 그리고 미리 자신의 청지기에서 주의를 주어서, 더 이상 불필요하게 그들을 두렵게 만들거나 공포에 빠뜨리지 않게 했습니다.

> 요셉이 베냐민이 그들과 함께 있음을 보고 그 청지기에게
> 이르되 "이 사람들을 집으로 인도해 들이고 짐승을 잡고
> 준비하라. 이 사람들이 오정에 나와 함께 먹을 것이니라."
> 그 사람이 요셉의 명대로 하여 그 사람들을 요셉의 집으로
> 인도하니 (43:16, 17)

일단 베냐민이 함께 온 것을 확인한 후, 형들에 대한 요셉의 태도는 확실히 달라지고 있습니다. 그는 그들을 자기 집에 초청하고, 또 그들이 두려워할 것에 대비해서 자기 하인에게 대답할 말을 미리 가르쳐 준 것 같습니다.

형들의 두려움 지금 요셉의 형들이 생각하고 있는 것이 무엇입니까? 한순간이라도 빨리 곡식을 구해서 애굽을 탈출하는 것입니다. 그런데 애굽의 총리는 곡식은 주지 않고 자기 집으로 가자는 등 다른 일을 자꾸 만들고 있습니다. 그들은 요셉이 지난번에 돌려준 돈을 트집 삼아 자신들을 모두 노예로 삼기 위해 집에 데려간다고 생각했습니다. 그들은 특히 나귀를

빼앗길까 봐 걱정했습니다. 그 당시에 나귀는 굉장히 비쌌던 것 같습니다.

그래서 그들은 누가 묻지도 않았는데, 곡식 자루 안에 돈이 도로 들어와 있었다고 요셉의 청지기에게 자진 신고를 했습니다. 그러자 청지기는 이들이 조금도 놀라지 않도록 아주 친절하고 자상하게 대답해 주었습니다. 23절을 보십시오.

> 그가 이르되 "너희는 안심하라. 두려워 말라.
> 너희 하나님, 너희 아버지의 하나님이 재물을
> 너희 자루에 넣어 너희에게 주신 것이니라.
> 너희 돈은 내가 이미 받았느니라" 하고
> 시므온을 그들에게로 이끌어 내고 (43:23)

이 말은 하나님을 모르는 사람의 입에서 들을 수 있는 최고의 위로였습니다. 그 돈은 하나님께서 주신 것이니까 조금도 걱정하지 말라는 것입니다. 요셉의 형들은 아직 요셉의 정체를 전혀 모르고 있었기 때문에, 요셉만 원한다면 얼마든지 장난을 칠 수 있었습니다. 게다가 그들은 잔뜩 겁을 집어먹고 있기 때문에 얼마든지 골탕먹일 수 있었습니다. 그러나 요셉은 불필요하게 형들을 두렵게 하거나 불안하게 만들지 않았습니다. 오히려 따뜻한 말로 그들을 위로하고 시므온을 감옥에서 풀어 그들에게 돌려주었습니다.

또한 요셉은 그들을 만났을 때 아버지의 근황을 자세히 물었습니다. "너희가 말하던 그 노인이 안녕하시냐? 그가 생존하셨느냐?" 그리고 자기 친동생 베냐민을 보고 "이 애가 너희가 말하던 막내냐?" 하면서, "하나님이 네게 은혜를 베푸시기를 원한다"고 축복했습니다. 그 때 그는 가슴이 너무 불붙는 것 같아서 옆방에 가서 통곡한 후 다시 돌아왔습니다. 그리고 형제들을 자리에 앉힐 때에도 나이 순서대로 앉혀서 비상한 관심을 표현했을 뿐 아니라, 음식도 자기 음식을 주어서 그들에 대한 특별한 애정을 나타냈습니다.

그러나 그는 자기가 누구인지는 끝까지 형들에게 밝히지 않았습니다. 왜 그랬을까요? 형들을 그렇게 따뜻하게 대하면서도 왜 자기의 정체는 끝까지 밝히지 않은 것일까요?

우리가 요셉의 처지를 이해하려면 현대의 스파이전을 생각해 보아야 합니다. 얼마 전 독일과 프랑스에서 국가의 중요한 위치에 있는 자들이 구 소련에 정보를 팔아먹은 스파이 혐의로 체포되는 바람에 전세계가 큰 충격을 받은 일이 있었습니다. 만약 그 때 누군가가 이 사람들이 스파이라는 사실을 미리 알았다고 합시다. 아마 그는 그 사실을 누구에게도 쉽게 알리지 못할 것입니다. 왜냐하면 과연 누가 적이며 친구인지, 이 사실을 누구에게 알리면 안전한지 확인할 수가 없기 때문입니다. 자칫 잘못 이야기했다가는 자기가 죽임을 당할지도 모릅니다. 그러니까 끝까지 확인해야 할 것이 무엇인가 하면, 여기에 연루된 자가 누구며 자신이 진실로 믿을 수 있는 사람이 누구냐 하는 점입니다. 그것이 확인되지 않으면 아무 행동도 할 수가 없습니다.

더욱이 그 스파이가 자기와 둘도 없이 친한 친구거나 자신의 친형제라고 합시다. 그는 진실과 애정 사이에서 엄청난 고민을 할 것입니다. 진실을 밝히면 가장 가까운 친구나 형제가 다치게 됩니다. 그러나 그 사실을 그냥 두고 가만히 있으면 자신의 생명이 위험할 뿐 아니라 나라 전체가 위태로워집니다.

요셉이 고민하고 있는 문제가 무엇입니까? 과연 형들이 지금 어떤 상태에 있느냐 하는 것입니다. 다시 말해서 그들이 과거에 자기를 죽이려고 하다가 결국은 노예로 팔아 버렸을 때 주동자는 과연 누구였으며 그의 영향이 아직도 형제들 사이에 미치고 있느냐를 확인할 필요가 있었습니다. 어쩌면 요셉이 시므온을 지목해서 감옥에 가둔 것은 '혹시 이 형이 나를 죽이는 데 주동자가 아니었을까' 하는 생각 때문이었는지도 모르겠습니다.

에서와 야곱 사이에서 야곱을 아버지 집에 있지 못하게 했던 장본인은 분명히 에서였습니다. 야곱은 그와의 문제가 해결되지 않는 이상 하나님의 집에 돌아갈 수가 없었습니다. 그러나 요셉은 누가 자신의 적이며 누가 자신의 친구인지 도저히 알 수가 없었습니다. 형들이 자기를 죽이려고 하다가 노예로 팔아 버린 것이 일시적인 충동 때문이었는지, 아니면 아버지 집을 차지하기 위해서 누군가 악한 마음을 먹고 계획적으로 그렇게 한 것인지, 혹시 아직도 그런 생각을 하고 있는 형이 있는지, 한두 명의 형이 자기를 미워한 건지 전부 다 미워한 건지 알 수가 없었어요.

물론 지금은 요셉이 막강한 권력을 가지고 있기 때문에 함부로 건드리지는 못할 것입니다. 그러나 요셉은 이 애굽을 자기가 영구적으로 있어야 할 자리로 생각하지 않았습니다. 그는 아버지 집으로 돌아가서 하나님을 섬기고 싶었습니다. 그런데 만일 형들이 과거와 똑같이 자기를 미워하고 거부한다면, 그 문제를 어떤 방식으로든지 근본적으로 해결하지 않는 이상 아버지 집에 돌아갈 수 없었습니다. 이것은 마치 야곱이 에서 때문에 집에 돌아가지 못하고 수십 년 동안 떠나 있어야 했던 상황과 같습니다.

　여기서 요셉이 취한 전략이 무엇입니까? 친동생인 베냐민을 데려오게 한 다음, 형들이 그를 대하는 태도를 보는 것입니다. 베냐민은 모든 조건이 요셉과 똑같았습니다. 그는 본처의 소생이었고 라헬의 아들이었습니다. 그래서 요셉은 무슨 일이 있든지 베냐민을 데려와야 한다고 주장했고, 그렇게 하지 않으면 결코 자기 얼굴을 보지 못할 것이라고 경고한 것입니다.

　요셉이 지금까지 원했던 것이 무엇입니까? 단순히 굶주린 아버지나 형제들을 도와 주는 것이 아닙니다. 그들과 진정으로 화해하고 다시 그들 중 하나가 되는 것입니다. 그는 하나님의 집에 돌아가고 싶었습니다. 그러나 형들의 생각을 알 수가 없었습니다. 그래서 자기와 조건이 똑같은 베냐민을 통해 형들의 본심을 알아 내려고 했습니다.

　이것은 마치 셰익스피어의 희곡 〈햄릿〉에서 주인공 햄릿이 당시 왕으로 있던 삼촌과 어머니의 생각을 알아 내기 위해, 광대들을 불러 연극을 공연하게 했던 것과 비슷합니다. 물론 목적이나 방법은 다르지만 요셉도 비슷한 연극을 하고 있습니다. 햄릿은 극중에서 삼촌이 그 형이자 왕인 자기 아버지를 살해하는 장면을 공연하면서, 삼촌의 얼굴이 새파랗게 질리는 것을 봅니다. 그 때 그는 아버지를 죽인 장본인이 삼촌임을 확신하고 복수의 칼을 갈게 됩니다.

　요셉이 지금 확인하고 싶어하는 것은 과연 형들이 자기를 해치려고 한 것이 일시적인 충동에 의한 것인가, 아니면 지금도 그런 생각을 가지고 있는가 하는 점이었습니다. 그는 이것이 확인되지 않는 한 자신을 노출시킬 수 없다고 생각했습니다. 만일 그들이 일시적인 충동으로 자신을 죽이려 했다면 얼마든지 용서할 수 있습니다. 그러나 지금도 자기를 미워하고 있고 베냐민까지 미워해서 죽이려고 한다면, 화해는 불가능한 일이 될 것입니다.

지금 우리와 북한의 관계도 마찬가지입니다. 가능한 한 그들의 감정을 자극하거나 불안하게 할 필요가 없습니다. 특히 경제적으로 어렵고 정치적으로 고립되어 있을 때 위협적이거나 도전적인 발언을 할 필요가 없습니다. 그러나 확인할 것이 하나 있습니다. 그것은 그들이 다시 전쟁을 일으키려는 생각을 가지고 있느냐, 아니면 이제는 그런 생각을 완전히 포기했느냐 하는 점입니다. 만약 그것이 확인되지 않으면 호랑이를 키우는 셈이 되거나 원수의 손에 칼을 들려 주는 꼴이 될 것입니다.

이것은 다른 모든 화해에서도 근본적으로 확인해야 할 사항입니다. 서로의 관계가 깨지게 되었던 이유가 있을 텐데, 그 상태가 아직도 지속되고 있는지, 아니면 지금은 변했는지를 확인하고 자신을 드러내야 상처를 받지 않습니다. 그것이 확인되지 않는 한 화해는 불가능합니다.

2. 누구든지 베풀 수 있는 사랑

사실 의심이 가는 사람에게 아무 내색도 하지 않고 관계를 지속한다는 것은 참 어려운 일입니다. 당장 그 사람의 멱살을 잡고 따지든지 아니면 아예 관계를 끊고 다시는 만나지 않고 싶은 것이 사람의 마음입니다.

그러나 요셉은 어떻게 했습니까? 아직 형들을 의심하고 있기는 했지만, 동시에 자신이 베풀 수 있는 애정을 다 베풀었습니다. 저는 이것을 진정한 사랑이라고 말할 수는 없다고 봅니다. 왜냐하면 사랑이란 서로 마음과 마음이 통하고 정신이 일치된 상태에서 상대방에게 자신을 헌신하는 것이기 때문입니다. 아직 자신의 정체를 드러내지 않은 상태에서, 자신을 완전히 베일에 싸 놓은 채 잘해 주는 것은 사랑이 아니라 인정(人情)입니다. 옛날의 형제 관계를 생각해서 친절하게 대해 주는 것이지요.

요셉은 형들에 대해 아직도 혐의를 풀지 않고 있습니다. 그들 중에 어느 누군가는 아버지의 유산을 탐내서 자기를 아버지 집에 있지 못하게 죽이려 했고 애굽에 노예로 팔아 버렸으리라는 의심을 가지고 있습니다. 그럼에도 불구하고 그는 모든 사람이 베풀 수 있는 사랑을 베풀었습니다. 그는 형들을 자기 집에 초대해서 먹을 것을 주고 그들이 불편하지 않도록 친절하게 대했습니다.

물론 이런 인정이 진실한 사랑은 아니지만, 진실한 사랑으로 가는 끈은 될 수 있습니다. 우리는 먼저 마음부터 터놓은 후에 사랑을 해야 진실한 사랑을 할 수 있다고 생각합니다. 그 생각은 당연한 것입니다. 그러나 상대방과의 사이에 오해가 너무 깊을 때, 감정적인 앙금이 너무 심할 때 마음을 터놓는다는 것은 불가능한 일입니다. 그럴 때는 마음까지는 터놓지 못해도, 누구나 할 수 있는 평범하고 보편적인 사랑에서부터 시작하는 것이 좋습니다.

요셉이 형들을 대접한 것 같은 일은 누구나 할 수 있습니다. 아무리 상대방에게 감정이 있고 마음의 상처가 남아 있다 하더라도, 거의 20년 만에 만난 자기 형제들을 집에 초대해서 함께 식사하는 것은 누구나 할 수 있는 일이에요. 제가 오늘 본문을 처음 읽었을 때 당황했던 점이 바로 이것이었습니다. 누구나 할 수 있는 이런 평범한 일을 성경이 왜 이렇게 자세하게 기록하고 있는지 알 수가 없었어요. 이런 것은 요셉이 아니라 누구라도 할 수 있는 일입니다. 그런데 성경이 이것에 대해 이렇게 자세히 기록하는 이유가 무엇입니까?

바로 이런 일반적인 애정이나 인정이 상대방을 바른 관계로 이끌 수 있는 끈이 될 수 있기 때문입니다. 저는 성경이 단순한 교리의 묶음으로 되어 있지 않은 것에 대해 하나님을 찬양합니다. 성경은 우리에게 어떤 진리를 주입시키는 책이 아닙니다. 요셉이 한 일은 누구든지 다 할 수 있는 그런 일이었습니다. 예수 안 믿어도, 요셉 같은 신앙의 인물이 아니어도, 인간이라면 누구나 다 할 수 있는 일이었어요. 오히려 그렇게 하지 않는 사람이 있다면 그 사람이 이상한 것이지요.

그런데 문제는 예수를 믿는다고 하는 우리가 누구나 다 할 수 있는 이런 인정 있는 일을 소홀히 한다는 점입니다. 하나님의 엄청난 진리에 마음을 빼앗긴 나머지 하나님을 모르는 사람들도 누구나 할 수 있는 이런 평범한 사랑, 이런 기본적인 도리를 소홀히 할 때가 너무나도 많습니다. 주님은 이렇게 말씀하셨습니다.

"나는 너희에게 이르노니 너희 원수를 사랑하며

너희를 핍박하는 자를 위하여 기도하라.

이같이 한즉 하늘에 계신 너희 아버지의 아들이 되리니

이는 하나님이 그 해를 악인과 선인에게 비취게 하시며

비를 의로운 자와 불의한 자에게 내리우심이니라"

(마 5:44, 45).

아버지의
온전하심처럼

이 세상 사람들은 하나님을 모릅니다. 단지 모르는 정도가 아니라 미워합니다. 그럼에도 불구하고 하나님께서는 악인과 선인을 가리지 않고 빛을 비추시며 비를 내려 주십니다. 우리 같으면 어떻게 하겠습니까? "네가 나를 미워해? 당장 태양부터 꺼 버려야지. 비를 한쪽으로만 몰아서 왕창 줘야지" 하지 않겠습니까? 하지만 하나님은 악인과 선인 모두에게 이런 일반적인 은총을 주심으로써 악인들의 마음이 완전히 닫히지 않게 하시며, 그들로 하여금 하나님을 느낄 수 있게 하십니다.

우리는 '모든 것 아니면 아닌 것'(All or Nothing)의 방법으로 사람을 대할 때가 많습니다. 나와 비슷하고 통하는 데가 있는 사람한테는 모든 것을 다 터놓고 이야기합니다. 그러나 스타일이 좀 다르거나 생각이 다르면 아예 인사조차 하려고 하지 않습니다. 이렇게 사는 사람은 마치 이 세상에서 벌거벗고 사는 것과 같습니다. 우리의 생각이 몸이라면 예의나 일반적인 인간 관계는 밖에 걸치는 옷입니다. 너무나도 진실을 중요시한 나머지 예의나 보편적인 인정마저 무시하는 것은, 마치 옷을 완전히 벌거벗고 사는 것이나 다름없습니다. 만약 모두가 벗고 산다면 아무나 쉽게 만나지 못할 것이며, 같은 편이 아니면 아예 상대조차 하지 못할 것입니다. 사람도 일일이 얼굴 봐 가면서 확인해야 해요. 어린아이들이 목욕탕에서 엄마를 잃어버리기 쉬운 이유가 무엇입니까? 전부 옷을 벗고 있다 보니 뒤에서 보면 다 그 사람이 그 사람 같기 때문입니다.

우리가 믿음을 가지고 있다고 해서 이런 인간적인 예의나 기본적인 도리를 무시해서는 안 됩니다. 그런 것이 상대방을 사람답게 만들거나 진리를 이루는 것은 아니지만, 서로 간에 쌓인 오해나 감정적인 앙금을 누그러뜨려서 벌어진 틈을 가깝게 할 때가 많이 있습니다. 북한이 굶주리고 있을 때에는 일단 곡식을 보내 주어야 합니다. 작은 오해가 있고 불미스러운 일이 있다 해도 굶고 있는 자들에게는 이념과 사상을 떠나서 무조건 곡식을 보내야 합니다. 그래야 벌어져 있는 틈을 조금이라도 메울 수가 있습니다. 이념적인 차이까지는 메울 수 없다 하더라도 감정적인 틈은 메울 수 있어요. 이렇게 감정적인 틈을 메우는 것이 하나 되는 일에 큰 도움이 될 때가 많습니다.

신앙을 가지지 않은 부모님의 생신이 돌아오면 그냥 넘어가지 마십시오. 내가 부모님을 미워하지 않고 아직도 사랑하고 있다는 것을 표현하십시오. 약간의 성의가 불필요한 오해를 막을 때가 많습니다.

3. 하나님이 보여 주고자 하시는 것

야곱의 열두 아들을 통해 하나님께서 보여 주고자 하시는 것은, 구원받을 자격이 없으며 하나님 앞에서 무서운 죄인임에도 불구하고 하나님이 어떻게 이들을 사랑하여 구원하셨는가 하는 것입니다.

야곱의 열두 아들은 한결같이 무서운 죄성을 가진 자들이었습니다. 르우벤은 간음죄를 저질렀습니다. 그것도 여느 여자가 아니라 자기 서모와 죄를 지었어요. 또 시므온과 레위는 세겜 학살의 주역이었습니다. 유다는 일찍 아버지의 집을 떠난 방탕아로서 며느리와 관계해서 쌍둥이를 낳았습니다. 본의든 아니든 유다가 신앙적으로 타락했다는 것은 사실입니다. 그리고 다른 첩의 아들들은 요셉을 죽이려고 하다가 그를 노예로 파는 일에 주도적인 역할을 했습니다. 성경은 그럼에도 불구하고 하나님께서 요셉의 시련을 통해 그들을 구원하기를 기뻐하셨다는 것을 보여 줍니다.

지금 요셉이 형들 앞에서 자신의 정체를 드러내기를 두려워하는 이유가 무엇입니까? 그들과의 신뢰 관계를 되찾는다는 것이 얼마나 어려운 일인지 알고 있기 때문입니다. 요셉은 누구보다 이들을 사랑하며 이들을 이해합니다. 그러나 그가 어떻게 이들과 옛날의 신뢰 관계를 다시 회복하며 서로 사랑할 수 있겠습니까? 이것은 어느 한쪽만 마음을 고쳐먹는다고 해서 될 일이 아닙니다. 양쪽이 마음을 다 고쳐야 합니다. 아무리 요셉이 형들을 사랑한다 하더라도 형들이 요셉을 믿지 못하면 아무 소용이 없습니다.

요셉은 형들에게 조금씩 사랑을 표현합니다. 그러나 이 작은 사랑이 형들에게는 엄청난 두려움과 충격이 되었습니다. 곡식값을 도로 넣어 주니까 "이건 완전히 사망통지서야! 우린 이제 다 죽었다!" 하면서 두려워하고, 집으로 초청하니까 "우리 나귀를 뺏으려 하네! 우리를 노예로 팔아먹으려는 속셈이야!" 하고 놀랍니다. 또 나이 순서대로 앉히니까 "우리를 순서대로 죽이려 하나 보다!" 하면서 떱니다.

사랑한다는 게 이렇게 어렵습니다. 만약 내가 아주 사랑하는 자녀나 친구가 내 사랑을 전혀 이해하지 못하고, 사랑하면 할수록 두려워하며 도망치려 든다면 어떨 것 같습니까? 상대방을 붙잡고 소리라도 지르고 싶지 않겠습니까? 사랑이란 어느 한쪽의 마음만 변한다고 해서 되는 것이 아닙니다. 사랑은 쌍방의 문제입니다.

그래서 사도 바울은 로마서에서 '속죄'의 개념과 '화해'의 개념을 분명하게 구분하고 있습니다. 우리는 하나님께 제사를 지낼 때 왜 속죄제가 필요하고 화목제가 필요한지 이해하기가 어렵습니다. 이것은 우리에게는 어려운 개념입니다. 속죄는 죄를 지었을 때, 그 죄를 덮어서 없었던 것으로 인정해 버리는 것입니다. 그러나 우리는 속죄만으로는 부족합니다. 하나님께서 아무리 우리 죄를 용서하시고 우리를 사랑하셔도 우리가 그것을 믿지 않고 그 은혜에서 자꾸 도망친다면 아무 소용이 없습니다. 하나님이 아무리 죄가 없다고 인정해 주셔도 마음속에 양심이 살아 있고 과거에 대한 기억이 남아 있어서, 하나님 앞에 나아갈 때마다 불편한 거예요. 이처럼 하나님께서 아무리 우리를 사랑하셔도 우리가 그것을 믿지 않으면 소용이 없습니다. 그래서 사도 바울은 그리스도를 화목제로 삼으셨다는 점을 강조했습니다.

요셉은 형들을 사랑합니다. 그러나 자기의 애정 표현이 그들에게는 오직 충격이 될 뿐입니다. 물론 요셉은 당장이라도 아버지 집에 뛰어가고 싶지요. 그러나 형들이 지은 죄가 해결되지 않는 이상, 자기의 사랑은 도리어 그들을 해치는 것밖에 되지 않는다는 사실을 그는 알았습니다.

하나님께서 예수 그리스도를 우리에게 보내신 것은 우리의 죄만 용서하시기 위해서가 아니라, 우리를 하나님 앞에 정말 당당하게 세우시기 위해서입니다. 어떻게 당당하게 세우십니까? 우리 마음 속에 우리가 진짜 의인이라는 믿음을 주심으로써 그렇게 하십니다. 실제로 우리는 요셉의 형들과 전혀 다를 바 없는 무서운 죄인들입니다. 그러나 하나님께서는 우리의 마음을 바꾸어 주셔서 하나님의 사랑을 받아들일 수 있는 믿음을 주십니다. 그 앞에 당당하게 서게 하시고 담대하게 나아가게 하십니다.

신앙은 하나님을 비굴하게 사랑하는 것이 아닙니다. 교회에 들어오자마자 낮은 포복으로 벌벌 기면서 "하나님, 죄인 왔습니다. 죽여 주십시오" 하는 게 아니에요. 우리는 하나님이 은혜를 주시는데도 '나를 죽이려고 하시는구나. 내 차와 집과 직장과 가족을 빼앗아 가시려고 하는구나' 하고 의심할 때가 많습니다. 그리스도인들 중에 신앙생활은 늘 가난해야 하고 병들어야 하며 박해받아야 한다고 생각하는 사람들이 있는데, 이것을 하나님의 사랑을 너무나 병적으로 생각하는 것입니다.

물론 하나님께서 우리의 죄를 깨닫게 하시려고 우리를 낮추실 때도 있고, 우리가 너무 교만하기 때문에 어려움을 주실 때도 있습니다. 그럴 때 우리는 너무나도 자신감을 잃은 나머지 전화벨 소리나 낙엽이 바스락거리는 소리에도 화들짝 놀랍니다. 그러나 그런 어려움은 신앙의 전부가 아닙니다.

형들이 자기 사랑을 제대로 받아들이지 못하고 두려워하며 벌벌 떠는 것을 보았을 때 요셉의 마음이 얼마나 아팠겠습니까? 그러나 형들의 마음이 치료되기 전까지, 자신을 팔아 넘긴 죄에 대해 어떤 해답이 생기기 전까지는 마음껏 사랑할 수가 없었습니다.

그것이 바로 우리 같은 죄인들을 사랑하시는 하나님의 어려움입니다. 하나님이 우리를 사랑하시기가 너무 어려워요. 우리는 너무나도 다루기 까다로운 자들입니다. 하나님께서 조금만 좋게 해 주시면 눈에 보이는 것이 없어져서 교만하게 설쳐 대고, 우리를 낮추시려고 조금만 어렵게 하시면 죽는다고 소리를 지르면서 노예처럼 비굴하게 넘어져서 자신을 학대하는 것이 바로 우리들입니다.

요셉은 형들을 자리에 앉힐 때 본처나 첩의 소생 구별 없이 나이 순서대로 앉혔습니다.

그들이 요셉의 앞에 앉되 그 장유의 차서대로
앉히운 바 되니 그들이 서로 이상히 여겼더라(43:33).

이것은 요셉이 형들을 본처 자식이니 첩의 자식이니 하는 식으로 차별하지 않았다는 것을 보여 줍니다. 그러나 형들은 마치 큰일이나 일어날 것처럼 이상하게 생각했습니다. 자기들을 순서대로 죽이려 한다고 생각했을지도 모릅니다.

다른 사람을 사랑한다는 것은 정말 쉬운 일이 아닙니다. 남편이 아내를 사랑한다는 것은 쉬운 일이 아니에요. 아내를 치료해 가면서, 아내의 약한 부분을 싸안아 주면서, 그 안에 자신감을 불어넣어 주면서, 당당하게 만들어 가면서 사랑해야 합니다. 그렇게 하지 않는 한 사랑하면 할수록 상대방을 더 절망시키며 더 어려운 궁지로 밀어넣게 될

치료하면서
사랑하라

수밖에 없습니다.

4. 무엇이 진정으로 하나 되게 하는가?

우리는 오늘 본문에서 형제 사이에 하나 되는 일이 얼마나 어려운가를 보고 있습니다. 20년 만에 형제들이 모두 한자리에 모였지만, 그들은 아직 하나가 되지 못하고 있습니다. 그들을 분열시킨 것은 단순히 육체적인 분리가 아니었기 때문입니다. 그들을 하나 될 수 없게 만든 것은 죄였습니다. 20년 전에 저질렀던 그 죄가 그들을 하나 되지 못하게 만들고 있었습니다.

사도 바울은 갈라디아서 5장에서 육체의 일에 분쟁과 시기와 분냄과 당짓는 것과 분리함과 이단과 투기가 있다고 했습니다. 사람의 특성은 서로 분열되고 쪼개어지는 것입니다. 사람들을 분열시키는 것은 단순한 육체적인 분리가 아닙니다. 마음 속에 있는 좋지 못한 기억과 불신과 서로에 대한 피해의식과 가치관의 차이가 사람들을 나누어 놓고 있습니다. 그래서 사람들이 하나 되기 위해서는 무엇보다 먼저 정신이 일치되고 영이 하나 되어야 합니다. 생각이 서로 다른데 자리만 함께하고 있다고 해서 하나가 될 수 있는 게 아니에요.

분열된 것을 하나 되게 하는 것은 성령의 역사입니다. 하나님의 성령이 임하지 않으면 사람은 결코 하나 될 수 없습니다. 성령은 분열된 모든 사람의 마음을 하나 되게 하십니다. 물론 성령이 하나 되게 하신다고 해서, 모든 사람들이 예수를 믿지 않으면 하나로 연합할 수 없다는 뜻은 아닙니다. 그럼에도 불구하고 성령께서 한마음을 주시지 않으시면 사람들은 결코 하나가 될 수 없습니다.

오늘 본문은 한번 죄 때문에 깨어진 이스라엘의 아들들의 관계가 다시 회복된다는 것이 얼마나 어려운 일인지를 우리에게 보여 주고 있습니다. 이제 충분한 시간이 지났고 요셉도 더 이상 노예가 아니지만, 그리고 지금 이렇게 한자리에 모이게 되었지만, 그럼에도 불구하고 그들은 하나가 될 수 없었습니다. 나중에 이스라엘 열두 지파는 요셉의 후손을 중심으로 남쪽 유다와 북쪽 이스라엘로 분열됩니다. 그렇게 분열되고 난 후 그들은 다시 합쳐지지 못하고 두 나라 모두 멸망하기에 이릅니다. 결국 그들은 예수 그리스도가 십자가에 못박히시고 오순절에 성령이 임하고 나서야 비로소 하나가 됩니다.

진정한 관계의 회복을 원합니까? 혼자라도 먼저 하나님께 나아가십시오. 내가 먼저 하나님께 나아가지 않는 이상 절대로 다른 사람들과 하나가 될 수 없습니다. 요셉이 형제들과 하나 될 수 있었던 것은 그가 혼자 노예로 팔려 왔으면서도 계속 하나님께 나아갔기 때문입니다. 그는 하나님과 동행했고 하나님의 말씀을 생각했으며 계속 하나님 앞에 정직하려고 했습니다. 그 결과 하나님의 손에 붙들린 바 되었고, 이 무서운 기근에 형제들을 다시 만나 그들을 도울 수 있는 위치에 서게 되었습니다.

부부도 서로 가까워지고 싶으면 각자 하나님께 가까이 나아가야 합니다. 자기는 가만히 있는 상태에서 상대방한테만 자기의 뜻을 따라 달라고 요구하는 것은 강짜부리는 일밖에 되지 않습니다. 다른 사람과 똑같이 하나님께 나아가려고 하니까 일치가 더디게 이루어지는 것입

네가 먼저
하나님께
나아가라

니다. 누구든지 '하나님의 은혜가 아니면 우리는 가까워질 수 없다'
는 것을 깨달은 사람이 먼저 하나님 앞에 가까이 나아가야 합니다. 그
럴 때 그의 마음이 얼마나 넓어지는지 모릅니다. 다른 모든 이들의 허
물을 용납하고도 남는 넉넉함이 생깁니다. 문제의 원인만 해결된다면
다른 감정적인 문제들은 너끈히 극복할 수 있는 여유가 생겨요.

모든 사람이 똑같이 탁자에 둘러앉아 과거의 시시콜콜한 잘못들을
전부 꺼내서 잘잘못을 가려 봐야 회복은 이루어지지 않습니다. 문제의
핵심을 바로 파악한 후 상대방의 연약한 부분을 책임지고 끌어안을 때
에야 비로소 진정한 연합과 일치가 이루어지는 것입니다. 이것은 성령
의 은혜로 이루어지는 일입니다.

가족들과 진정으로 화해하고 싶습니까? 하나님께 더 가까이 나아가
십시오. 이 민족이 진정으로 하나 되기를 바랍니까? 하나님께 더 가까
이 나아가십시오. 그리하여 상대방의 장점뿐 아니라 결점까지 사랑할
정도가 되지 않으면 결코 분열된 틈은 메워지지 못할 것입니다.

사람은 아무리 좋은 모임이라 하더라도 그것이 정말 자신에게 필요
하다고 생각되지 않으면 아무래도 가게 되지 않습니다. 그 모임이 정
말 자신에게 필요하기 때문에 어떤 일이 있어도 그 모임만은 꼭 참석
해야 한다는 생각이 들어야 거리나 시간을 불문하고 참석하게 되지요.
하나님께서는 그분께 가까이 나아오는 자들에게 바로 이렇게 다른 사
람들이 꼭 필요로 하는 것들을 주십니다. 꽃에 꿀이 없으면 무엇 때문
에 벌이 찾아오겠습니까? 벌도 굉장히 바빠요. 하지만 자기한테 필요
한 꿀이 꽃에 있기 때문에 그렇게 찾아오는 것입니다.

진정으로 필요한 것을 채워 주는 곳에 사람들의 마음은 쏠리게 되어

있습니다. 하나님께서는 자기를 찾는 자들에게 그런 소중한 것을 주십니다. 형제 자매한테 필요한 것, 다른 교회에 필요한 것, 민족한테 필요한 그것을 나에게 주심으로써, 그것을 통해서 사랑하게 하시고 연합하게 하십니다.

요셉의 형들에게 필요한 것은 무엇이었습니까? 양식이었습니다. 하나님은 요셉에게 그 양식을 주셨습니다. 세상에서 양식을 구할 수 있는 곳은 오로지 요셉이 있는 애굽밖에 없었어요. 그러니 형들이 어디로 가겠습니까? 결국 양식이 있는 곳으로 오지 않을 수 없었습니다. 내가 하나님을 향해 나아갈 때 다른 사람들은 그 곳으로 오게 되어 있습니다. 왜냐하면 거기에 그들한테 필요한 것들이 다 있기 때문입니다. 아내에게 필요하고 친척들에게 필요한 것이 나한테 다 있어요. 그러니까 결국 만나게 되는 것입니다.

오늘 우리에게는 굶주린 북한 동포들에게 줄 양식이 있습니다. 우리는 이 양식을 그들에게 주어야 합니다. 이 때가 바로 우리가 그들을 도울 때입니다. 이데올로기나 그 밖의 문제들을 떠나서 그들을 도와야 합니다. 그러나 이것이 곧바로 우리를 통일로 가게 한다고 생각해서는 안 됩니다. 통일을 가로막는 장애물은 물리적인 빈곤이나 경제적인 어려움에 있는 것이 아니라 마음 속 깊은 곳의 불신과 피해의식, 죄, 미움, 갈등, 생각의 차이에 있기 때문입니다.

우리 민족을 하나로 엮을 수 있는 정신이 무엇입니까? 혈통입니까? 함께 압제를 받았던 과거의 기억입니까? 같은 언어입니까? 우리 민족에게는 우리 모두를 하나로 묶을 수 있는 하나의 정신이 없습니다. 이데올로기나 지역 감정을 넘어서 우리 민족을 하나로 엮을 수 있는 하나의 영이 없습니다. 자유라든지 독립이라든지 부강한 미래 같은, 우리를 하나로 묶을 수 있는 정신이 없습니다. 오로지 혈통으로만 연결되어 있는 거예요. 그러면 통일은 아직도 먼 일입니다.

그리스도 안에 있지 않는 한 이 세상의 통일은 온전한 것이 못 됩니다. 그리스도께서 주시는 성령이 아니고서는 이 세상을 하나 되게 할 수 있는 것이 없습니다. 에베소서 1장 10절을 보십시오.

하늘에 있는 것이나 땅에 있는 것이
다 그리스도 안에서 통일되게 하려 하심이라.

통일이라는 것이 얼마나 어려운 일인지, 사람이 하나 된다는 것이 얼마나 어려운 일인지, 하나님께서는 이 하나 됨을 위해 그리스도를 보내셨습니다. 로마가 이 세상을 통일했지만 그것은 진정한 통일이 아니었습니다. 또 얼마 전에는 서독과 동독이 통일을 했지만 그것도 완전한 의미의 통일은 아닙니다. 힘의 통일, 또는 돈이 가지는 위력의 통일이지 진정한 한 영으로 통일된 것은 아니에요. 그것은 또 다른 분열의 시작일 뿐입니다. 독일 사람들은 자신들이 경제적으로 어려워지자 자국 안에 있는 외국인들을 미워하며 그들을 쫓아내려 하고 있습니다. 그 외국인들은 이미 독일에서 수십 년 동안 살아온 노동자들인데도 나가라는 거예요. 독일의 통일은 새로운 분열의 씨앗이 되고 있습니다. 그래서 독일 사람들은 우리 나라한테 절대로 통일을 서두르지 말라고 합니다. 우리 민족이 정치적으로든 경제적으로든 한 민족으로 통일된다 하더라도 그것이 완전한 통일이 아니라는 사실을 우리는 알아야 합니다.

이 세상은 그리스도가 통치하실 때까지 분열과 통합을 계속할 것입니다. 그리스도가 오셔서 세상이 그 안에 속하기 전까지 진정한 통일은 없습니다. 그렇다면 우리는 민족의 통일이나 교회의 일치나 가족의 화해를 위해 전혀 노력하지 말아야 할까요? 그렇지 않습니다. 우리에게 주어진 능력의 범위 안에서 힘써 하나 되려고 노력해야 합니다. 그것도 성령이 주시는 은혜입니다. 다만 거기에 궁극적인 한계가 있다는 사실을 알라는 것입니다. 그리스도 안에서 하나 되기 전에는 진정한 통일과 일치는 실현되지 못할 것입니다.

그런 한계가 있음에도 불구하고 불완전하게나마 사람들의 마음이 하나 되며 공통된 인식을 가지는 것을 보게 될 때, 서로가 가지고 있는 이념과 생각을 뛰어넘어서 하나 되는 것을 보게 될 때, 그것은 하나님께서 그 거룩한 영을 우리에게 부어 주셨기 때문이라는 것을 아십시오.

그러므로 우리는 하나님께서 더 풍성한 성령의 은혜를 이 땅에 부어 주시도록 기도해야 합니다. 성령이 주시는 은혜 없이는 결코 이런 일이 일어날 수 없다는 것을 깨닫고 사람들의 마음이 하나 될 수 있도록, 공통된 정신을 가질 수 있도록, 하나님께서 우리 민족에게 더 많은 성령의 은혜를 부어 주시도록 기도합시다. 진정한 일치는 오직 하나님만이 이루실 수 있습니다.

분열된 우리에게
성령을 주소서!

은잔의 테스트

요셉이 그 청지기에 명하여 가로되
"양식을 각인의 자루에 실을 수 있을 만큼 채우고
각인의 돈을 그 자루에 넣고 또 내 잔, 곧 은잔을
그 소년의 자루 아구에 넣고 그 양식값 돈도
함께 넣으라" 하매 그가 요셉의 명령대로 하고
개동시에 사람들과 그 나귀를 보내니라.
그들이 성에서 나가 멀리 가기 전에 요셉이
청지기에게 이르되 "일어나 그 사람들의 뒤를 따라
미칠 때에 그들에게 이르기를 '너희가 어찌하여
악으로 선을 갚느냐? 이것은 내 주인이 가지고
마시며 늘 점치는 데 쓰는 것이 아니냐? 너희가
이같이 하니 악하도다' 하라."
청지기가 그들에게 따라 미쳐 그대로 말하니
그들이 그에게 대답하되 "우리 주여, 어찌 이렇게
말씀하시나이까? 이런 일은 종들이 결단코
아니하나이다! 우리 자루에 있던 돈도 우리가
가나안 땅에서부터 당신에게로 가져왔거늘
우리가 어찌 당신 주인의 집에서 은, 금을
도적질하리이까? 종들 중 뉘게서 발견되든지 그는
죽을 것이요 우리는 우리 주의 종이 되리이다."
그가 가로되 "그러면 너희 말과 같이 하리라.
그것이 뉘게서든지 발견되면 그는 우리 종이 될

것이요 너희에게는 책망이 없으리라."
그들이 각각 급히 자루를 땅에 내려놓고 각기 푸니
그가 나이 많은 자에게서부터 시작하여 나이 적은
자에게까지 수탐하매 잔이 베냐민의 자루에서
발견된지라. 그들이 옷을 찢고 각기 짐을 나귀에
싣고 성으로 돌아오니라. 유다와 그 형제들이
요셉의 집에 이르니 요셉이 오히려 그 곳에
있는지라. 그 앞 땅에 엎드리니 요셉이
그들에게 이르되 "너희가 어찌하여 이런 일을
행하였느냐? 나 같은 사람이 점 잘 칠 줄을
너희가 알지 못하느냐?"
유다가 가로되 "우리가 내 주께 무슨 말을
하오리이까? 무슨 설명을 하오리이까? 어떻게
우리의 정직을 나타내리이까? 하나님이 종들의
죄악을 적발하셨으니 우리와 이 잔이 발견된 자가
다 내 주의 종이 되겠나이다."
요셉이 가로되 "내가 결코 그리 하지 아니하리라!
잔이 그 손에서 발견된 자만 나의 종이 되고 너희는
평안히 너희 아버지께로 도로 올라갈 것이니라."

창 44:1-17

예전에는 기업에서 신입사원을 뽑을 때 대충 이력서를 보거나 면접을 통해서 뽑았습니다. 그러나 요즘 기업은 대단히 복잡한 과정을 통해서 신입사원을 선발합니다. 예를 들어서 지원자들에게 아주 복잡한 적성 검사를 치르게 하거나, 팀을 짜서 어떤 문제를 놓고 토론을 하게 하거나, 실제 상황을 주어 놓고 문제를 해결하게 합니다. 심지어는 지원자들을 술집에 데리고 가서 술을 마시는 태도를 통해 그 됨됨이를 평가하기도 합니다.

그렇게 하는 이유가 무엇입니까? 우리 속담에 있듯이 열 길 물 속은 알아도 한 길 사람 속은 모르기 때문입니다. 그래서 사람의 중심을 알아 내기 위해 모의실험을 해 보는 것이지요. 그렇게 가상적인 상황을 주고 그 어려움에 어떻게 대처하는가를 보면 그 사람의 됨됨이를 알수 있습니다.

사실 우리에게는 이런 확인을 거쳐야 할 일들이 많이 있습니다. 예를 들어 그리스도인 형제나 자매가 생전 처음 보는 사람과 선을 보게되었을 때, 그 사람이 자신의 영원한 반려자인지 아닌지 어떻게 한순간에 확신할 수 있겠습니까? 그럴 때는 반드시 그 사람의 중심을 확인해 보아야 합니다. 또한 기업도 신입사원을 테스트해야겠지만 그리스도인도 자신이 일할 회사를 테스트해 볼 필요가 있습니다. 믿고 자신의 모든 것을 맡겼다가 어느 한순간 배신당하면 어떻게 합니까?

그러나 무엇보다 중요한 것은 자기가 속할 교회의 진실성을 시험해 보는 것입니다. 교회도 그 사람의 됨됨이를 시험해 보아야 하지만 그 사람도 자기의 영혼을 맡길 교회의 진실성을 확인해 보아야 합니다. 그렇지 않은 채, 제대로 속한 것도 아니고 속하지 않은 것도 아닌 어중간한 상태에 머무는 것은 아주 바람직하지 못한 일입니다.

사도 바울은 디모데에게 보낸 편지에서 어떤 사람을 집사로 임명해야 하는가에 대해 이렇게 말씀하고 있습니다.

이에 이 사람들을 먼저 시험하여 보고 그 후에 책망할
것이 없으면 집사의 직분을 하게 할 것이요(딤전 3:10)

반드시 사람을 시험해 보고 집사로 세우라는 것입니다. 특히 목회자가 될 사람은 믿지 않는 자들에게도 선한 증거를 가진 자라야 한다고 했습니다.

또 사도 요한은 이렇게 권면합니다.

사랑하는 자들아, 영을 다 믿지 말고 오직 영들이
하나님께 속하였나 시험하라. 많은 거짓 선지자가
세상에 나왔음이니라(요일 4:1).

 은잔의 테스트

여기서 영들을 시험해 보라는 말은 눈에 보이는 여러 현상들이나 종교적인 가르침이나 신앙적인 가르침을 테스트하라는 것입니다. 아무 가르침이나 다 받아들이지 말라는 거예요. 참으로 그 가르침이 하나님으로부터 나왔는지, 아니면 말하는 사람이 제멋대로 주장하는 것인지 확인하라는 것입니다.

오늘 본문을 보면 요셉이 무려 20년 만에 형들을 만났으면서도 자신의 정체를 드러내지 않고 울음을 삼켜 가면서 그들의 진심을 시험하는 모습이 나옵니다. 요셉은 마음이 아무리 터져 나갈 것 같아도 옆방에 가서 울고 왔으면 왔지, 자기 정체를 드러내지는 않았습니다. 그리고 과연 이 형들이 어떤 상태에 있는지를 확인하려고 애썼습니다.

요셉이 이렇게 한 데에는 이유가 있습니다. 그가 형들을 만나는 것은 단순히 만나는 것이 아니었습니다. 형들의 집단은 구약의 교회였습니다. 그들을 만나서 화해한다는 것은 자신의 모든 영혼을 그들에게 맡긴다는 것을 의미했습니다. 요셉은 단순히 형들과 악수하면서 과거는 다 잊어버리자는 식으로 화해할 수가 없었습니다. 만일 그것이 화해의 전부라면 이렇게까지 어렵게 그들을 시험할 필요가 없을 것입니다. 요셉이 형들과 화해한다는 것은 자기가 다시 그 교회에 속하게 된다는 것을 의미했고, 자신과 아들들의 영혼을 그들에게 맡긴다는 것을 의미했습니다. 그런데 만일 형들이 아직까지도 자신들의 죄를 뉘우치지 않고 여전히 죄 가운데 빠져 있다면, 그들에게 영혼을 맡긴다는 것은 완전히 도둑에게 생명을 맡기는 것과 같은 일이 되고 말 것입니다.

1. 요셉의 작전

요셉은 일단 형들을 안전하게 돌려보냅니다. 그러나 그는 하나의 작전을 준비했습니다. 그것은 형제들에게 곡식을 주어서 돌려보내되 베냐민의 곡식 자루에 자신의 은잔을 넣어 베냐민을 도둑으로 모는 것이었습니다. 44장 1절부터 3절까지 보십시오.

> 요셉이 그 청지기에게 명하여 가로되
> "양식을 각인의 자루에 실을 수 있을 만큼 채우고
> 각인의 돈을 그 자루에 넣고 또 내 잔, 곧 은잔을
> 그 소년의 자루 아구에 넣고 그 양식값 돈도 함께
> 넣으라" 하매 그가 요셉의 명령대로 하고 개동시에
> 사람들과 그 나귀를 보내니라.

우리가 여기서 생각해야 할 것은 왜 하필이면 요셉이 베냐민을 겨냥했느냐 하는 점입니다. 우리는 이 점에 대해 지난번에 이미 살펴본 바가 있습니다. 베냐민은 모든 조건이 요셉과 똑같았습니다. 야곱의 아들들의 문제는 배다른 여러 형제가 함께 있다는 것이었습니다. 요셉의 형들이 왜 요셉을 미워했습니까? 그의 나이가 어린데도 야곱이 가장 사랑하는 라헬의 아들이라는 이유로 그의 사랑을 독차지했으며, 결국 이 집의 상속자가 될 것이 유력해 보였기 때문입니다. 그런데 베냐민은 바로 라헬이 낳은 또 다른 아들입니다. 그러니까 '미니 요셉'이라고 할 수 있습니다. 그래서 요셉은 지금 그 베냐민을 통해 모의실험을

하고 있는 것입니다.

요셉이 노리고 있는 것은 두 가지입니다. 하나는 베냐민을 자신이 당했던 것과 비슷한 처지에 빠뜨림으로써 과연 형들이 지금 어떤 상태에 있는지를 확인해 보려는 것입니다. 만약 베냐민을 버리고 도망친다면 그들은 조금도 변하지 않은 것입니다. 그러나 베냐민이 곤경에 처한 것을 보고 책임을 느끼거나 한 걸음 더 나아가 과거의 죄에 대한 죄책감을 느낀다면, 그들을 믿을 만한 사람들로 판단할 수 있을 것입니다.

요셉이 이용한 것은 거짓말 탐지기의 원리입니다. 죄를 짓지 않은 사람은 범죄 상황과 관계되는 질문을 받아도 맥박이 뛰거나 신경이 긴장되지 않습니다. 그러나 죄를 지은 사람이 자기의 범죄와 관계되는 질문을 받으면 맥박이 갑자기 뛰거나 신경이 긴장하게 되어 있습니다. 그래서 때로는 거짓말 탐지기를 사용한다는 사실 자체가 범죄자에게 심리적인 압박을 주어서 혐의 사실을 고백하게 만드는 경우도 있습니다.

사실 사람이 자기 양심을 속인다는 것은 결코 쉬운 일이 아닙니다. 그래서 범죄를 수사하는 과정을 보면 끝까지 혐의 사실을 부인하다가 나중에 도저히 부인할 수 없는 증거가 나오면 결국 통곡하면서 모든 사실을 다 인정하는 경우가 많습니다. 양심을 누른다는 것은 쉬운 일이 아니에요.

요셉이 형들의 마음에 압박감을 주기 위해 사용한 거짓말 탐지기는 바로 은잔이었습니다. 요셉의 청지기는 그 형들을 보낸 후에 곧 뒤따라가서 이렇게 말하며 그들을 붙잡았습니다.

형들은 이 일에 어떻게 반응할까?

그들이 성에서 나가 멀리 가기 전에 요셉이
청지기에게 이르되 "일어나 그 사람들의 뒤를 따라
미칠 때에 그들에게 이르기를 '너희가 어찌하여
악으로 선을 갚느냐? 이것은 내 주인이 가지고 마시며
늘 점치는 데 쓰는 것이 아니냐? 너희가 이같이 하니
악하도다' 하라"(44:4, 5).

왜 하필이면 요셉은 자신의 은잔으로 미끼를 삼았을까요? 아마 두 가지 이유 때문이었을 것입니다. 첫째로, 요셉은 이들을 진짜 도둑으로 몰고 싶지는 않았던 것 같습니다. 그래서 값어치는 아주 작지만 효과는 극대화시킬 수 있는 은잔을 택한 것이 아닌가 합니다. 청지기는 이 은잔이 값어치는 그렇게 크지 않을지 몰라도 요셉이 아주 아끼며 점을 치는 데 사용하는 물건이라고 주장하고 있습니다.

사실 요셉은 은잔으로 점을 치는 사람은 아니었습니다. 그러나 당시 많은 주술사들은 은잔으로 점을 쳤습니다. 따라서 이것은 돈으로 따질 수 없는 귀한 물건이었습니다. 이것을 훔쳤다는 것은 곧 그 사람의 인격을 훼손하는 것과 같았습니다. 다시 말해서 은잔의 물질적인 값어치는 얼마 되지 않지만 그 정신적인 의미는 엄청나게 컸던 것입니다.

영국의 한 총독이 원주민 사회에 부임했습니다. 그 원주민들은 성격이 유순해서 세금 바치라고 하면 바치고 노동하라고 하면 했기 때문에, 총독은 통치에 별 어려움을 느끼지 않았습니다. 그러던 어느 날, 그가 한 의자에 앉았습니다. 그랬더니 주민들이 분노하며 총독과 전쟁을 불사하려 드는 것이었습니다. 총독은 그렇게 온순하던 사람들이 의

자 하나 때문에 이토록 분노하는 이유를 이해할 수가 없었습니다. 나중에 알고 보니 그 의자는 사람이 앉는 의자가 아니라 조상들의 영혼을 모시는 사당이었습니다. 그런 신성한 곳에 엉덩이를 들이밀고 앉았으니 어떻게 격분하지 않을 수 있었겠습니까? 그것은 원주민의 인격을 엉덩이로 깔아뭉개는 것이나 다름없는 짓이었습니다.

요셉의 은잔이 바로 그 의자와 같습니다. '값어치는 얼마 되지 않지만 너희가 얼마나 엄청난 짓을 한 줄 아느냐? 이 은잔은 나의 인격과 같은 것이다. 내가 너희에게 그토록 잘해 주었건만 감히 내 은잔을 가지고 도망을 쳐? 그러고도 오래 살 줄로 생각했느냐?' 는 거예요. 즉 베냐민이 실수로 작은 은잔 하나를 훔친 것처럼 하면서도, 거기에 담긴 정신적 의미를 강조함으로써 이 일을 도저히 참을 수 없는 모욕으로 만든 것입니다.

특히 히브리인들은 체면을 굉장히 중요시하기 때문에 다른 사람의 체면을 손상시켰다고 해야 굴복하지, 단지 금전상의 문제로만 두면 돈을 지불하고 끝내려 들 것이 틀림없습니다. 총리의 손상된 체면이나 품위나 인격은 돈으로 환산할 수 없습니다. 그러니까 꼼짝못하고 걸려들게 되어 있는 것이지요. 요셉은 그 방향으로 형제들을 계속 몰아가고 있습니다. '어떻게 악으로 선을 갚느냐? 이 은잔이 어떤 건데 이걸 갖고 도망치느냐? 다른 거라면 말도 안 한다. 차라리 돈을 가지고 갔으면 문제 삼을 일도 못 돼!' 라고 하면서 계속 그들의 체면과 인격을 공격하고 있는 것입니다.

둘째로, 요셉이 은잔을 미끼로 사용한 이유는 앞서 말했듯이 그것이 거짓말 탐지기와 같은 역할을 할 수 있었기 때문입니다. 나중에 이들이 모두 잡혀서 돌아왔을 때 요셉은 이렇게 큰소리를 칩니다.

요셉이 그들에게 이르되 "너희가 어찌하여 이런 일을
행하였느냐? 나 같은 사람이 점 잘 칠 줄을 너희가
알지 못하느냐?"(44:15)

여기서 우리가 알아야 할 것은 요셉이 결코 점치는 사람이 아니었다는 것입니다. 그러나 그 당시 사람들은 은잔에 물을 채우고 기름을 띄워 그 기름이 퍼지는 모습을 보고 점을 쳤던 것 같습니다. 마치 사람들이 아침마다 화투를 치면서 그 날 일어날 일을 미리 예측하는 것과 같습니다. 저는 어렸을 때 아버님이 늘 화투로 큐티 하는 것을 보면서 자랐습니다. 아버지는 화투를 하면서 그 날 비가 오겠다든지 손님이 오겠다든지 누구와 식사를 하게 되겠다든지 하면서 늘 예측을 하셨는데, 제 기억으로는 거의 맞지 않았던 것 같습니다.

심리적 압박을
극대화하다

요셉은 이 은잔의 효과를 극대화시키고 있습니다. '너희가 이 은잔을 가져간 건 엄청난 실수다. 이 은잔은 내 인격이야. 다른 것을 가져갔으면 내가 다시 잡아 오지도 않는다. 내가 얼마나 점을 잘 치는지 몰랐느냐! 너희가 어디로 도망가도 이 은잔이 다 알리게 되어 있다. 이 자리에서도 거짓말을 하면 이 은잔이 다 밝혀 낼 줄 알거라!' 하면서 그들의 양심을 윽박지르고 있는 것입니다.

2. 형들의 반응

요셉의 청지기가 헐레벌떡 달려와서 왜 주인의 은잔을 도둑질했느냐고 따지자, 요셉의 형제들은 처음에 도대체 무슨 뚱딴지 같은 소리를 하느냐는 식으로 반응했습니다.

> 그들이 그에게 대답하되 "우리 주여, 어찌 이렇게
> 말씀하시나이까? 이런 일은 종들이 결단코 하지
> 아니하나이다. 우리 자루에 있던 돈도 우리가
> 가나안 땅에서부터 당신에게로 가져 왔거늘 우리가
> 어찌 당신 주인의 집에서 은, 금을 도둑질하리이까?
> 종들 중 뉘게서 발견되든지 그는 죽을 것이요
> 우리는 우리 주의 종이 되리이다"(44:7-9)

요셉의 형들은 대단히 자신있게 대답하고 있습니다. 이것은 적어도 자신들의 도덕성 하나만큼은 목숨을 걸고 보장할 수 있다는 뜻입니다. 제가 생각하기에 이것은 사실이었던 것 같습니다. 야곱의 집안은 율법이 있는 하나님의 집이었기 때문에 적어도 남의 물건을 훔치는 짓은 하지 않았던 것으로 보입니다. 도둑질보다 더 큰 죄를 짓는 게 문제였지 이런 죄는 짓지 않았어요.

라반이 도망친 야곱을 쫓아와 왜 자기 신상을 훔쳐 갔느냐고 했을 때에도 야곱은 '외삼촌의 신상을 누구에게서 찾든지 그는 살지 못할 것'이라고 자신있게 대답했습니다. 실제로는 가장 사랑하는 아내 라헬이 그 신상을 도둑질했는데, 야곱은 그것을 전혀 몰랐던 것입니다. 여하튼 야곱의 집에는 율법이 있었기 때문에 도둑질은 하지 않았던 것 같습니다. 살인을 했으면 했지, 서모와 통간을 했으면 했지, 한 부족을 몰살시키면 시켰지, 절대로 시시하게 도둑질은 하지 않았습니다.

　이 일이 우리에게 보여 주는 것이 무엇입니까? 율법은 결코 사람을 거룩하게 하지 못하며, 근본적으로 죄를 이기게 하지 못한다는 것입니다. 야곱의 집에 있는 율법적인 가르침은 야곱의 아들에게 죄가 무엇인지 깨우쳐 주었습니다. 그래서 그들은 사소한 거짓말이나 도둑질 같은 것은 하지 못했습니다. 그러나 이런 율법적인 지식으로는 그들의 마음 속에서 불같이 일어나는 정욕이나 다른 사람에 대한 분노의 감정을 자제시킬 수가 없었습니다.

어렸을 때부터 신앙생활을 잘 해 온 사람들의 특징은 거짓말 같은 사소한 죄를 잘 못 짓는다는 것입니다. 대리출석 같은 것은 절대 못 해요. 남의 물건을 가져오면 양심이 고통스러워서 못 견딥니다. 그러나 그보다 더 무서운 죄에는 쉽게 빠집니다. 술은 한 방울도 못 먹고 사소한 거짓말은 절대 못 해도, 간음이나 살인이나 신의를 저버리는 일은 오히려 쉽게 저지르는 경우가 있습니다.

이것을 두고 예수님께서는 "하루살이는 걸러 내고 약대는 삼키는도다"(마 23:24 하)라고 말씀하셨습니다. 아주 작은 율법의 세세한 부분은 잘 지키지만 엄청난 죄는 쉽게 저질러 버린다는 거예요. 십일조는 계산기 두드려 가면서 정확히 계산하고 거기서 십원 한 장이라도 빠지면 울면서 회개하지만 남의 기업 하나는 아무렇지 않게 그냥 삼킨다는 것입니다.

　은잔의 테스트

율법적인 계율로는 절대로 하나님의 법을 지킬 수 없습니다. 우리에게 필요한 것은 오직 하나님의 은혜입니다. 우리는 믿으면 믿을수록 우리 자신이 얼마나 부패한 존재이며 도무지 믿을 수 없는 존재인지를 절감합니다. 그래서 전적으로 하나님의 은혜에 매달리게 됩니다. "오, 하나님 아버지, 제 안에는 무서운 죄의 용광로가 끓어오르고 있습니다. 저라는 사람은 도저히 믿을 수 없는 존재입니다. 하나님께서 한순간이라도 붙들어 주시지 않는다면 저는 무서운 죄에 빠질 수밖에 없습니다!" 이것이 모든 거룩한 사람들의 기도였습니다. 자기를 믿는 자는 반드시 넘어지게 되어 있습니다.

요셉의 형들은 적어도 도둑질 문제에는 자신이 있었습니다. 그런데 각자 자루를 끌러서 확인을 해 보니 유감스럽게도 베냐민의 자루에서 문제의 은잔이 발견되었습니다.

그들이 각각 급히 자루를 땅에 내려놓고 각기 푸니
그가 나이 많은 자에게서부터 시작하여 나이 적은
자에게까지 수탐하매 잔이 베냐민의 자루에서
발견된지라. 그들이 옷을 찢고 각기 짐을 나귀에 싣고
성으로 돌아오니라(44:11-13).

요셉의 청지기가 일부러 나이 많은 사람부터 짐을 풀게 한 것은 표적 수사라는 의심을 받지 않기 위해서였던 것 같습니다. 그러나 예정된 각본대로 문제의 은잔은 베냐민의 자루에서 발견되었습니다.

3. 요셉의 심문

형제들은 전부 붙들려 와서 요셉 앞에 서야만 했습니다. 그들이 요셉 앞에 엎드리자 요셉이 엄히 추궁하기 시작했습니다.

요셉이 그들에게 이르되 "너희가 어찌하여 이런
일을 행하였느냐? 나 같은 사람이 점 잘 칠 줄을
너희가 알지 못하느냐?"(44:15)

요셉은 자기가 점을 잘 치기 때문에 이 은잔이 자기에게 중요할 뿐 아니라, 그들이 어디로 도망을 쳐도 이 은잔이 알려 주기 때문에 아무 소용이 없다는 식으로 으름장을 놓고 있습니다. 이 추궁 앞에 유다는 무엇이라고 대답합니까?

유다가 가로되 "우리가 내 주께 무슨 말을 하오리이까?
무슨 설명을 하오리이까? 어떻게 우리의 정직을
나타내리이까? 하나님이 종들의 죄악을 적발하셨으니
우리와 이 잔이 발견된 자가 다 내 주의 종이
되겠나이다"(44:16).

은잔은 훔치지 않았지만

유다는 무엇보다 먼저 이 일에 자신들이 결백하다는 것을 말하고자 했습니다. 도대체 무엇이 어떻게 잘못되었는지는 알 수 없지만, 베냐민이 그 은잔을 훔치지 않았다는 것은 사실이라는 거예요. 그럼에도 불구하고 은잔이 베냐민의 자루에서 나오는 것을 보았을 때, 그들은 하나님께서 과거 요셉에게 저지른 일로 인해서 자신들을 심판하신다고 생각했습니다. "하나님이 종들의 죄악을 적발하셨으니." 바로 이것입니다. 요셉의 은잔을 훔쳤느냐 훔치지 않았느냐를 떠나, 하나님께서 자신들을 죄인으로 정죄하고 계시다는 것입니다. 그러니 자신들이 무슨 말을 하겠느냐는 거예요.

유다의 이 말을 통해 알 수 있는 것이 무엇입니까? 그들은 하나님이 함께하시는 것과 버리시는 것을 구분할 수 있었다는 것입니다. 하나님께서 함께하신다면 일이 이렇게 어렵게 꼬일 수가 없었습니다. 특히 히브리인들은 제비 뽑는 일 같은 것을 하나님께서 그 뜻을 보여 주시는 방편으로 생각했습니다. 형제들은 은잔이 베냐민에게서 나온 것을 보면서 여기에는 자신들에게 어떤 뜻을 보이시려는 하나님의 의도가 있다고 생각했습니다. 물론 은잔은 베냐민에게서 나왔습니다. 다른 형제들은 적어도 은잔에 대해서는 책임이 없는 것입니다.

그러나 그들이 생각하고 있는 것이 무엇입니까? 또다시 죄 없는 베냐민에게 제비가 돌아갔다는 것입니다. 20년 전에 있었던 일이 그대로 자기들 앞에 재연되고 있다는 것입니다. 그들은 이미 죄 없는 요셉을 팔아먹은 죄에 대한 가책으로 괴롭게 살았습니다. 그렇게 오랜 세월 음식을 먹어도 맛을 모르고 잠을 자도 개운하지 않았던 것은 양심을 속인 이 죄가 컸기 때문입니다. 그런데 또다시 죄 없는 동생이 노예로 팔려간다면 영원히 양심의 고통을 받을 수밖에 없을 것입니다.

지금 그들에게는 애굽의 총리가 문제가 아닙니다. 지금 그들을 시험하고 계시는 분은 하나님이십니다. 만일 이번에도 자신들의 양심을 속

이고 베냐민을 노예로 보낸다면 영원히 양심의 고통을 면할 수 없으리
라는 것을 그들은 알았습니다.

그래서 내린 결단이 무엇입니까? 이번 기회에 옛날의 죄를 전부 다
갚고 새 사람으로 태어나겠다는 것입니다. '이제 더 이상 도망치지 말
자. 베냐민의 일을 통해서 과거의 죄를 갚아 버리자. 하나님이 우리를
죄인으로 적발하셨으니 이 죄를 감당하자'는 것입니다.

그러나 요셉은 계속 그들을 시험했습니다. 17절을 보십시오.

요셉이 가로되 "내가 결코 그리 하지 아니하리라!
잔이 그 손에서 발견된 자만 나의 종이 되고 너희는
평안히 너희 아버지께로 도로 올라갈 것이니라."

요셉은 전부 종이 될 필요가 없다고 말합니다. 은잔이 발각된 그 사
람만 종으로 남고 다른 사람들은 전부 아버지에게 돌아가도 좋다는 것
입니다. 이것은 굉장히 무서운 시험이었습니다. 베냐민은 적어도 형들
보다는 의인입니다. 그런데 자기들보다 더 의로운 자가 고통받도록 내
버려 둔 채 평안히 갈 수 있는 기회가 주어졌다는 것은 아주 무서운 시
험입니다. 자기들보다 의로운 자가 노예로 팔려간다면 자기들은 노예
가 아니라 개같이 팔려가야 합당한 것이지요. 어떻게 남이 보내 준다
고 해서 편안히 갈 수가 있습니까? 이것은 그들의 양심에 대한 무서운
시험입니다.

오늘날 사람들이 속고 있는 것이 무엇입니까? 자기보다 적어도 수
십 배는 의로운 자가 어려운 시험에 빠져 있거나 특히 하나님의 손에

연단을 받고 있는데도, 자기는 괜찮다고 생각하는 것입니다. 분명히 자기보다 더 믿음으로 살려고 애썼던 사람이 경제적으로나 다른 여러 가지 문제로 고통받을 때, 단지 자기는 그런 고통에 빠지지 않았다는 이유로 스스로 평안할 수 있다고 생각하는 사람은 시험에 걸려든 것입니다. 만일 그 의로운 자들이 노예로 팔려가야 한다면 그들은 영원히 노예로 살아야 마땅할 것입니다.

예수께서 십자가에 달리신 것은 온 인류에 대한 하나님의 심각한 도전입니다. 예수님은 자신이 주장하신 바와 같이 어느 누구도 죄로 책잡을 수 없는 분이었습니다. 그는 너무나도 많은 선행을 베푸셨습니다. 수많은 병자들을 고치셨고, 방황하는 사람들에게 새로운 생명의 길을 가르쳐 주셨습니다. 만일 이 의인이 십자가에 못박혀 죽어야 한다면 그보다 훨씬 더 많은 죄를 지은 유대인들은 전부 십자가에 거꾸로 못박히든지 가마솥에 들어가야 정상입니다. 그러나 그들은 이 의인이 그토록 고통스럽게 죽어 가는데도 자기들은 행복할 수 있다고 생각했습니다. 그들은 제비가 그리스도에게 뽑힌 것을 다행스럽게 여겼습니다. 그러나 이것은 시험이었습니다.

요셉의 형들은 20년 전의 상황이 자기들 앞에 똑같이 벌어지는 것을 보고 견딜 수 없는 양심의 고통을 느꼈습니다. 그리고 적어도 베냐민만 두고 자기들만 편안히 집으로 돌아갈 수는 없다는 결론을 내렸습니다. 한번 생각해 보십시오. 지금 양식을 가져가지 않으면 고향에 있는 식구들은 모두 굶어 죽을 수밖에 없습니다. 베냐민만 제비에 뽑혔으니 이것을 그의 운명이라고 생각하고, 일단은 가나안에 가서 고향 식구들을 살려야 하는 것이 아닐까요? 단지 마음 속으로 미안하게 생각하면서 '베냐민의 날' 같은 것을 만들어 놓고 영원히 그를 기념하면 되지 않을까요?

이것은 무서운 유혹이었습니다. 그러나 그들에게는 굶고 있는 식구들보다 자신들의 마음 속에서 끓어오르고 있는 양심의 고통을 잠재우는 것이 더 급했습니다. 설사 전부 다 굶어 죽는 한이 있어도 양심의 고통은 도저히 더 견딜 수가 없었어요. '살고 죽는 것은 하나님께 맡기겠다. 우리보다 의로운 베냐민을 버릴 수는 없다, 같은 잘못을 반복할 수는 없다' 는 이 결심이 결국 문제를 푸는 실마리가 되었습니다.

여기서 제기되는 질문이 하나 있습니다. 요셉이 형들을 무조건 받아들이지 않고 이런 식으로 시험한 것은 과연 하나님의 뜻에 적합한 일일까요? 요셉이 믿음 없이 자기 감정에 치우치는 바람에 일을 너무 어렵게 만든 것은 아닐까요?

성경 저자는 요셉이 이런 식으로 자기 형들의 중심을 시험한 것을 대단히 중요할 뿐 아니라 옳은 일로 판단하고 있습니다. 그렇지 않다면 이렇게 상세하게 이 일을 기록할 이유가 없었을 것입니다. 성경이 이렇게 판단하는 이유는 무엇입니까?

첫째로, 하나님의 백성을 분열시키는 것은 죄이기 때문입니다. 20년 만에 만났음에도 불구하고 요셉과 그의 형제들을 하나 되지 못하게 한 것은 죄였습니다. 다시 말해서 그들이 그 죄를 기억하고 괴로워하며 다시는 그런 일이 일어나지 않도록 철저하게 회개하지 않는 이상, 진정으로 하나 되는 연합은 있을 수 없다는 것입니다. 그들이 하나님 앞에서 과거의 죄를 기억하고 철저하게 회개하지 않는 한, 깊이 패인 죄의 골짜기는 메꿔질 수 없었습니다.

하나님의 백성을 하나 되게 하는 것이 무엇입니까? 같은 고향이나 같은 이해 관계나 같은 혈통이 아닙니다. 우리 모두가 하나님 앞에서 똑같은 죄인이라는 공통된 인식이 그 백성을 하나로 연합하게 만듭니다. 그래서 부흥의 역사가 일어날 때 보면 반드시 한두 사람이 먼저 하나님 앞에서 자신의 죄를 고백합니다. 그러면 그 부끄러운 죄에 대한 고백이 모든 사람 가운데 불처럼 번져 나가서 그들 사이에 가로놓여 있는 모든 담을 무너뜨리고 모두를 하나 되게 합니다.

유다와 그 형제들은 이제 자기들이 하나님 앞에 죄인이라는 것을 고백합니다. 물론 은잔이 베냐민에게서 발견된 것을 보면서 하나님 앞에 숨은 죄가 그에게 있을지도 모른다고 생각했을 수도 있습니다. 그럼에도 불구하고 그들은 베냐민을 버리지 않았습니다. 자기들은 그보다 더 무서운 죄를 지은 자들임을 알았기 때문입니다.

그리스도의 십자가가 모든 인류를 하나 되게 하는 이유가 무엇입니까? 만일 그리스도가 십자가 위에서 죽어야 할 정도의 죄인이라면 이 세상에 살아남을 수 있는 사람은 단 한 명도 없다는 것을 공통적으로 인식하게 되기 때문입니다. 예수를 믿는 자들은 의인이기 때문에 믿는 것이 아닙니다. 잘났기 때문에 믿는 게 아니에요. 죄인이기 때문에 믿는 것입니다. 예수를 믿는다는 사실 자체가 모든 사람들 앞에서 "나는 죄인입니다"라고 고백하는 것과 같습니다. 이것이 우리를 하나로 연합하게 만듭니다. 오늘 교회를 하나 되게 할 수 있는 것은 우리가 하나님 앞에서 모두 죄인이라는 바로 이 사실입니다.

둘째로, 요셉이 형들에게 자기 자신의 신분을 노출시킨다는 것은 다시 그들의 공동체 안으로 들어간다는 것을 의미했습니다. 다시 말해서

야곱의 아들들은 구약 시대의 유일한 교회였고 그들은 그 교회의 지도
자들이었습니다. 요셉이 형들과 화해한다는 것은 단순히 인간적으로
화해하겠다는 것이 아니라, 다시 그들과 함께 신앙생활을 하면서 그들
의 가르침을 받으며 영적으로 연합하겠다는 것과 같았습니다.

예를 들어 어떤 분이 교회에서 상처를 받아 발길을 끊었다가, 세월
이 많이 지난 후 다시 화해하게 되었다고 합시다. 그것은 단지 불편한
관계만 해소했다는 의미가 아닙니다. 이제부터는 그들의 가르침을 인
정하고 그들에게 자신의 영혼을 맡기겠다는 의미입니다.

요셉은 늘 하나님과 동행했지만, 그럼에도 불구하고 오랫동안 교회
를 떠나 있는 상태였습니다. 이처럼 교회라는 공동체가 없었기 때문에
그의 신앙은 활동적이 되지 못하고 오랜 세월 내성적인 상태에 있었습
니다. 속으로 혼자서 하나님을 믿고 동행한 것이지 떳떳하게 내어놓고
하나님을 섬기거나, 하나님의 나라가 적극적으로 활동하는 그런 신앙
이 아니었어요. 물론 애굽에 잊을 수 없는 기여를 한 것은 사실이지만
신앙적으로는 침체되어 있었다고 할 수 있었습니다.

그가 가장 원하는 것이 무엇입니까? 다시 불붙는 신앙을 회복하는
것입니다. 다시 하나님의 백성의 일원이 되어 그들과 함께 떳떳하게
하나님을 찬양하며 그분께 나아가는 것입니다. 다시 함께 모여 드러내
놓고 예배를 드리는 것입니다.

그러나 요셉은 형들을 믿을 수가 없었습니다. 그들은 아무 이유 없
이 자기를 그 공동체에서 내쫓고 죽이려고 했던 범죄자들입니다. 그들
은 시기심 때문에 자기를 노예로 팔아먹은 자들입니다. 어떻게 도둑들
에게 다시 자신의 영혼을 맡길 수 있겠습니까? 그들의 중심을 확인하

기 전까지는 그렇게 할 수가 없습니다. 그래서 요셉은 그들이 과거의 죄를 인정하고 기꺼이 그 죄값을 감당할 자세가 되어 있는지, 과연 베냐민을 기꺼이 책임지려고 하는지를 보고서야 거기에 소속될 것인지 아닌지를 결정하려고 하는 것입니다.

우리는 결혼 상대를 정할 때 그 사람을 시험해 보아야 합니다. 단지 잘생기거나 예쁘다고 덜컥 결정해 버리면 안 됩니다. 상대방도 나를 확인해 보아야 하지만 나도 그를 확인해 보아야 합니다. 결혼이라는 것은 나의 영혼과 삶 전체를 그 사람에게 맡기는 일이기 때문입니다.

그럴 때 확인해야 할 것은 두 가지입니다. 첫째는, 그 사람이 정말 자신의 잘못을 잘못으로 인정하느냐 하는 점입니다. 물론 습관적으로 쉽게 잘못했다고 한다면 곤란하지만, 적어도 진심으로 자신의 실수를 인정하는 것인지 끝까지 인정하지 않는지는 구분해야 합니다. 잘못을 저질러 놓고서도 인정하지 않는 사람에게는 영혼을 맡길 수 없습니다. 둘째로, 내가 어려움에 빠졌을 때 책임질 자세가 있느냐 하는 점입니다. 상황이 좋을 때는 사랑한다고 하지만 어려워질 때에는 얼마든지 버릴 수 있는 사람은 결코 믿을 수가 없습니다. 그런 사람과 헤어지는 일이라면 조금도 주저할 이유가 없어요. 그런 사람과 헤어지는 일을 놓고 막 힘들어하면서 매일 음악 듣고 감상에 빠지는 것은 시간 낭비입니다.

요즘은 워낙 인구의 이동이 심하기 때문에 이사할 때마다 어느 교회를 택할 것인가가 문제가 됩니다. 교회 공동체 안에 속한다는 것에는 대단히 복잡한 인간관계를 맺게 될 뿐 아니라 그 교회의 가르침에 전적으로 승복하며 내 영혼을 맡긴다는 의미가 있습니다. 오늘날 사람들

시험하라

은 이 부분에서 많이 주저합니다. 그래서 예배 출석만 하고 인간관계
는 맺지 않으려는 사람들이 대단히 많습니다. 그러나 그것은 결코 좋
은 일이 아닙니다. 반드시 책임을 지는 관계를 맺어야 합니다. 그래야
신앙이 불붙기 시작합니다. 요즘 교인들은 인간적으로 사귀는 것은 좋
아하지만 금전적으로 책임질 일이 있으면 모두 도망가 버립니다. 그것
은 바른 관계에 있는 것이 아닙니다.

사람들은 교회를 확인하려고 하지 않습니다. 단지 자기 스타일에 맞
느냐 맞지 않느냐만 생각합니다. 이것은 어리석은 생각입니다. 과연
내 영혼을 책임질 수 있는 공동체이냐 아니냐를 확인해야 합니다. 무
엇보다 죄를 죄로 인정하는 공동체가 바른 진리의 공동체입니다. 죄를
'질병'이나 '치료' 같은 말로 완화시켜서 다루는 자들은 결코 정직한
자들이 아닙니다. 죄는 죄입니다. 그것을 사람들이 듣기 부담스러워
한다고 듣기 좋은 소리로 바꾸면 안 됩니다. 죄를 죄로 인정하고 그것
을 바로 이야기하며 치료할 수 있는 공동체여야 합니다. 그뿐만 아니
라 서로의 어려움에 대해 끝까지 책임질 수 있느냐 없느냐도 확인해야
합니다. 내가 어려움에 빠졌을 때 믿음의 분량 안에서 끝까지 책임져
줄 수 있는 공동체가 좋은 공동체입니다.

왜 오늘 여러분들은 교회의 가르침이 진리인지 아닌지 시험해 보지
않습니까? 그것이 진리라면 무슨 일이 있어도 붙잡아야 할 것 아닙니
까? 모든 삶을 다 바쳐서라도 붙들어야 할 것 아닙니까? 또 진리가 아
니라면 무슨 일이 있어도 버려야 하지 않겠습니까? 왜 이것도 저것도
아닌 구경꾼의 상태에 머무르려 합니까? 그것은 침체되어 있는 것이
며 진리의 구경꾼의 상태에 있는 것입니다.

사도 요한이 말한 것처럼 모든 영을 시험해 보십시오. 어떤 역사가 나타난다고 해서, 병을 잘 고친다고 해서 무조건 믿으면 안 됩니다. 그 역사가 어디서부터 온 것인지, 그 뿌리가 무엇인지 확인해 보십시오. 그리고 옳으면 뛰어드십시오.

오늘 우리에게 가장 중요한 것은 우리의 영혼입니다. 그러나 이 영혼은 내가 책임질 수가 없습니다. 자기 영혼을 자기가 책임지겠다고 하는 사람이야말로 정말 어리석은 사람입니다. 요셉은 20년 동안 하나님과 동행했지만 그의 신앙은 결코 활동적이지 못했습니다. 그의 영혼은 진리의 공동체가 회복될 때에야 다시 안전하게 지켜질 수 있었고 불붙을 수 있었습니다.

진리를 확인하십시오. 공동체를 확인하십시오. 그래서 옳다고 확인되면 자신을 맡기고 그것을 붙드십시오. 그것이야말로 우리의 신앙이 제대로 활동할 수 있는 길입니다.

베냐민을 위한 유다의 변론

유다가 그에게 가까이 가서 가로되
"내 주여, 청컨대 종으로 내 주의 귀에 한 말씀을
고하게 하소서. 주의 종에게 노하지 마옵소서.
주는 바로와 같으심이니이다. 이전에 내 주께서
종들에게 물으시되 '너희는 아비가 있느냐?
아우가 있느냐?' 하시기에 우리가 내 주께 고하되
'우리에게 아비가 있으니 노인이요 또 그 노년에
얻은 아들 소년이 있으니 그의 형은 죽고
그 어미의 끼친 것은 그뿐이므로 그 아비가 그를
사랑하나이다' 하였더니 주께서 또 종들에게
이르시되 '그를 내게로 데리고 내려와서 나로
그를 목도하게 하라' 하시기로 우리가 내 주께
말씀하기를 '그 아이는 아비를 떠나지 못할지니
떠나면 아비가 죽겠나이다.' 주께서 또 주의
종들에게 말씀하시되 '너희 말째 아우가 너희와
함께 내려오지 아니하면 너희가 다시 내 얼굴을
보지 못하리라' 하시기로 우리가 주의 종 우리
아비에게로 도로 올라가서 내 주의 말씀을 그에게
고하였나이다. 그 후에 우리 아비가 '다시 가서
곡물을 조금 사오라' 하시기로 우리가 이르되
'우리가 내려갈 수 없나이다. 우리 말째 아우가
함께하면 내려가려니와 말째 아우가 우리와
함께함이 아니면 그 사람의 얼굴을 볼 수

없음이니이다.' 주의 종 우리 아비가 우리에게
이르되 '너희도 알거니와 내 아내가 내게 두 아들을
낳았으나 하나는 내게서 나간 고로 내가 말하기를
정녕 찢겨 죽었다 하고 내가 지금까지 그를 보지
못하거늘 너희가 이도 내게서 취하여 가려 한즉
만일 재해가 그 몸에 미치면 나의 흰 머리로 슬피
음부로 내려가게 하리라' 하니 아비의 생명과
아이의 생명이 서로 결탁되었거늘 이제 내가
주의 종 우리 아비에게 돌아갈 때에 아이가
우리와 함께하지 아니하면 아비가 아이의 없음을
보고 죽으리니 이같이 되면 종들이 주의 종
우리 아비의 흰 머리로 슬피 음부로 내려가게
함이니이다. 주의 종이 내 아비에게 아이를
담보하기를 '내가 이를 아버지께로 데리고
돌아오지 아니하면 영영히 아버지께 죄를
지리이다!' 하였사오니 청컨대 주의 종으로 아이를
대신하여 있어서 주의 종이 되게 하시고 아이는
형제와 함께 도로 올려 보내소서. 내가 어찌 아이와
함께하지 아니하고 내 아비에게로 올라갈 수
있으리이까? 두렵건대 재해가 내 아비에게 미침을
보리이다."

창 44:18-34

얼마 전 미국에서 열렸던 O. J. 심슨의 재판이 세계적인 관심을 불러일으켰습니다. O. J. 심슨은 미식 축구 선수 출신의 흑인으로서 돈이 많은 부자였습니다. 아내와 그 정부를 살해한 혐의를 받고 있었던 그는 미국 최고의 변호사들을 고용하여 자신의 변론을 맡겼고, 그들은 이 사건을 경찰의 인종적인 편견으로 교묘하게 유도함으로써 배심원들에게서 무죄 평결을 받아 내는 데 성공했습니다. 그러나 이처럼 무죄가 선언되었음에도 불구하고 많은 사람들은 그의 무죄를 믿지 않는 눈치였습니다. 어떤 이들은 이런 배심원 제도야말로 미국 사법 제도의 모순점이라고 비난하기도 했습니다.

이처럼 변호인들은 자신에게 사건을 의뢰한 사람에게 가장 유리한 결론을 얻어 내는 것을 목적으로 삼습니다. 사실이냐 아니냐는 중요하지 않습니다. 법적인 문제이든 상황의 문제이든 피고인에게 유리한 사실만 나열해서 좋은 결과만 얻어 내면 되는 것입니다. 물론 그들의 주장이 좋은 결과를 이끌어 내지 못했다고 해서 대신 책임을 지거나 감옥에 들어가야 하는 것은 아닙니다.

오늘 본문에서 유다는 절도 혐의를 받고 노예로 잡혀가게 된 동생 베냐민을 위해 변론을 하고 있습니다. 그런데 이 변론의 핵심은 동생 베냐민을 위해 무죄 평결을 얻어 내는 것이나 재판관의 동정심을 얻어 내는 데 있지 않습니다. 오히려 그의 변론은 '왜 내가 동생을 대신해서 이 곳에 노예로 있어야 하느냐'에 그 초점이 맞추어져 있습니다.

유다의 변론을 들어 보면 대단히 정직하고 사실적이라는 것을 알 수 있습니다. 그런데 그의 이 사실적인 진술에서 우리는 힘을 느낄 수 있습니다. 그는 애굽 총리의 마음을 움직이거나 그의 동정심을 일으키기 위해 억지로 애를 쓰지 않습니다. 그저 사실을 있는 그대로 설명할 뿐입니다. 그런데도 우리는 그의 말에서 힘을 느끼며 감동을 받습니다.

오늘 유다가 설명하고 있는 것은 우리가 이미 다 알고 있는 내용입니다. 다시 한 번 질문해 봅시다. 성경 저자는 베냐민을 위한 유다의 변론을 왜 이렇게 상세하게 반복하여 소개하고 있습니까? 성경 저자가 같은 내용을 이렇게 반복함으로써 오늘 우리에게 어떤 교훈을 주고자 하는지를 찾아 내지 못한다면, 우리는 이 긴 변론의 핵심을 놓치게 될 것입니다.

1. 유다의 자세

오늘 본문의 배경은 무엇입니까? 우리가 알고 있는 바와 같이 야곱의 형제들은 두번째 양식을 구하기 위해 아버지를 설득해서 애굽 총리의 요구대로 동생 베냐민을 데리고 왔습니다. 이 일은 일단 성공이었

습니다. 왜냐하면 애굽 총리는 그들에 대한 의심을 풀고 감옥에 갇혀
있던 시므온을 풀어 주었고 그들에게 곡식을 주었을 뿐 아니라 자기
집으로 초청해서 함께 기쁨으로 교제하는 시간까지 가졌기 때문입니
다. 그들은 역시 동생을 데리고 오기를 잘했다고 생각했습니다. 유다
는 아버지를 설득하기를 얼마나 잘했으며 하나님의 은혜로 이 모든 일
이 얼마나 은혜스럽게 잘 끝났는가를 생각하며 집으로 돌아가고 있었
을 것입니다.

그런데 그 곳을 떠난 지 얼마 되지 않아서 모든 일이 뒤죽박죽이 되
고 말았습니다. 총리의 청지기가 쫓아오더니 "왜 은혜를 배신으로 갚
느냐? 우리 주인의 점치는 은잔을 도둑맞았는데 너희가 가져갔지?"
하고 다그친 것입니다. 그래서 자신들의 짐을 풀어 보니 하필이면 베
냐민의 곡식 자루에 문제의 은잔이 있었습니다. 베냐민은 애굽 총리의
재산을 훔친 죄와 특히 총리를 모욕한 죄로 노예가 될 수밖에 없는 처
지가 되었습니다.

지금 눈앞에서는 사람들이 베냐민을 끌고 가려 하고 있습니다. 그리
고 형제들은 애굽 총리 앞에서 쫓겨날 수밖에 없습니다. 만약 이 일분
일초에 제대로 대응하지 못한다면 회복될 수 없는 파멸이 그들을 덮칠
것입니다. 지금 그들은 갑자기 격랑에 휘말려 절벽을 향해 막 떠내려
가고 있는 배와 같습니다. 아무도 이 배를 멈출 수가 없습니다. 무엇이
어떻게 잘못되었는지는 모르겠지만 그들은 자신들의 의사와 상관없이
떠내려가고 있습니다. 만일 여기서 조금만 더 지체한다면 도저히 회복
할 수 없는 대파멸에 빠지고 말 것입니다.

이럴 때 대개 사람들이 취하는 태도는 어떤 것입니까? 될 대로 되라

는 것입니다. 평소에는 괜찮다가도 이런 위기의 순간을 당하게 되면 자포자기하는 사람들이 많습니다. '에라, 나도 모르겠다. 될 대로 되라지' 하면서 포기하는 것입니다. 지금 애굽 총리는 대단히 화가 나 있습니다. 그는 어떤 소리도 믿으려 들지 않을 것입니다.

이 결정적인 위기의 순간에 유다가 앞으로 나서서 애굽 총리에게 한 마디만 하게 해 달라고 간청을 합니다. 즉 왜 베냐민이 노예로 끌려가면 안 되며 자기가 대신 남아야 하는가를 설명하겠다는 것입니다.

유다가 그에게 가까이 가서 가로되
"내 주여, 청컨대 종으로 내 주의 귀에 한 말씀을
고하게 하소서. 주의 종에게 노하지 마옵소서.
주는 바로와 같으심이니이다"(44:18).

여기서 유다가 총리에게 "주는 바로와 같으심이니이다"라고 하는 말이 이해되지 않을지도 모르겠습니다. 이 말은 바로가 애굽에서는 절대적인 존재인 것처럼 야곱의 형제들에게는 총리가 절대적인 존재라는 뜻입니다. 즉 이것은 그의 말 한마디에 자기들은 죽을 수도 있고 살수도 있으니, 제발 자비를 베풀어 달라고 탄원하는 말입니다.

죄로 병든
자들의 대응 어떤 사람의 내면에 있는 정신과 감정이 건강한가 병들었는가는 바로 이런 위기의 순간에 나타나게 되어 있습니다. 정신이나 감정이 병든 사람은 자기가 통제할 수 없는 위기 상황이 발생했을 때 스스로 무너지고 맙니다. 자기가 먼저 화를 내면서 이 상황을 해결하려는 시도를 포기한 채 무너져 내리는 것입니다. 부부들도 마찬가지입니다. 자기들끼리 싸우는 바람에 일을 더 엉망으로 만들어 놓습니다.

그러나 정신과 감정이 건강한 사람은 이런 위기에 부닥쳤을 때 오히려 더 빛나기 시작합니다. 사람이 그렇게 침착해지고 냉정해질 수가 없어요. 무슨 대안이 있는 것도 아닌데 어떻게든 해결될 것 같은 확신이 생깁니다. 마음에 상처가 심하고 정신이 병든 사람은 아직 위기가 닥치지도 않았는데 소문만 듣고서도 벌벌 떨면서 맛이 가 버리지만, 건강한 사람은 아무리 어렵고 힘든 일에 부닥쳐도 정신까지 잃지는 않습니다.

여호수아서를 보면 가나안 사람들이 이스라엘 백성들에게 패배했던 가장 중요한 이유가 그들의 정신적인 붕괴에 있었다는 사실을 알 수 있습니다. 그들은 모든 여건에서 이스라엘 백성들보다 나았으면 나았지 부족하지 않았습니다. 신체적인 조건이나 무기나 성이나 병기, 모든 면에서 이스라엘보다 나았어요. 그런데 이상하게도 이스라엘 백성들과 싸우려고 나가기만 하면 다리가 후들후들 떨리면서 서로 하나가 되지 못한 채 스스로 붕괴되고 말았습니다. 그 이유가 무엇입니까? 그들의 겉모습은 강하게 보였지만 내면은 죄로 병들어 있었기 때문입니다.

진정한 용기는 어디서 나옵니까? 자기가 하고 있는 일이 옳다는 확신에서 나옵니다. 그것이 없으면 위기를 박차고 일어설 수 없습니다. 이 세상이 하나님의 백성들을 이기지 못하는 것은 그들 안에 죄가 있기 때문입니다. 그래서 여러 명이 모여 있을 때에는 소리도 지르고 못된 짓도 하지만 혼자 있으면 그렇게 무력할 수가 없는 것입니다. 저는 일본 사람들을 볼 때마다 그들의 마음이 참 병들었다는 생각을 하게 됩니다. 일본 사람들은 함께 있으면 그렇게 강하다가도 혼자 있으면 또 그렇게 나약해질 수가 없습니다. 아마 그들 안에 정신적인 병이 많기 때문일 것입니다.

하나님의 백성들의 진정한 가치가 언제 나타납니까? 큰 어려움에 봉착했을 때 나타납니다. 앞길이 불투명할 때, 다른 사람들이 다 낙심해서 주저앉아 있을 때 하나님의 백성들은 오히려 힘을 내서 일어납니다. 어떻게 그렇게 할 수 있습니까? 그들의 마음 속에 빛이 있기 때문입니다. 이 빛은 하나님께서 그 백성들에게 주시는 확신입니다. 아무리 캄캄한 밤이 찾아온다 해도 하나님의 백성은 절대로 완전한 절망에는 빠지지 않습니다. 그들의 마음 속에는 말로 표현하기 어렵지만 무언가 믿는 바가 있고, 하나님이 주시는 평안함이 있습니다.

유다가 이런 위기의 순간에 치고 나올 수 있었던 것은 영적인 건강을 되찾았기 때문입니다. 그는 언제부터 이런 건강한 마음과 감정을 가지게 되었을까요? 성경이 그 점에 대해 기록하고 있지 않기 때문에 정확하게 말할 수는 없지만, 제 생각에는 형제들을 떠나서 가나안 사람들 틈에서 비참하게 타락한 생활을 하는 가운데 자신의 죄성을 철저히 보게 된 그 때부터가 아니었을까 합니다. 자신이 원한 것은 아니었지만 어쨌든 며느리 다말과 관계를 맺음으로써 사생아를 낳았을 때, 그는 자신의 진정한 모습을 보게 되었습니다. 그리하여 '나야말로 갈 데까지 간 사람이구나. 회복될 수 없는 사람이구나' 하는 것을 깨닫고, 딤나의 창녀가 낳은 사생아들이 바로 자신의 아들임을 고백한 순간부터 아마 달라졌을 것이라고 저는 생각합니다.

태어날 때부터 정신적으로 건강한 사람은 아무도 없습니다. 사람들은 다 자기만 문제라고 생각합니다. 자기만 열등감을 가지고 있고 자기만 상한 감정을 가지고 있다고 생각해요. 그러나 그렇지 않은 사람이 어디 있습니까? 우리가 이 세상에 산다는 것 자체가 영혼이 병드는 것입니다. 우리는 안팎으로 수많은 죄의 공격을 받으면서 살아가고 있습니다.

그러므로 내면이 건강해지는 방법은 하나밖에 없습니다. 즉 하나님 앞에서 자신의 죄성과 무능력을 철저하게 깨닫고 그분께 자신을 맡기는 것입니다. 하나님 앞에서 자신의 죄를 많이 발견하는 사람일수록 더 건강하게 치료될 수 있으며 위기의 순간에 무너지지 않을 수 있습니다. 그렇다고 해서 '많이 타락해 봐야 하나님의 은혜를 안다' 고 생각하는 것은 잘못입니다. 왜냐하면 아무리 무섭게 타락한다 하더라도 그 마음 속에 하나님이 주시는 깨달음이 없으면 자신의 죄성을 전혀 깨닫지 못하기 때문입니다.

하나님께서 가까이 오실 때 우리가 느끼는 것이 무엇입니까? 그 전에는 전혀 죄로 생각하지 않았던 것까지 생생하게 죄로 떠오른다는 것입니다. 하나님의 성령이 임하시면 전에는 전혀 문제로 보이지 않았던 일들이 심각한 문제로 대두되기 시작합니다. 이처럼 하나님 앞에서 자기 죄 때문에 떨며 괴로워한 자들은 이 세상이 주는 위기 앞에서 담대합니다. 하나님 앞에서는 그렇게도 떨던 사람이 이 세상에서는 그렇게 담대할 수가 없어요. 주위 사람들은 명예퇴직을 당할까 봐 줄담배를 피우면서 한숨을 쉬어도 그는 그렇게 떨지 않습니다. 하나님 앞에서 자신의 죄 문제로 몸부림치면서 괴로워했던 사람은 이상하게 이 세상의 위기에서 담담합니다. 그 이유가 무엇입니까?

하나님 앞에서 두려워하고 떠는 과정에서 하나님보다 더 무서운 존재가 없다는 것을 발견했기 때문입니다. 하나님이 이 세상의 그 어떤 위기보다 더 크시다는 것을 알게 되었기 때문입니다. 그의 마음 속에 하나님이 주시는 빛이 있기 때문입니다. 그는 캄캄한 어두움 가운데 있는 사람과 근본적으로 다릅니다. 어두움 가운데 있는 사람은 일이 자기 뜻대로 되지 않으면 자꾸 불안해하다가 결국 자포자기해 버립니다.

유다는 모든 것이 일분 일초에 판가름나는 이 결정적인 순간에 결코 물러서지 않았습니다. 결정적인 순간을 놓치는 사람은 절대로 회복될 수 없습니다. 하나님의 백성은 그 순간을 놓치지 않습니다.

2. 유다의 변론

유다는 애굽의 총리에게 무슨 말을 했습니까? 구차한 변명을 하거나 용서를 빌지 않았습니다. "베냐민을 어릴 때부터 봐 왔지만 결코 남의 물건을 훔칠 아이가 아닙니다. 우리 집은 부자입니다. 얘는 자기 것을 줬으면 줬지 남의 것을 가져올 애가 절대 아닙니다. 제가 보장합니다" 같은 말은 하지도 않았어요. "이번 한 번만 봐주시면 이런 일이 다시는 생기지 않게 하겠습니다"라고 사정하면서 용서를 빌지도 않았습니다. 지금은 그런 소리를 할 때가 아닙니다. 이 한순간에 총리를 납득시키지 못한다면 다시는 베냐민을 보지 못할 뿐 아니라 애굽의 총리도 만나지 못하게 될 것입니다. 이 결정적인 순간에 유다는 자기가 베냐민을 대신해서 남아야 하는 이유를 변론했습니다.

이 유다의 변론을 들으면 참으로 당당하고 장엄하다는 생각이 듭니다. 그리고 마음에 감동이 생깁니다. 그 이유가 무엇입니까? 유다는 지금 자신의 모든 것을 내어놓고 다른 사람을 책임지는 변론을 하고 있기 때문입니다. 이 세상에서 사람이 가장 아름답고 위대할 수 있는 때는 바로 이런 때입니다. 아무 책임도 지지 않으려 드는 변명조의 말은 다른 사람의 마음을 움직이지 못합니다. 그러나 남을 어려움에서 구원하기 위해 자기 자신을 포기하고 담담하게 이야기하는 사람의 말은 그렇게 아름답고 감동적일 수가 없습니다.

유다는 지금까지 있었던 일들을 다시 설명합니다. 19절부터 보십시오.

"이전에 내 주께서 종들에게 물으시되

'너희는 아비가 있느냐? 아우가 있느냐?' 하시기에

우리가 내 주께 고하되 '우리에게 아비가 있으니

노인이요 또 그 노년에 얻은 아들 소년이 있으니

그의 형은 죽고 그 어미의 끼친 것은 그뿐이므로

그 아비가 그를 사랑하나이다' 하였더니

주께서 또 종들에게 이르시되 '그를 내게로 데리고

내려와서 나로 그를 목도하게 하라' 하시기로

우리가 내 주께 말씀하기를 '그 아이는 아비를

떠나지 못할지니 떠나면 아비가 죽겠나이다.'

주께서 또 주의 종들에게 말씀하시되

'너희 말째 아우가 너희와 함께 내려오지 아니하면
너희가 다시 내 얼굴을 보지 못하리라' 하시기로
우리가 주의 종 우리 아비에게로 도로 올라가서
내 주의 말씀을 그에게 고하였나이다"(44:19-24).

지금 유다가 말하고 있는 것이 무엇입니까? 이 소년 베냐민을 데리고 오는 것은 그렇게 간단한 문제가 아니었다는 것입니다. 이미 말한 바와 같이 이 아이에게 문제가 생긴다면 아버지는 살지 못한다는 것입니다. 유다는 이 아이가 아버지에게 얼마나 소중한 존재인지, 직접 아버지의 입을 빌어서 설명합니다.

"그 후에 우리 아비가 '다시 가서 곡물을 조금 사 오라'
하시기로 우리가 이르되 '우리가 내려갈 수 없나이다.
우리 말째 아우가 함께하면 내려가려니와 말째 아우가
우리와 함께함이 아니면 그 사람의 얼굴을 볼 수
없음이니이다.' 주의 종 우리 아비가 우리에게 이르되
'너희도 알거니와 내 아내가 내게 두 아들을 낳았으나
하나는 내게서 나간 고로 내가 말하기를 정녕 찢겨
죽었다 하고 내가 지금까지 그를 보지 못하거늘
너희가 이도 내게서 취하여 가려 한즉 만일 재해가
그 몸에 미치면 나의 흰 머리로 슬피 음부로 내려가게
하리라' 하니 아비의 생명과 아이의 생명이 서로
결탁되었거늘 이제 내가 주의 종 우리 아비에게 돌아갈

때에 아이가 우리와 함께하지 아니하면 아비가 아이의
없음을 보고 죽으리니 이같이 되면 종들이 주의 종
우리 아비의 흰 머리로 슬피 음부로 내려가게 함이니이다"
(44:25-31).

처음부터 베냐민을 데려오는 것은 쉬운 일이 아니었습니다. 이 아이
는 보통 아이가 아니라 늙은 아버지가 자기 생명처럼 아끼는 아이입니
다. 그래도 총리가 억지로 봐야 한다고 해서 데려온 것인데, 만일 이
아이가 돌아가지 못한다면 아버지는 죽고 말 것이고, 그러면 그 집안
전체가 완전히 망하고 말 것입니다.

유다는 왜 이런 일이 일어났는지 알지 못합니다. 누군가 그들을 모
함하기 위해 은잔을 감춘 것인지 장난을 치느라고 감춘 것인지는 모르
겠지만, 어쨌든 이 아이가 집으로 돌아가지 못한다면 자기 집 전체가
파멸하고 만다는 것만큼은 분명합니다. 유다는 이것이 결코 베냐민 한
사람의 문제가 아니라 자기 집안 전체의 파멸과 직결되는 문제임을 총
리에게 납득시키려 합니다. 결국 그가 주장하는 것은 무엇입니까?

"주의 종이 내 아비에게 아이를 담보하기를
'내가 이를 아버지께로 데리고 돌아오지 아니하면
영영히 아버지께 죄를 지리이다' 하였사오니
청컨대 주의 종으로 아이를 대신하여 있어서
주의 종이 되게 하시고 아이는 형제와 함께 도로
올려보내소서. 내가 어찌 아이와 함께하지

아니하고 내 아비에게로 올라갈 수 있으리이까?

두렵건대 재해가 내 아비에게 미침을 보리이다"

(44:32-34).

유다의 긴 변론은 두 가지로 요약될 수 있습니다. 하나는 베냐민의 체포가 결코 베냐민 한 사람의 체포로 끝나지 않는다는 것입니다. 그는 이 사실을 애굽의 총리에게 납득시키려고 애를 쓰고 있습니다. 베냐민의 안전은 곧 아버지의 안전이며 그 가족 모두의 안전입니다. 그는 이 문제가 이렇게 간단하게 처리할 성질의 것이 아니라고 주장했습니다.

다른 하나는 베냐민이 여기까지 오게 된 것은 자기가 이 아이의 모든 것을 담보했기 때문이라는 사실입니다. 즉 이 아이에게 일어나는 모든 일의 책임은 자신에게 있으므로, 자기가 이 아이 대신 노예로 잡혀야 한다는 것이 그의 주장이었습니다.

3. 요셉이 확인하고자 하는 것

결국 베냐민을 붙잡아서 노예로 삼으려고 하는 이 드라마를 통해 요셉이 확인하고자 하는 것은 무엇입니까? 자기가 억울하게 노예로 팔려온 후 자기 형들이나 가족이 어떻게 변했느냐 하는 것입니다.

요셉은 아버지의 사랑을 많이 받았기 때문에 형제들 중에서 유력한 자로 보이기 쉽습니다. 그러나 실제로 그는 약한 자였습니다. 왜냐하

 은잔의 테스트

면 그의 어머니는 돌아가셨고 그의 나이는 어렸으며 아버지는 늙었기 때문입니다. 형제들은 이 약한 자를 시기해서 죽이려 하다가 노예로 팔아먹었습니다. 그런 의미에서 본다면 지금 야곱의 집에서 가장 약한 자는 베냐민입니다. 형마저 없어졌고 아버지는 더 늙었으며 그는 형제 중에 가장 어렸기 때문입니다.

요셉은 이 베냐민을 통해 자기가 없어진 후 아버지 집이 어떻게 바뀌었는가를 확인하고자 합니다. 형들이 자기를 팔고 난 후 무언가 변한 것이 있는지, 아니면 여전히 거짓되고 살기등등하며 포악한지를 확인하고자 하는 것입니다.

그러면 도대체 오늘 이 본문이 우리에게 요구하는 것은 무엇입니까? 성경 저자는 유다의 긴 변론을 왜 이렇게 자세하게 기록한 것일까요? 그 부분을 확인하지 못하면 우리는 오늘 이 본문의 진수를 놓치게 됩니다. 성경 저자는 왜 이렇게 유다의 변론을 상세하게 기록하고 있습니까? 유다가 얼마나 지혜롭게 말함으로써 이 위기를 넘겼는지 보여 주기 위해서입니까? 결코 그렇지 않습니다. 오늘 본문이 보여 주고자 하는 것은 요셉의 실종 이후 그의 가족들이 어떻게 변했는가 하는 점입니다.

요셉의 식구들은 모두 요셉이 죽은 것으로 알고 있었습니다. 이 죽음은 의로운 죽음이었습니다. 그는 죽임을 당하거나 노예로 팔릴 만한 죄를 지은 적이 없었습니다. 그럼에도 불구하고 그는 형들로부터 죽임을 당할 뻔했으며 결국 노예로 팔리고 말았습니다. 사실 그는 죽은 것이나 마찬가지였습니다.

문제는 이 의로운 죽음이 그 가족 안에 어떤 변화를 가져왔느냐 하는 것입니다. 그저 개 한 마리 죽은 것처럼 얼마든지 일어날 수 있는 사건으로 끝났느냐, 아니면 형제들 가운데 '이것이 얼마나 엄청난 일인가! 단순한 시기심으로 남을 죽이고 노예로 판다는 것은 얼마나 큰 죄인가! 도저히 이럴 수는 없다. 이미 죽은 요셉은 다시 살릴 수 없다 하더라도 다시는 이런 일이 일어나게 해서는 안 된다' 는 공감대를 일으켰느냐, 그리하여 약한 자를 보호하며 혹시라도 그 약한 자가 위기에 처했을 때 책임을 지려고 하는 변화가 일어났느냐 하는 점이 이 본문의 핵심인 것입니다.

죄의 각성이
일어나다 형들은 요셉을 죽이는 일을 간단한 문제로 생각했습니다. 애가 좀 건방지고 별나니까 죽이려고 하다가 그냥 팔아먹은 거예요. 그들은 아버지의 반응을 보고서야 비로소 자기들이 얼마나 엄청난 짓을 저질렀는지 알게 되었습니다. 아버지의 슬픔은 엄청난 것이었습니다. 그들은 아버지가 그렇게 울며 절망하는 모습을 본 적이 없었습니다. 야곱은 지금까지 산전수전을 다 겪었으면서도 결코 울지 않았던 사람입니다. 그런데 요셉을 잃은 아버지의 슬픔은 이 세상의 어떤 것으로도 위로할 수 없을 정도로 컸습니다.

그들은 건방진 동생이 싫어서 그냥 없애 버렸는데 아버지한테는 그게 아니었습니다. 그 아들은 아버지의 모든 것이었습니다. 그제서야 비로소 그들은 자기들이 얼마나 엄청난 짓을 저질렀는지 알게 되었습니다. 그 때 깨달은 것이 무엇입니까? 요셉을 다시 살릴 수는 없지만 그처럼 시기심이나 장난으로 남을 괴롭히거나 죽이는 일은 다시는 해서는 안 된다는 것입니다. 다시는 아버지한테 이런 슬픔을 겪게 해서는 안 된다는 것입니다.

요셉을 잃고 난 후 아버지는 더욱 베냐민을 아끼고 지켰으며 마치 자신의 생명처럼 돌보았습니다. 유다의 표현대로 아비의 생명은 이 아이의 생명과 결탁되어 있었습니다. 이것을 늙은 아버지의 집착이라고 생각하면 오늘 본문의 핵심을 놓치게 됩니다. 베냐민을 야곱 가정에서 가장 약하고 소외된 자로 생각하지 않으면 왜 성경 저자가 유다의 변론을 이렇게 길게 기록하고 있는지 결코 이해할 수 없습니다. 베냐민은 어머니도 잃었고 형도 잃었으며 아버지는 이미 늙었습니다. 그는 그 집에서 가장 약한 자였습니다.

야곱은 이 베냐민을 자기 생명처럼 책임지고 있었습니다. 그는 베냐민과 자신을 완전히 하나로 일치시켰고, 이 사실은 형제들 사이에 분명히 인식되었습니다. '우리 집에서 가장 중요한 사람, 가장 보호받아야 할 사람은 베냐민이다. 베냐민이 죽으면 아버지도 죽고 그러면 우리가 다 죽는 것이다' 라는 공감대가 요셉의 죽음 이후에 그 가족 안에서 퍼지기 시작했습니다.

요셉이 지금까지 자신의 신분을 감추고 형들에게 확인하고자 한 것이 바로 이 부분입니다. 즉 자신의 의로운 실종이 형들과 가족들 사이에 무슨 변화를 일으켰느냐 하는 것입니다. 자신의 실종이 자식 많은 집의 아들 중 한 명에게 일어난 불의의 사고로 끝났느냐, 아니면 그들이 죄를 깨닫고 새로운 태도를 가지는 계기가 되었느냐 하는 것입니다.

만약 형들이 아직도 약한 자를 버릴 수 있으며 단순한 시기심이나 장난이나 분노 때문에 약한 자에게 상처를 줄 수 있다면, 그들과는 화해할 필요가 없습니다. 그러나 다시는 요셉처럼 억울한 희생이 생겨서는 안 된다는 것을 깊이 깨닫고 약한 자를 가장 중시하는 인식을 갖게 되었다면, 그들이 제대로 하나님의 백성의 모습을 회복하고 있다고 보아도 될 것입니다.

이것은 우리 신앙에서도 엄청나게 중요한 문제입니다. 예수 그리스도께서 십자가에 못 박혀 죽으신 것은 엄청난 사건입니다. 의로운 자가 세상에서 죽임을 당했다는 것은 결코 그냥 넘어갈 수 없는 문제입니다. 그리스도께서 우리 때문에 의로운 희생을 당하셨다는 사실을 알았을 때, 우리의 태도에 어떤 변화가 일어났습니까? 단순히 그렇게 죽을 수도 있겠다고 생각했습니까? 아니면 우리 힘으로 그분을 다시 살려 낼 수는 없다 하더라도 다시는 이 세상에서 그와 같이 억울하게 희생당하는 자가 없도록 약한 자를 돌보며 책임지고자 하는 움직임이 생겼습니까?

하나님께서는 우리에게 죽은 예수를 다시 살려 내라고 요구하시지 않습니다. 하나님께서 우리 인간들에게 확인하고 싶어하시는 것은 예수 그리스도의 죽음이 우리 안에 어떤 태도의 변화를 가져왔느냐 하는 점입니다. 그분이 원하시는 변화가 무엇입니까? 이 의로운 죽음을 통해, 약한 자들과 병든 자들과 소외된 자들을 나의 생명처럼 사랑하며 그들이 어려운 일을 당할 때 마치 나의 일인 것처럼 대신 책임을 지고 나서는 것입니다.

예수의 죽음이 너무나도 원통하고 억울한 죽음이라는 것을 깨닫는다면, 인간이 말도 되지 않는 이유를 붙여서 예수를 죽인 것이 사실이라면, 우리가 거기에 같은 인간으로 동참했다면, 다시는 사소한 시기심이나 의견 차이로 깊은 마음의 상처를 주거나 소외시키는 일이 없도록 제일 약한 사람, 제일 무지한 사람, 제일 가난한 사람과 우리의 생명이 결탁되어야 합니다. '우리 교회에서 제일 힘없는 사람이 상처 받아 떠난다면 나도 떠난다'는 인식이 있어야 합니다. '가장 어려운 형편에 있는 사람이야말로 가장 소중한 사람이다. 그나마 성질도 까다롭고 약간 건방지기까지 하지만 그래도 이 보잘것없는 사람이야말로 정말 소중한 사람이다. 이 사람이 없어지면 우리 교회는 의미가 없다'는 공감대가 교회 안에서 형성되어야 합니다.

지난 몇 년 동안 우리 사회에는 참으로 억울한 죽음이 많았습니다. 데모를 하다가 최루탄에 맞아 죽은 학생도 있었고, 다리나 백화점이 무너져서 억울하게 죽은 사람들도 많이 있었습니다. 물론 그들이 하나님 앞에서 전혀 죄 없는 사람들이라고 할 수는 없습니다. 그러나 다리에서 떨어져 죽고 백화점에서 깔려 죽어야 할 만큼 우리보다 죄가 많다고 할 수도 없습니다. 이런 희생을 보면서 우리는 무슨 생각을 했습니까? 이렇게 힘없이 사고를 당할 수밖에 없는 자들을 책임질 수 있는 안전장치를 마련하기 위해 무엇을 했습니까?

우리 사회가 생각하는 것은 오로지 보상 문제뿐입니다. 죽은 사람만 억울한 거예요. 살아 있는 사람은 보상금이라도 받지만 죽은 자를 위해서는 무엇이 남습니까? 위령비 세우는 것으로 충분합니까? 과연 그런 위령비를 세운다고 해서 그들이 위로를 받을 수 있겠습니까? 중요한 것은 다시는 이런 일이 재발되지 않도록, 쇼핑하러 왔다가 엄마와 아이가 같이 죽는 일이 없도록, 공부하는 학생들이 희생당하는 일이 없도록, 사회에서 가장 약하고 소외된 자들을 책임지는 자세를 갖는 것이며, 강한 자들이 자기를 희생해 가면서 약한 자를 껴안는 것입니다. 그럴 때 비로소 그들의 희생은 가치있게 될 것입니다.

예수를 믿는 우리가 생각해야 할 것이 무엇입니까? 예수의 죽음이 의로운 죽음이었다면, 다시는 이 땅에서 그와 같이 시기심이나 장난으로 괴롭힘을 당하는 사람이 생겨서는 안 된다는 것입니다. 적어도 우리의 가족과 교회 안에서는 가장 약한 사람이 보호되어야 한다는 것입니다. 우리 공동체에서 가장 약한 자를 우리 각자의 생명처럼 지켜야 한다는 것입니다. '그 약한 자가 죽는다면 우리도 다 죽어야 한다'는 사고방식이 우리 가운데 있다면 예수님의 죽음은 결코 헛된 것이 아닙니다.

제가 몇 번씩 강조하지만 베냐민에 대한 야곱의 애정을 단순히 늙은 아버지의 집착으로 생각하면 안 됩니다. 베냐민은 그 가정에서 가장 약한 자였습니다. 요셉이 죽고 난 후 형제들에게 퍼진 공통된 인식은 다시는 약한 자를 건드려서는 안 된다는 것이었습니다. 다시는 시기심이나 인간적인 감정으로 미워하거나 상처를 주어서는 안 된다는 것이었습니다. 만일 그런 일이 다시 벌어진다면 자신들은 다 죽는다는 것이었습니다. 이런 공감대가 결국 유다로 하여금 자기를 희생하며 나서게 만들었습니다.

4. 친구를 위하여 목숨을 잃는 일

유다가 베냐민을 위하여 자기 몸을 내어놓으려고 하는 것을 볼 때 어떤 생각이 듭니까? 아마 두 가지 입장으로 나뉘지 않을까 생각합니다. 한 가지는 '유다는 참으로 용기 있는 사람으로서 이것은 정말 훌륭한 행동'이라고 생각하는 것입니다. 반면에 '하나밖에 없는 자기 몸을 그런 식으로 희생하는 것은 어리석은 짓'이라고 보는 입장도 있을 수 있습니다.

우리의 몸은 하나밖에 없습니다. 목숨도 하나밖에 없습니다. 그래서 우리는 우리 목숨과 몸을 가장 아끼며 할 수 있는 대로 우리 자신을 행복하게 하려고 합니다. 그러나 유다처럼 남을 위해 자기 몸을 바치고 자기 목숨을 잃는 것에 대해서는 어떻게 생각합니까?

하나밖에 없는 몸이나 목숨을 잘 간직하는 것은 중요한 일입니다. 그러나 더 중요한 것은 무엇을 위해 이것을 쓰느냐 하는 것입니다. 예수님께서는 이렇게 말씀하셨습니다.

"사람이 친구를 위하여 자기 목숨을 버리면
이에서 더 큰 사랑이 없나니"(요 15:13)

예수님은 이 세상에서 사람이 할 수 있는 최고의 행동은 친구를 위해 목숨을 버리는 것이라고 하셨습니다. 예수님은 우리 모두가 이 세상에서 아름답고 풍성한 삶을 살기를 원하십니다. 그런데 풍성한 삶보다 더 귀한 삶은 사랑하는 사람을 대신하여 죽는 것이라고 말씀하십니다.

오늘 우리는 이 세상에 살면서 최고의 것을 경험해 보고 싶어합니다. 최고의 음식을 먹어 보고 싶어하고, 다른 사람이 못 간 곳에 가 보고 싶어합니다. 그래서 "달팽이 요리 먹어 봤니? 상어 지느러미 먹어 봤니?" 하면서 자기가 먹은 음식을 은근히 자랑하고, "백두산 올라가

세상에서 가장
아름다운 삶

서 애국가 불러 봤냐?" 하면서 자기가 가 본 곳을 자랑합니다. 우리는 이처럼 남들이 못 해 본 일을 체험하는 것을 굉장히 자랑스럽게 생각합니다.

그러나 하나님께서는 우리의 삶의 질을 그런 식으로 평가하시지 않습니다. 하나님의 평가 기준은 우리가 이 세상에 살면서 남을 위해 무엇을 하며 살았느냐 하는 것입니다. 남을 위해 돈을 쓴 것은 가치있는 일입니다. 다른 사람을 위해 시간을 낭비한 것도 귀한 일입니다. 단풍 놀이 다니고 외국에 놀러가는 것도 재미있겠지만, 남을 위해 땀을 흘리며 수고하는 것은 그보다 훨씬 더 가치 있게 삶을 보내는 것입니다. 그러나 이 중에서도 최고로 가치 있는 일은 남을 위해 자기 생명을 잃는 것입니다. 이것이야말로 최고의 사랑이며, 하나님 앞에서 우리 인간이 행할 수 있는 최고의 산 제사입니다.

우리의 머리 속에 깊이 뿌리박혀 있는 생각은 일단 죽으면 손해라는 것입니다. 죽지 않고 악착같이 살아 있으면 언젠가는 좋은 날이 올 텐데 그 날을 보지 못하고 죽으면 그보다 더 안타까운 일이 없다는 거예요. 그러나 그렇지 않습니다. 우리의 삶은 믿음의 연주입니다. 우리가 스스로 즐기고 체험하는 것에는 점수가 없습니다. 그러나 남을 위해 땀흘리고 남을 위해 시간을 보내며 남을 위해 밤잠 못 자면서 고민하고 걱정하는 것은 자신의 삶을 아주 아름답게 연주하는 것입니다. 그 중에서도 최고의 작품은 다른 형제 때문에 자신의 몸을 망치거나 다른 사람을 위해 자신의 생명을 잃는 것입니다. 이것이 최고의 연주입니다.

우리 문화는 죽은 사람을 너무나도 빨리 잊어버립니다. 이보다 더 무서운 병이 없습니다. 그러나 하나님 앞에서 남을 위해 수고한 것은 하나도 없어지지 않고 전부 다 남습니다. 남을 위해 건강을 다친 사람은 높은 자리에 그 이름이 기록될 것입니다. 그러나 그보다 더 높은 자리에 있는 이름은 남을 위해 목숨을 잃은 자의 이름입니다.

오늘 우리가 가장 많은 관심을 가지는 부분은 아마 건강일 것입니다. 사실 건강보다 더 중요한 것이 없습니다. 우리는 이 건강을 잘 유지하기 위해 노력해야 합니다. 그러나 건강을 잃을 때는 잃어야 합니다. 다른 사람의 영혼을 위해 건강을 잃어야 한다면, 의를 위해 건강을 잃어야 한다면, 그 때는 기꺼이 잃는 것이 좋습니다. 땀 빼고 살 빼는 것이 중요한 게 아니에요. 남을 위해 건강을 잃어야 할 때 기꺼이 잃는 것이 더 귀한 일입니다.

우리는 할 수 있는 한 우리의 생명을 잘 보전해야 합니다. "죽어야지"라는 말을 함부로 쓰는 사람들은 반성문을 써야 해요. 그러나 더 중요한 것은 남을 위해 목숨을 버려야 할 때 과감하게 버릴 수 있는 마음을 가지는 것입니다. 왜냐하면 이 세상의 삶은 그 자체로서 전부가 아니라, 하나님 앞에서 평가받아야 할 연주이기 때문입니다.

우리가 그렇게 몸을 아끼고 건강을 유지하려는 이유가 무엇입니까? 남을 위해 망치기 위해서입니다. 우리가 오래 살아야 하는 이유가 무엇입니까? 남을 위해 멋지게 죽기 위해서입니다. 우리가 건강하게 살아 있는 것은 아름답게 죽기 위해서입니다. 영원히 건강할 수 있는 사람은 없습니다. 언젠가는 건강을 잃게 되어 있고 언젠가는 죽게 되어 있어요. 그런데 그 건강을 다른 사람을 위해 잃는 것, 하나밖에 없는 인생을 다른 사람을 위해 망치는 것, 자기의 귀중한 생명을 다른 사람

죽기 위해 사는
자들의 비밀

을 위해 바치는 것은 삶의 연주 중에서도 최고로 난이도가 높은 연주입니다.

5. 유다처럼 기도하자

우리가 이 세상에서 당할 수 있는 일 중에 가장 답답한 경우가 바로 지금 유다와 같은 경우일 것입니다. 그는 아무 권리가 없는 이방인으로서 애굽의 무서운 총리 앞에 서서 자신의 문제를 진술하고 있습니다. 절대적인 약자가 절대적인 강자 앞에서 무슨 이야기를 하겠습니까? 그들은 그 손가락 끝의 움직임에 따라 살 수도 있고 죽을 수도 있습니다.

그 과부처럼　예수님께서는 제자들에게 기도를 가르치시면서 마치 악한 재판장에게 자신의 억울함을 풀어달라고 간청한 과부처럼 기도하라고 말씀하셨습니다.

> 항상 기도하고 낙망치 말아야 될 것을 저희에게 비유로
> 하여 가라사대 "어떤 도시에 하나님을 두려워 아니하고
> 사람을 무시하는 한 재판관이 있는데 그 도시에
> 한 과부가 있어 자주 그에게 가서 '내 원수에 대한
> 나의 원한을 풀어 주소서' 하되"(눅 18:1)

아무 힘이 없는 과부가 하나님을 두려워하지 않고 사람을 무시하는

악한 재판관에게 자신의 억울함을 해결해 달라고 할 때 얼마나 어려움이 많겠습니까? 그러나 이 과부는 열정이 있었습니다. 그는 어떤 일이 있어도 이 문제를 재판관에게 해결받아야겠다는 생각으로 열심히 그를 찾아갔습니다. 그 결과, 이 교만한 재판관의 마음이 조금씩 움직이기 시작했고, 급기야는 귀찮아서라도 이 과부의 청원을 들어 주지 않을 수 없게 되었습니다.

예수님께서 보시기에 제자들은 너무 쉽게 포기하고 있었습니다. 한 순간을 놓치지 말고 거기에서 무언가를 건져 내서 엄청난 결과를 남겨야 할 텐데, 제자들은 너무나 쉽게 포기하는 거예요. 생선 대가리 자르고 꼬리 자르고 뼈 버리고 살도 버리니까 건질 것이 하나도 없습니다. 예수님은 5,000명이 먹고 남은 떡 부스러기를 다 모으셨습니다. 하나님의 백성들은 쪼가리 시간으로 일합니다. 0.01초로 판가름이 나요. 마지막 순간에 불타고 있는 현장에 뛰어들어서 단 한 가지라도 건져 내는 것, 다 떠내려가고 난 다음이라도 그 마지막 순간에 뛰어들어서 결정적인 것을 살려 내는 것, 이것이 하나님의 백성이 해야 할 일입니다.

그런데 우리는 너무 쉽게 포기해 버리는 경향이 있습니다. 쉬운 일이 닥쳤을 때는 '하나님이 다 알아서 하시겠지' 하면서 넘어가고, 어려운 일이 닥쳤을 때는 '왜 하나님께서 나에게 이런 일이 일어나게 하실까' 하면서 절망과 좌절에 빠집니다. 이것은 자신의 바른 지각을 사용하지 않는 것입니다. 다 끝난 기회라고 생각되어도 거기에서 뭔가를 건져 내야 하는데, 아예 포기한 채 어떤 시도도 하지 않으려 드는 것입니다.

마지막 순간까지
포기하지 말라

물론 악한 재판관에게 자꾸 찾아가기만 한다고 해서 청원을 들어 주는 것은 아닙니다. 조리 있게 그를 설득해야 합니다. 예수님께서 제자들에게 가르치신 것이 무엇입니까? '왜 너희는 하나님을 한 번도 제대로 설득하지 못하느냐?' 는 것입니다. '과부는 저렇게 교만한 재판관도 설득하는데, 왜 너희는 하나님을 한 번도 제대로 설득해 보려고 애쓰지 않고 그렇게 빨리 포기해 버리느냐?' 는 거예요. 고작 한두 번 기도하고서 '응답을 안 하시는 걸 보니 하나님도 바쁘신가 보다' 하면서 포기하면 되겠느냐는 것입니다. 아무리 어려워 보여도 하나님 앞에서 옳다고 생각되는 일이면 그렇게 빨리 포기하지 말고 끝까지 인내하면서 문을 두드려 보라는 것입니다. 한두 번 형식적으로 문을 두드려 보고서 쉽게 포기하지 말라는 것입니다.

과부가 재판장에게 했듯이 하나님을 좀 설득해 보려고 애를 썼다면, 하나님을 좀 움직여 보려고 애를 썼다면 우리의 삶이 얼마나 달라졌겠습니까? 이미 끝났다고 생각하는 기회를 통해 얼마나 큰 축복을 건져 냈겠습니까? 왜 우리는 모든 기회가 다 떠내려 갈 때까지 가만히 있기만 합니까?

우리가 설득을 어렵게 생각하는 것은 그 결과까지 책임지려 하기 때문입니다. 그러나 유다는 결과를 생각하지 않았습니다. 그 부분은 하나님께 전적으로 맡긴 채 있는 그대로의 사실을 이야기했을 뿐입니다. 그것이 그렇게 단단하던 애굽 총리의 마음을 쪼개어 그로 하여금 통곡하면서 자기의 정체를 드러내게 했습니다. 베일 뒤에 숨어 있던 요셉을 눈물 흘리며 통곡하게 만든 것은 유다의 단순한 증거였어요.

무엇이 하나님을 우시게 합니까? 우리의 정직하면서도 열정적인 기도입니다. "하나님, 이것이 없습니다. 이건 꼭 해 주셔야 합니다. 저는 하나님을 기다리겠습니다"라고 기도하면 하나님이 커튼을 좍 열면서 우리를 찾아오십니다.

왜 결과까지 책임지려고 합니까? 정직하게 있는 그대로 이야기를 하면 길이 열립니다. '이 일이 안 이루어진다면 하나님의 이름이 얼마나 더럽혀질까, 하나님이 얼마나 상처받으실까' 하면서 하나님의 몫까지 자기가 다 계산하고 책임지려고 하면 아무 일도 이루어낼 수 없습니다. 믿지 않는 상관이라고 해서 왜 쉽게 단정지어 버립니까? 믿지 않는 부모라고 해서 왜 대화조차 하지 않으려 듭니까? 그런 사람들을 설득하지 못한다면 우리의 기도나 신앙생활은 혼자 속으로 중얼거리는 독백 이상이 될 수 없습니다. 그들 안에도 기본적인 양심은 있습니다. 아무리 반응이 없어도 우리의 정당한 요구를 무조건 거부하지는 못할 것입니다. 또 만일 거부한다 해도 하나님께서 직접 내 말을 들어 주시리라는 믿음을 가지고 나아가야 합니다.

그리스도인이 이 세상을 이길 수 있는 힘은 설득에 있습니다. 내가 지금 하고 있는 일이 옳다면 이것을 가지고 설득해 들어가야 합니다. 그러면 홍해가 갈라지게 되어 있어요. 그 앞에 당해 낼 용사가 없습니다. 주님께서 우리에게 말씀하는 것이 그것입니다. 좀더 두드려 보고 좀더 열정을 가지고 하나님을 설득해 볼 것이지 왜 그렇게 빨리 포기하느냐는 것입니다. 옳다면 좀더 기다려 봐야 하지 않겠습니까? 나의 모든 지각과 힘을 동원해서 간절히 설득해 봐야 하지 않겠습니까?

예수의 십자가를 찬양하고 나서도 여전히 자기의 문제에 빠져 있는 사람은 남을 죽이는 사람보다 더 악한 사람입니다. 예수의 십자가를 알고 난 후에도 자기 문제, 자기 사업, 자기 생활에 빠져 있는 사람은 정말 악한 사람입니다.

사랑하는 여러분, 오늘 이 예배를 통해 이제 그만 나의 문제에서 벗어납시다. 그리고 찾아봅시다. 우리 가족 중에 가장 약한 자가 누구인지, 우리 교회에서 가장 약한 자가 누구인지, 다른 사람으로부터 쉽게 소외되고 피해를 입는 자가 누구인지 찾아서, 그 사람과 내 생명을 결탁시킵시다. 그리하여 내가 희생해서라도 그 사람을 지키려고 할 때, 주님은 나를 찾아오실 것이며 그 영광을 온전히 보여 주실 것입니다.